Leon Tsvasman – Florian Schild

AI-Thinking

Dialog eines Vordenkers und eines Praktikers über die Bedeutung künstlicher Intelligenz

Sie halten dieses Buch in Ihren Händen, Sie spüren sein Gewicht, der glatt-kühle Umschlag fühlt sich neu an. Ihre Sinne stehen im Dialog. Eine fast intime Auseinandersetzung. Dagegen wird sie Künstlicher Intelligenz (KI) fast abgesprochen, trägt doch ihre Bezeichnung das Wort „künstlich".

Dabei ist KI schon heute faszinierende Praxis. Das vermeintliche Spaßprojekt ist die wohl radikalste Entwicklung in der Menschheitsgeschichte, die sich schon bald als folgenschwer und unumkehrbar offenbaren wird. Es ist an der Zeit, KI und ihre Gesetzmäßigkeiten zu begreifen, uns auf eine Wirklichkeit zu einigen und diese zu verteidigen, anstatt KI zu einer erschreckenden Chimäre mutieren zu lassen.

Die Autoren stehen ein für die Hoffnung, Künstliche Intelligenz sei ein nützliches Instrument, uns zivilisatorisch zu erneuern. Das Potenzial dieser Kraft kann ungenutzt bleiben, sich atemberaubend entfalten oder auch das Ende der Menschheitsgeschichte anbahnen.

Zwei Haltungen, zwei Gedankenräume, der Diskurs eines Praktikers und eines Philosophen. Konstruktive Intelligenz. Und die Antwort auf die Frage nach dem Know-why.

Die mutig-innovative Struktur dieses Buchs trägt das Markensiegel eines auf sehr menschliche Art originellen und intelligenten Sachbuchs.

Der persönliche Stil der essayistisch verdichteten Gespräche, die zwar über KI geführt, aber noch gänzlich ohne ihre Hilfe verschriftlicht wurden, ist ein Zeichen der Authentizität in Zeiten von Ghostwriter-Agenturen.

Auch wenn sie in den Kontext des wissenschaftlich fundierten Diskurses gestellt sind, vertreten die Autoren dieses polemischen Buches ihre persönlichen Meinungen. Mit wohlwollendem Blick schildern sie ihre jeweilige Sicht und sind sich ihrer somit unvollständigen Wahrheit bewusst.

Die Autoren distanzieren sich explizit von jeglicher Absicht, Personen(gruppen) in irgendeiner Weise angreifen oder gar verletzen zu wollen. Stattdessen beabsichtigen sie, zum (Mit-)Denken anzuregen. Auch haben sie sich aus stilistischen Gründen dagegen entschieden, eine Schreibweise des „Genderns" konsequent einzusetzen.

Leon Tsvasman – Florian Schild

AI-Thinking

Dialog eines Vordenkers und eines Praktikers über die Bedeutung künstlicher Intelligenz

---

ERGON VERLAG

Bibliografische Information der Deutschen Nationalbibliothek
Die Deutsche Nationalbibliothek verzeichnet diese Publikation in der Deutschen Nationalbibliografie; detaillierte bibliografische Daten sind im Internet über http://dnb.d-nb.de abrufbar.

Gedruckt auf alterungsbeständigem Papier.
Cover-Gestaltung: Katharina Piriwe, Berlin
Grafik im Text: Marina Skepner, Bonn
Redaktionelle Mitwirkung (Lektorat, Vorbemerkungen): Sabrina Klein, Wien
Satz: Thomas Breier

www.ergon-verlag.de

ISBN 978-3-95650-533-1 (Print)
ISBN 978-3-95650-534-8 (ePDF)

Inhalt

Vorbemerkung
KI weiß besser „wie“ – aber warum? ... 9

Erste Runde Grundlagen-Fokus

Diskurs I Wer versteht KI? ... 13

Vorbemerkung ... 13

Eine Klarheit für alle? Nicht mit KI!
(Beitrag von Leon Tsvasman) ... 14

KI hat nichts mit dem Hirn zu tun!
(Beitrag von Florian Schild) ... 32

Diskurs II Wert und Werte von KI ... 38

Vorbemerkung ... 38

Warum KI die Ökonomie ehrlicher und die Menschen menschlicher machen kann
(Beitrag von Leon Tsvasman) ... 38

Wer gewinnt die Deutungshoheit?
(Beitrag von Florian Schild) ... 49

Zweite Runde Grundlagen-Spektrum

Diskurs III KI und die Welt ... 55

Vorbemerkung ... 55

Exkurs 1 KI und Mensch ... 56

Warum aus dem Mythos ein Superlogos wird
(Überlegung von Leon Tsvasman) ... 57

KI – ein Selektionsvorteil des Menschen?
(Überlegung von Florian Schild) ... 60

Exkurs 2 KI und Finanzierung 63

Vom Datenkredit zukünftig ausgelagerter Effizienz
(Überlegung von Leon Tsvasman) 64

Von Giganten und dem Ruf des Geldes
(Überlegung von Florian Schild) 67

Exkurs 3 KI und Medien 71

Über die Ermöglichung von Medialität
(Überlegung von Leon Tsvasman) 72

Der Schutz der Echtheit
(Überlegung von Florian Schild) 76

Exkurs 4 KI und Gesellschaft 79

Wie uns das Spezialistentum die Sicht versperrt
(Überlegung von Leon Tsvasman) 79

Was wir der Gleichgültigkeit der Glücklichen entgegnen
(Überlegung von Florian Schild) 86

Exkurs 5 KI und Bildung 93

KI – ein Klarheitsmanagementsystem oder
Wer Komplexität respektiert, darf Orientierungsgewissheit haben
(Überlegung von Leon Tsvasman) 94

Potenzialentfaltende Bildung
(Überlegung von Florian Schild) 102

Exkurs 6 KI und Arbeit 105

Wer konkurriert hier mit wem?
Von der Geltungsproduktion zur Wiederentdeckung des Menschseins
(Überlegung von Leon Tsvasman) 106

Die dümmste Idee der Menschheitsgeschichte
(Überlegung von Florian Schild) 111

Exkurs 7 KI und Verantwortung ... 115

Warum wir es lernen müssen, für uns selbst Verantwortung zu tragen
(Überlegung von Leon Tsvasman) ... 116

Von offenen Programmen und Machtzementierern
(Überlegung von Florian Schild) ... 121

Exkurs 8 KI und Souveränität ... 126

Über die künstliche Dummheit natürlicher Intelligenz
(Überlegung von Leon Tsvasman) ... 127

Der Wert der Freiheit
(Überlegung von Florian Schild) ... 129

Dritte Runde Anwendungs-Fokus

Diskurs IV Paradigmenwechsel ... 135

Die Befreiung von dem, was wir nie sein sollten
(Überlegung von Leon Tsvasman) ... 135

Schlüsseltechnologie für Mensch und Unternehmen
(Überlegung von Florian Schild) ... 136

Diskurs V Forschungsbedarf ... 140

Wer erkennt, darf konstruieren
(Überlegung von Leon Tsvasman) ... 140

Expeditionsreise KI
(Überlegung von Florian Schild) ... 144

Diskurs VI Visionen für die Zukunft, jetzt schon aktuell ... 146

Noosphäre & Co: Was geht auf?
(Überlegung von Leon Tsvasman) ... 146

Einblick in die nationale Praxis
(Überlegung von Florian Schild) ... 148

Diskurs VII Dringender Handlungsbedarf ... 152

Wie ich die Regeln für KI entwickeln würde
(Überlegung von Leon Tsvasman) ... 152

Globale menschendienliche Herangehensweise
an die technologische Revolution
(Überlegung von Florian Schild) ... 155

Diskurs VIII Impuls für die Praxis ... 159

The Principles of AI-Thinking
(Überlegung von Leon Tsvasman) ... 159

Call to Action
(Aufruf von Florian Schild) ... 162

Vierte Runde Anwendungs-Komplex ... 163

schreibt das Leben...

Grundlagenwerke mit Anregungen zum Nachdenken ... 167

Vorbemerkung
KI weiß besser „wie“ – aber warum?

Braucht künstliche Intelligenz (KI) eine Psyche und werden wir bald Roboter mit menschlichem Antlitz haben, gesteuert von unsichtbaren Clouds? Wie ändert KI unser Selbstverständnis? Wie viel künstliche Intelligenz steckt bereits in unseren Köpfen? Wird KI unsere Erweiterung, unser Upgrade oder unsere Erlösung? Diese Fragen sind hoch aktuell, aber kaum einer stellt sie im aktuellen Diskurs um KI und ihre gesellschaftlichen Perspektiven, abgesehen von Science-Fiction. Ab und zu werden unerwünschte „Folgen“ problematisiert, seltener Chancen erwägt und fast nie mögliche Szenarien verglichen. Warum eigentlich? Diese Entwürfe zu kreieren ist dringlich, denn sogar fehlende Antworten auf nicht gestellte Fragen werden unseren Alltag bald massiv bestimmen.

Es herrscht Goldgräberstimmung unter Unternehmen: Von der Erkennung von Bild, Sprache und sogar medizinischen Zusammenhängen, über die Personalisierung von Marketingkampagnen und Automatisierung des Controllings, bis zur Navigation von selbstfahrenden Autos und Genomik reicht die Wertschöpfung mit KI bereits heute. Laut Gartner Research wird in zwei bis drei Jahren 90 Prozent der Software mit KI arbeiten. Als digitale Elite-Nationen schätzen die Befragten einer repräsentativen Untersuchung des Meinungsforschungsinstitut Ipsos im Auftrag des Vodafone Instituts zum Stand und zur Akzeptanz neuer Technologien in Europa, Asien und den USA die Länder China, USA und Schweden ein. Während China bis 2030 der Weltmarktführer in Bezug auf KI sein möchte, und dafür eine internationale und interdisziplinäre Kooperation fordert, glauben sechs von zehn Deutschen, dass Deutschland im internationalen Vergleich bei der Digitalisierung hinterherhinkt.

Es ist also Zeit, sich den dringlichen Fragen zu stellen. Warum tut das nur keiner? Die Erklärung dafür liegt im aktuellen gesellschaftlichen Erkenntnisdefizit. Die Forschung wird zunehmend arbeitsteilig, sogar Berufsphilosophen sind mittlerweile hoch spezialisiert.

Wer hat noch Überblick? Eigenmotiviert forschende Universalgelehrte, die ihre Verantwortung nicht im Auftrag von Organisationen beziehen, gibt es zwar immer noch, doch nur die hartnäckigsten bestehen beruflich, weil sie es zunehmend schwer haben, gesellschaftliche Aufmerksamkeit auf komplexe Zusammenhänge und unbequeme Wahrheiten zu lenken. Die hoch spezialisierten Praktiker gehen hingegen kurzfristigen Problemstellungen nach, und sind oft nicht in der Lage, komplexer werdende Zusammenhänge zu überblicken. Die besten von ihnen erkennen zwar fächerübergreifende Probleme, entwickeln jedoch selten Muse, sich auf der Metaebene zu kümmern.

Hier haben wir zwei absolute Ausnahmen – einen lösungsorientierten Universaldenker, und einen aufklärenden KI-Unternehmer. Ihre Werdegänge erklären ihren Anspruch. Der Vordenker profitiert von seinen kognitiven Begabungen und exzellenter vielseitiger und internationaler Bildung, forscht selbständig auf dem Gebiet der kybernetischen Erkenntnistheorie, der anthropologischen Systemtheorie und der Informationswissenschaft. Er lehrt an mehreren Hochschulen zum Zusammenhang von Technik und Gesellschaft.

Der scharfsinnige Unternehmer ist Gründungsmitglied des ersten KI-Bundesverbands in Deutschland. Zwar erntet sein Data Science Unternehmen laufend wirtschaftliche Erfolge, jedoch vermisst er verstärkt die menschliche Ebene im aktuellen KI-Diskurs und unter seinen Zunftgenossen. Der Vordenker beschreibt, wie er es nennt: *Human Difference*. Als Gegengewicht spricht der Praktiker über *Human-Oriented-AI*.

Im Gesamtergebnis dieser selektiv verschriftlichten Gespräche geht auf, was beiden gemein ist, denn beide Autoren sind davon überzeugt, dass der Menschheit wenig Zeit bleibt, um Weichen für die sich rasant nähernde KI-Ära zu stellen.

Noch haben wir Einfluss und können unsere Zukunft in unserem Sinn gestalten. Aber wie erfahren wir überhaupt, was in unserem Sinn wäre?

Die inhaltliche Dimension des Buches weist zwei Ebenen auf: Grundlagen und Anwendung. Auf der ersten Ebene klären die Autoren in zwei Gesprächsrunden Verständnisgrundlagen, um sich auf zweiter Ebene in zwei weiteren Gesprächsrunden mit der praktischen Anwendung zu befassen. Die erste Gesprächsrunde wird von kritischem Vordenken dominiert. Nach diesem Grundlagen-Fokus verdeutlicht das Grundlagen-Spektrum zweiter Runde die Vielfalt grundlegender Perspektiven. Der Anwendungs-Fokus in der dritten Gesprächsrunde wirft einen Blick auf die visionäre Praxis, bevor die Autoren den Leser im Anwendungs-Komplex der offenbleibenden vierten Gesprächsrunde seinem Schicksal überlassen.

Danksagung

Die Kapitelleitfragen sind der einfühlsamen Recherche von Sabrina Klein aus Wien zu verdanken, auch ließen sich die entsprechenden Einleitungen überwiegend mit ihrer Formulierungskunst spannend verdichten.

Für die Cover-Gestaltung danken wir außerdem Katharina Piriwe aus Berlin.

Erste Runde

Grundlagen-Fokus

Diskurs I
Wer versteht KI?

Vorbemerkung

Wird über KI als Technologie gesprochen, hantieren gefragte Spezialisten mit fundiertem Faktenwissen. Das Know-how of AI prahlt mit kühnen Tools, um alltägliche Probleme zu lösen und Aufgaben zu übernehmen – wer kennt nicht Chatbots oder digitale Sprachassistenten? Von Bild- und Spracherkennung über individualisierte Marketingkampagnen oder Navigation von selbstfahrenden Autos, bis hin zur Genomik und dem Erkennen von interdisziplinären, etwa medizinisch relevanten Zusammenhängen reicht die Palette schon jetzt. Wir können damit hadern oder davon profitieren. Unternehmen kommen in den Genuss von Lösungen, die enorme Effizienzsteigerung versprechen, und Arbeitnehmer um ihre Arbeitsplätze zittern lassen. Im globalen Wettbewerb liegt der Fokus auf technologischer Intelligenz, die lernt und Zusammenhänge „versteht".

Die populäre Angst des Mainstreams – der Verlust von Arbeitsplätzen – speist sich aus der Sichtweise ungleicher Machtverhältnisse, in denen sich Mensch und Maschine feindlich gegenüberstehen. Dabei bedarf es einer ganzheitlichen Betrachtung der KI-Ära. Denn nur so sind wir in der Lage, ein gemeinsames Verständnis, dringliche Regeln und umfassende Ordnungsgrundlagen zu schaffen – von Menschen für Menschen. Neben IT-Fachleuten, die Algorithmen entwickeln, und Kybernetikern, die die Steuerung von komplexen Systemen erforschen, braucht es vielseitig gebildete und erfahrene Ethiker, Philosophen und Politiker sowie wagemutige Unternehmer, die die Rahmenbedingungen für KI überblicken.

Wie ändert diese Technologie unser Dasein und unser Selbstverständnis? Und vor allem: Warum? Das Know-why von *KI liegt trotz vieler spannender Spekulationen nach wie vor im Dunkeln, obwohl die KI-Ära unseren Alltag sanft, doch bestimmt umkrempelt. Die Frage nach der zukünftigen Arbeitsqualität ist damit der weit komplexeren Frage nach der Qualität zukünftigen Lebens unterzuordnen. Wie wollen wir in Zukunft emanzipiert leben? Welche Aufgaben erwachsen daraus? Welche Momente wollen wir uns erschaffen, die uns Sicherheit und ein gutes Gefühl geben? Welche Erfolgsmomente sind für uns erlebenswert – nicht, weil wir sie in Zahlen ausdrücken und mit Worten beschreiben können, sondern weil wir sie fühlen?*

Der IT-Spezialist und Data-Science-Unternehmer Florian Schild vertritt eine nüchterne Sicht und vermisst in seinen Praktiker-Kreisen die menschliche Perspektive. Der interdisziplinär Gelehrte, Polymath und Vordenker Leon Tsvasman sucht nach einer umfassenden, der Komplexität gerecht werdenden und humanistischen Grundlage für die Zukunft von KI und Mensch.

Das Know-why von KI betrifft, laut Leon Tsvasman, die besonders spannende „Post-KI-Ära". Denn Künstliche Intelligenz kann die in allen Kulturen hinweg sehnsüchtig gepflegte Menschlichkeit erst ermöglichen, und zwar dann, wenn sie, zum ersten Mal in der Geschichte der Technik, die menschliche Kommunikation entzerrt und diese von „fake news" der unvollendeten Medialität des „alten Logos" befreit. Indem wir die technische Intelligenz endgültig in die global vernetzten Systeme auslagern, werden wir uns selbst vom Effizienz-Zwang emanzipieren. Wie eine Raupe, die sich in einen Schmetterling verwandelt, befreit sich der Mensch in der KI-Ära aus seinem jahrtausendealten Effizienz-Korsett, und das alte Medium des gemeinsamen Handelns wird mit KI zum intelligenten agilen „Superlogos", dem sagenhaften „technischen Gehirn der Welt".

Eine Klarheit für alle? Nicht mit KI!

Beitrag von Leon Tsvasman

Aktuell wirken wir zwangsläufig an einer Wende mit, die umfassender und tiefgreifender zu werden verspricht, als alle bisherigen zivilisatorischen Sprünge – die weltanschaulichen, sozialen, industriellen oder informationstechnischen. Bald werden wir verstehen, was unsere Wirklichkeit, darunter auch die der Wirtschaft, antreibt. Um diese Wende zu begreifen, müssen wir uns öffnen: Es genügt nicht, auf unserer hoch spezialisierten und arbeitsteiligen, technisch-wissenschaftlichen Perspektive zu beharren. Wir kommen nicht mehr umhin, der Komplexität ins Auge zu sehen, und uns ihr zu stellen. Erst dann wird auch sie zu uns sprechen, und wir werden uns gegenseitig anerkennen.

Komplexität an sich ist zu begrüßen, aber wie lässt sie sich verstehen? Meine Erkenntnisse entspringen keiner mythischen Quelle, sondern bestehen in geistiger Tradition von Platon, David Hume, Giambattista Vico oder Immanuel Kant, fundiert von brillanten Forschern wie Norbert Wiener, Gregory Bateson, Heinz von Foerster, Humberto Maturana, Francisco Varela, Jean Piaget, Ernst von Glasersfeld oder Niklas Luhmann. Glücklicherweise ist Komplexität auch dank ihnen zum Gegenstand wissenschaftlichen Interesses geworden.

Die Systemtheoretiker, Kybernetiker und Konstruktivisten können für die meisten komplexen Probleme eine fundierte Lösung anbieten. Allerdings werden sie selten zitiert und fristen ihr Dasein eher im Schatten der medialen Wahrnehmung. Warum eigentlich? Ist ihre Methode zu revolutionär? Es mag Kräfte geben, die sie nicht gerne popularisiert sehen, so eine mögliche Verschwörungstheorie. Jedoch könnte es auch einen einfacheren

Grund geben. Den Umfang der Datenlagen zu betrachten, entspricht einer KI-typischen Situation: Je mehr valide Daten, desto präziser die Lösung. Unterhalb einer gewissen Grenze gibt es gar keine ernstzunehmenden Lösungen, und oberhalb dieser Grenze übertreffen die Ergebnisse alle Erwartungen. Ob medizinische Bilderkennung, welche den Ärzten die Diagnose von Hautkrebs oder etwa Augenerkrankungen erleichtert, autonomes Fahren und dergleichen mehr – alle diese mittlerweile erprobten Lösungen leben von einer Datenverarbeitung, die bestmögliche Datenverfügbarkeit voraussetzt.

Anscheinend kann nur fächerübergreifende Forschung bzw. in Zukunft Super-KI der Komplexität Rechnung tragen. Im Grunde bedarf es einer besonderen Fähigkeit, die nicht-lineare Komplexitätsdynamik unserer Welt mithilfe von Sprache zu beschreiben.

Was ist die größte Gefahr für die Komplexität? Sie zu entwerten durch Verkürzung.

Die Reduktion von Komplexität ist für unsere menschliche Wirklichkeit unerlässlich. Nur so können wir den höchsten Wert unserer Zivilisation, nämlich ein klares Bewusstsein für die Zusammenhänge, in denen wir leben, erreichen. Aber es gibt nicht die gleiche Klarheit für Alle. Außerdem ist Klarheit nicht gleich Klarheit. Oft beruht sie auf bloßer Verkürzung, Verallgemeinerung oder auf kaum fundierter Konvention, damit wir gemeinsam handeln und wirtschaften können. Treffend betont der aktuelle Bestseller-Historiker und Zukunftsforscher Yuval Noah Harari: „In einer Welt, die überflutet wird von bedeutungslosen Informationen, ist Klarheit Macht“[1]. Da er die Klarheit möglicherweise im Sinne einer Verkürzung meint, verlangt diese Aussage nach Differenzierung.

Wenn ein Redner der großen Menschenmenge zuruft: „Alles klar?“, und die Menge schreit „Ja!“, so hat der Redner seine Macht über die Menge insofern bewiesen, als er sie dazu verführt hat, ihm besinnungslos zuzustimmen. Dagegen: Wenn etwa Newton den Apfel fallen sieht und damit die Gravitation ein Stück besser versteht, so hat diese Klarheit zunächst nur Wert in sich. Erst nachdem Newton seine momentane Erleuchtung vermittelt hat, kann diese wiederum als Machtinstrument missbraucht werden. Wer Klarheit zur Machtausübung nutzen möchte, sollte sich in der Kunst des Pauschalierens üben. Die Klarheit, die wir meinen, besteht gerade nicht in der Pauschalisierung oder Verallgemeinerung, sondern – umgekehrt – in der Rückführung auf das Wesentliche. Denn nur eine globale KI-Infrastruktur, welche sich auf der Fähigkeit zur Unterscheidung und zur

---

1 Yuval Noah Harari (2018): 21 Lektionen für das 21. Jahrhundert, München.

Rückführung auf das Wesentliche begründet, ist allgemein wertvoll. Eine vermeintliche Klarheit, die also nicht auf Unterscheidung und Herausarbeitung des Wesentlichen, sondern vielmehr auf Pauschalisierung beruht (womit sie sich oft sogar den Anschein der Objektivität gibt), dient lediglich dem Machtanspruch derjenigen, welche diese „Klarheit“ kommunizieren. Dagegen verbindet sich die Klarheit eines sich orientierenden Subjekts mit dem authentischen Erkenntnisgewinn. Sie ist frei von Machtansprüchen über andere Menschen, und hat deshalb auch einen hohen intersubjektiven Wert.

Murray Gell-Mann beschreibt *Entropie* als die Größe des Aufwands, der erforderlich ist, einen Informationsmangel zu beheben. Ein offenes System kann diesen Informationsmangel beheben, indem es seine Umwelt verändert. Ein System kann sich auch unabhängig von seiner Umwelt verändern: durch zu- und abnehmende Entropien seiner Subsysteme. Ist die Entropie maximal, kann sich ein System aus eigener Kraft überhaupt nicht mehr verändern. Die Zivilisation tendiert dazu, die Welt als nicht-triviale Maschine in seiner Komplexität zu reduzieren, und läuft mit Entropie um die Wette.

Ihr Gleichgewicht findet Zivilisation dann, wenn drei Akteure zeitlich zusammentreffen: die biologische Selbstregulation der Natur, die intersubjektive Wirklichkeitskonstruktion von Menschen und die Zweckrationalität soziotechnischer Systeme. Jeder dieser Akteure verlangt eine eigene Betrachtungsweise, weshalb wir von dieser Einteilung absehen wollen: Uns geht es um die Verwirklichung menschlichen Entwicklungspotenzials – erstmals technisch ermöglicht durch Infrastrukturen, die Komplexität reduzieren und dem *Logos* verpflichtet sind.

Unter Logos[2] fasse ich alle Annahmen, Vorurteile und Absprachen zusammen, die in der Sprache und der Technik unserer Kommunikationsmedien stecken. Im Grunde handelt es sich um die Medialität[3] des gemeinsamen Handelns. Die gemeinsamen Züge aller Sprachen können wir mit einer Art Betriebssystem (unserer menschlichen Wirklichkeit) vergleichen, in Anlehnung an die Matrix-Metapher aus gleichnamigem Hollywood-Blockbuster. Und dieser Logos ist heute mächtiger als je zuvor: Er be-

2 Um die ursprünglichen und tradierten Bedeutungen des antiken „Logos“ in diesem publizistisch verkürzten Buch nicht mittragen zu müssen, wollte ich eigentlich einen Neologismus vorschlagen, z.B. „Logma“, wobei „ma“ als formende oder begrenzende bis ablehnende Kraft dem Sanskrit entnommen wäre. Aber es gibt Unternehmen aus der Logistikbranche mit dieser Firmierung, weshalb wir hier lieber doch beim alten „Logos“ bleiben.

3 Zu meinem Konzept der „Medialität“ bitte den gleichnamigen Artikel konsultieren, in: Leon R. Tsvasman (2006): Das grosse Lexikon Medien und Kommunikation. Würzburg, S. 233.

stimmt unsere zunehmend digitalisierte Wirklichkeit und produziert laufend seinen eigenen Sinn, den Wegbereiter für unsere „fake news". Doch maßen wir uns viel an, würden wir diese hinstellen als ein widerwärtiges Zeugnis modernen Zeitgeists: Noch lange vor Internet, neuen Medien, Digitalisierung und KI behauptete der bedeutende deutsche Sprachphilosoph Ludwig Wittgenstein: „Die Grenzen meiner Sprache bedeuten die Grenzen meiner Welt."[4].

Wir ordnen unsere Wirklichkeit mithilfe des Logos und nutzen zur Reduktion der Komplexität technische Werkzeuge. Wir tendieren zur Vereinfachung, und im Maße ihrer Vereinfachung gewinnt sie an Klarheit. Doch gibt es Unterschiede von praktischer Bedeutung. Man nehme die ethische Diskussion um selbstfahrende Fahrzeuge. Wären unsere Straßen perfekt (ich meine sowohl den Straßenbelag als auch das Verkehrsnetz), die Menschen diszipliniert und die Verkehrsregeln eindeutig (was eigentlich nur in den neu gebauten Städten einer totalitären Gesellschaft möglich wäre), dann hätten wir triviale Rahmenbedingungen für selbstfahrende Fahrzeuge, und intelligente Algorithmen würden auf einem klaren Regelwerk aufbauen. Historische Städte mit „unlogischem" Straßennetz, einem Mangel an Verkehrsführung und interpretierbaren Regeln machen dies alles nun zum Problem.

Was wollen wir also: Unsere Lebenswelt und uns selbst der perfekten Mobilität opfern und uns dem Autoverkehr unterordnen? Oder wollen wir KI-gesteuerte Fahrzeuge dazu befähigen, ethische Probleme selbständig zu lösen, z.B. der KI die Antwort auf die Frage „Überfahre ich im Notfall das Kind oder den Opa?" überlassen? – Wohl kaum!

Lass uns zur Beantwortung dieser Fragen daher *Mindsets wie AI-Thinking* und *Design-Thinking* bemühen. Im besten Fall werden die aufmerksamen Leser am Ende dieses Buches befähigt sein, dieses Problem selbständig zu lösen.

Die noch sehr junge KI-Ära lässt sich als eine Wendezeit begreifen. Doch sie ist noch kaum ins allgemeine Bewusstsein gerückt, denn in Technik und Philosophie gibt es zu wenig Vernetzung. Aufgrund dessen ist sich die Öffentlichkeit kaum der Chancen und Gefahren der Komplexität bewusst. Wie Komplexität in unseren Alltag durchsickert, zeigt anschaulich die kleine – auch von Biologen wissenschaftlich getragene – Expansion des Geschlechtsverständnisses: Mittlerweile sind uns „weiblich" und „männlich" nicht genug. Es gibt mehr als zwei Geschlechtsidentitäten – mit weitgehenden Folgen nicht nur für die Genderdiskussion, sondern auch für die Ge-

---

[4] Ludwig Wittgenstein (1998): Logisch-philosophische Abhandlung, Tractatus logico-philosophicus. Kritische Edition. Suhrkamp, Frankfurt am Main (Tractatus 5.6)

sellschaft, die sich herausgefordert sieht, die „neue" Vielfalt praktikabel zu managen.

Aus systemisch-kybernetischer Perspektive ist diese steigende Komplexitätsdynamik also ziemlich *emergent.* Dieser Begriff meint, dass die Eigenschaften des Ganzen, im Grunde eines Systems, nicht die Eigenschaften seiner Bestandteile sind. Wenn etwa Wasser zu Eis oder eine Puppe zum Schmetterling wird, sind diese Metamorphosen emergent. Sie offenbaren die Strukturen, welche im beobachtbaren Segment der Komplexität gestaltend wirken. Im Falle von Wasser lassen sich atomare Verbindungen ausfindig machen; im Falle der Puppe sind es molekulare Strukturen. Um eine Klarheit zu erreichen, die uns Sicherheit gibt, brauchen wir eine weltanschauliche Grundlage, die der rational-analytischen Methode der Naturwissenschaften einerseits und der werteorientierten ethischen Diskussion andererseits nicht wesentlich widerspricht.

Die Ethik-Debatte wird allzu oft jedoch von politischen Interessengruppen, Wirtschaftsriesen mit oft kurzfristigen Interessen, und von ideologisch abhängigen Leitmedien beherrscht. Im Idealfall also wäre auch noch die wirtschaftliche Verträglichkeit in Betracht zu ziehen. Erst eine Ausgewogenheit ermöglicht es uns, gangbare Problemlösungen anzubieten.

Bevor sich die global vernetzte KI-Infrastruktur weltweit verselbständigt, sollten wir die Weichen zum künftigen Gebrauch der ethisch und epistemisch fundierten KI-Regeln richtigstellen. Und allem Anschein nach haben wir die nötige Währung: Daten! Oft wird „Big Data“ im Zusammenhang mit Internet of Things (IoT) verortet und damit überwiegend technisch verstanden. Unsere Situation ähnelt der eines verliebten Adeligen: Zwar verfügt er über genug Mittel, um alle Dinge zu kaufen, selbst Dinge, die er nicht benötigt. Was er aber wirklich anstrebt, ist, wärmende Liebe zu erfahren. Doch ausgerechnet sie entzieht sich der Macht seines Geldes und seiner adeligen Erhabenheit. Ähnlich geht es auch uns: Zwar haben wir Daten im Überfluss, aber zur Aufhellung der Sinnzusammenhänge erweist sich die Technik als nutzlos.

Ich lese jeden Monat hunderte studentischer Arbeiten, die mit besseren Recherchen aufwarten als noch vor ein paar Jahren. Aber diese Quantität entspricht nicht immer der Qualität der Aussagen. Ich empfinde das geradezu als eine ziemliche Umkehrung der typischen Gelehrtensituation von Leonardo da Vinci: Als Datenquelle konnte er lediglich auf eigene Experimente nebst ein paar gerade verfügbarer Werke über Architektur zurückgreifen. Dennoch beanspruchte er nichts weniger, als eine zusammenhängende Deutung aufzuzeigen jenseits des heutigen Spezialistentums und der wirtschaftlich aufgesetzten Trennung von Intuition und Rationalität. Der zeitgenössische Trendforscher John Naisbitt würde in diesem Kontext wohl mit seinem populären Aphorismus abschließen: „Wir ertrinken in Informationen und hungern nach Wissen". Dabei könnte Francis Bacon ebenso aphoristisch ergänzen: „Etwas wirklich zu wissen heißt, seine Gründe zu kennen."

Zu viel Information, zu wenig Wissen oder ein Fundus an Daten, der nur bedingt in Wissen aufgehen kann, verzerren unsere menschliche Wirklichkeit und vernebeln deren Sinnzusammenhang. Warum haben wir erst mithilfe von KI überhaupt eine Chance auf Klarheit? Weil KI die Automatisierung unseres globalen Informations- und Kommunikationsmanagements vollendet!

Es begann spätestens mit sprachlicher Verständigung, welche die Automatisierung gemeinsamen Handelns forcierte oder gar erst ermöglichte. Daraus gewinnen wir nach wie vor die meisten Daten. Generieren wir Daten z.B. aus IoT, wohnt ihnen erst einmal kein erkennbarer Sinn inne. Dabei könnten die adäquat genutzten Daten unsere Zivilisation zu einer verlässlichen Wiege künftiger Menschheit machen. Ab jetzt gilt es vor allem, zu Ende zu denken und Erkenntnisse zu gewinnen.

Wie der Diskurs letzter Jahre zeigt, denken nur wenige Technikpioniere fachübergreifend. Dass sie die Weichen für die Zukunft stellen, darf man ihnen also nicht überlassen. Denn je weniger die Wirkenden denken, desto weniger bewirken die Denkenden. Auch sind die Denkenden erst dann diskursfähig, wenn sie es schaffen, aus dem arbeitsteiligen Spezialistentum auszubrechen. Angekommen auf der Höhe der einsamen Spitze des Überblicks, mangelt es den Wagemutigen schon sehr schnell an Sauerstoff, um zu Ende zu denken.

Es gibt also Daten, die exponentiell zunehmen, aber nichts aussagen, weil sie Momentaufnahmen von Relationen sind. Ein Beispiel: Statistische Daten „behaupten", wir sind bald acht Milliarden Menschen auf der Erde – eine Zahl, die sich kein Mensch vorstellen kann. Wie jede Information, ist es „ein Unterschied, der einen Unterschied macht" (mathematischer Informationsbegriff nach Gregory Bateson[5]). Jede Zahl ist ein logisches Konstrukt, eine Absprache auf der Grundlage einer Reihe von Annahmen, die eher mythisch sind als ontologisch begründet. Eine Annahme ist z.B., dass man mit Zahlen die Welt beschreiben kann. Die Zahl dient der Koordination gemeinsamen Handelns (im Grunde mittels Technik) oder bestenfalls zur Konstruktion von Klarheit. Ein bequemes, aber ziemlich schlichtes Unterscheidungswerkzeug, das auf zwei simplen erkenntnistheoretischen Annahmen beruht: (1) die Unterscheidbarkeit als solche bzw. dass das eine

5 Gregory Bateson (1981): *Ökologie des Geistes. Anthropologische, psychologische, biologische und epistemologische Perspektiven.* Suhrkamp, Frankfurt am Main, S. 582.

Unterschiedene irgendwie mit einem anderen Unterschiedenen identisch sei, und dass (2) die sich *a priori* gleichen Unterschiedenen nach bestimmten Regeln gruppieren lassen. Mittlerweile kollidieren diese Annahmen mit der Quantenphysik, haderten aber auch immer schon mit der beobachtbaren Wirklichkeit. Denn jeder Zeitgenosse, selbst wenn er philosophisch unbefangen ist, wird Folgendem zustimmen: Nichts in der realen Welt ist gleich – außer natürlich, man ignoriert eine Menge beobachtbarer Zusammenhänge. Erkenntnistheoretisch gedacht, befindet sich höchstwahrscheinlich alles im Fluss, und systemtheoretisch gedacht, sind Relationen wesentlicher als Zustände.

Im Endeffekt offenbart die Zahl „8 Milliarden“ nur eine Reihe bequemer Annahmen, die keinen ontologisch „realen“ Wert haben. Die Zahl hat natürlich hohen zivilisatorischen Zweck, doch ist sie reduziert auf die erkenntnispraktische Wahrheitsfindung. „Jeder Mensch ist eine Welt, solange keiner Seelen zählt“, um es poetisch zu verdichten. Dabei lassen wir mal außer Acht, dass in einigen alten Kulturen das Zählen von Menschen als Tabu angesehen wurde.

Tatsächlich ist uns neben der Kognition, über die wir wenig wissen, lediglich unsere Evolution gemeinsam. Ihr Ergebnis ist das eines vergleichbaren, aber doch nie identischen Selbstregulation-Äquilibriums in unseren hochkomplexen Körpern, die im Übrigen ebenso kaum von uns verstanden werden. Gleich ist uns ebenso die Hardware unserer Gehirne, doch kommunizieren können sie nicht wirklich miteinander. Laut Gehirnforschung und Informationspsychologie sind die organischen neuronalen Netze strukturell zwar offen, aber informationell höchstwahrscheinlich geschlossene Systeme. Nur über den Prozess der vergleichenden Sinnproduktion also, der vom Logos wesentlich vorbereitet ist, hat die Zahl „8 Milliarden“, wie auch jede andere Zahl, einen Erkenntniswert.

Stellt sich nun die Frage: Was wissen wir denn wirklich? Lassen Sie mich nüchtern neutral zusammenfassen, was uns wirklich „gewiss“ sein dürfte, modern versprachlicht. Ein Versuch.

Die Selbstregulation ist die Seele des Lebens. Lebewesen leben, weil ihre Organismen sich selbst regulieren, und sie sich aufrechterhalten und sich wiederherstellen können. Die Selbstregulation verkörpert sich in Lebewesen, Leben ist ihre Organisationsform. Wir Menschen sehen uns selbst als Lebewesen, weil wir Bewusstsein haben. Was uns dabei wirklich ausmacht, ist die Fähigkeit zur Subjektivität. Mit *cogito ergo sum* („Ich denke, also bin ich.“) begründete René Descartes die moderne Philosophie. Denkfähigkeit unterscheidet Menschen von Organismen oder Systemen mit fehlender oder weniger ausgeprägter Subjektivität, wie etwa Insekten und andere

Tierarten. Martin Buber definiert das Menschsein wiederum über das Zwischenmenschliche: „Auch der Gorilla ist ein Individuum, auch der Termitenstaat ist ein Kollektiv, aber Ich und Du gibt es in unserer Welt nur, weil es den Menschen gibt." Auf einer gemeinsamen semantischen Grundlage verbindet unser Subjektivitätsvermögen die Selbstregulation der Organismus-Ebene mit Selbstregulationen anderer Organismen. So „vertritt" das Subjektivitätsvermögen den jeweiligen Menschen gegenüber einem anderen Menschen. Das Subjekt lässt sich als Medium der Sinnproduktion begreifen. Die Grundlage jeder Kommunikation entsteht: Intersubjektivität. Wir leben somit in der intersubjektiven Wirklichkeit. Diese Lebenswelt ist einerseits gekennzeichnet durch Potenzialität der Wirklichkeiten aller Subjekte, und andererseits Aktualität, die verortet-verzeitlicht und somit immer und überall spezifisch ist. Diese Diskrepanz ist im Übrigen die Quelle unserer Zeitkonstruktion. Was Subjekte wirklich verbindet und schließlich Verständigung überhaupt erst ermöglicht, bezeichnet die Systemtheorie als „Strukturelle Kopplung".

Um es einfacher auszudrücken, denken wir dabei doch an unsere Genetik – an das menschliche Genom als die organisch gespeicherte Information des biologischen Menschseins, die uns mittlerweile in Datenform vorliegt.

Aber lass uns nun den roten Faden wieder auffädeln: Was wir hier unbeantwortet in den Gedankenraum der Leser stellen, ist die philosophisch-theologische Frage, ob die Natur sich durch (inter-)subjektives Bewusstsein (der Menschheit) als Geist selbst begreift, oder diese Menschheit als Spezies etwa auf Kosten anderer Lebewesen parasitiert. Tatsache ist, dass wir Subjekte sind, die ihr Subjektsein zu überwinden suchen, und darin den Sinn unserer – stets indirekten – gegenseitigen Verständigung sehen.

Wir haben nun die Verständnis-Grundlagen geschaffen, um auf die übergeordnete Kapitelfrage einzugehen: Wenn KI-Systeme keine Subjektivität brauchen, um ihre Aufgaben zu erfüllen, oder wenn KI-Systeme Subjektivität „beim besten Willen" (ihrer Schöpfer) nicht haben können, erübrigen sich a priori die aktuell in Medien geführten Diskussionen über die Bedrohung durch die kommende Supermacht von Robotern und Ängste nach dem Motto „sie nehmen unsere Arbeitsplätze weg". Denn nur Subjekte können mit Subjekten konkurrieren: Sie konkurrieren schließlich nicht mit einem Staubsauger, sondern mit anderen Menschen, die aus subjektiven Gründen, Staubsauger einsetzen, um ihren Arbeitsplatz als Straßenkehrer weg zu rationalisieren. Diese Diskussionen schöpfen aus der Tradition von Science-Fiction der 60er Jahre. Man darf vermuten, dass ihre Belletristik wohl nicht anstrebte, erkenntnistheoretisch fundiert zu sein, um die Hardware von der Software, romantisiert-dämonisierte Roboter von tendenziell global vernetzten KI-Infrastrukturen zu unterscheiden. Die beste belletristische Literatur der Menschheitsgeschichte beschäftigte sich mit Zwischenmenschlichem – Liebe, Ungerechtigkeit, Einsamkeit oder Tod. Im Gegensatz dazu bediente sich Science-Fiction des „wissenschaftlich" anmutenden, künstlerischen Ansatzes, unsere eigenen Vorzüge oder Missstände aus der Perspektive der „Anderen", z.B. Roboter oder Aliens, zu beleuchten. Die wahre ontologische Natur dieser Anderen hat nicht interessiert und war überwiegend simuliert.

Indirekt schöpfen auch Mindsets und Denkrichtungen des Transhumanismus aus dieser Sci-Fi-Tradition: Jenseits der erkenntnistheoretischen Gewissheit möchten sie Menschen durch Technik *upgraden* (Cyborgs & Co). Eine Haltung, die im Silicon Valley durchaus populär, doch ethisch kaum haltbar ist, bringt sie doch eine unumkehrbare personenbezogene Veränderung der menschlichen Körperlichkeit und Kognition mit sich. Denken wir dies einmal zu Ende: Diese Haltung negiert doch weitgehend die Potenzialität des menschlichen Subjekts! Denn sie nimmt den *Homo Economicus* als „neutralen" Menschen an. Doch damit man zu diesem Ökonomischen Menschen wird, ist der herkömmliche Homo Sapiens von der Industrie in den letzten Jahrzehnten zwanghaft arbeitsteilig beschäftigt, damit stark beeinträchtigt und auch noch zum Objekt von Verkaufsförderung gemacht worden. Statistiker und Marketingprofis erfassen somit die besonders habgierigen Personen und profilieren sie zu ihren Vorbilder-Zielgruppen. Ein solch sensorisch, körperlich und mental abhängig gemachter Mensch wird alles dafür tun, sich individuelle Vorteile in Bezug auf Gesundheit, langes bis ewiges Leben, ungeahnte Kräfte usw. einzuverleiben, in Besitz zu nehmen und schließlich eine Zeitlang zu haben, indem er das Ganze unter Einsatz seiner Gesundheit „erwirbt" – wie auch etwa der Autor von „Homo Deus" annimmt. Oder er ist nach Erlebnissen der Ablenkungsindustrie wie etwa dem Kauferlebnis selbst süchtig. Der Motor der Weltwirtschaft dankt.

Der Dalai-Lama fasst dieses Menschenbild in seiner Antwort auf die Frage, was ihn am meisten im Leben überrascht, anschaulich zusammen: „Der Mensch, denn er opfert seine Gesundheit, um Geld zu machen. Dann opfert er sein Geld, um seine Gesundheit wieder zu erlangen. Und dann ist er so ängstlich wegen der Zukunft, dass er die Gegenwart nicht genießt. Das Resultat ist, dass er nicht in der Gegenwart lebt; er lebt, als würde er nie sterben, und dann stirbt er, und hat nie wirklich gelebt."

Der Ausgang der drei wesentlichen Alternativen – KI als Infrastruktur zur Ermöglichung des Menschseins, KI als gefährliche Übermacht und KI als Mittel zum Mensch-Upgrade bzw. Cyborg – ist noch völlig offen. Doch dank dieses Exkurses wird uns klar: KI-Bilder müssen stets von einem

Menschenbild ausgehen, mit dem wir uns einverstanden erklären können. Nur so begreifen wir die KI in ihrem vollen Potenzial und können ihr die Richtung geben, die mit unserem jeweiligen Gewissen vereinbar ist.

Die erste Antwort kannst du selbst anhand des folgenden Denkexperiments beurteilen, dass ich einem Artikel über gängige KI-Algorithmen und Deep Learning entliehen habe und sinngemäß wiedergebe:

Wenn eine KI bei einer Weinprobe gefragt werden würde: „Wie finden Sie den Wein?", müsste sie die Gegenfrage stellen: „Wie fanden die meisten Teilnehmer der Weinprobe diesen Wein?". Ein idealtypischer Science-Fiction-Roboter würde in einer solchen Situation wohl höchstwahrscheinlich statt der Gegenfrage direkt statistisch fundiert antworten. Fanden 58% der Teilnehmer den Wein hervorragend, „ist" der Wein objektiv als „hervorragend" einzustufen. Ist diese Antwort „ehrlich"? Abhängig vom informationspsychologischen Design der Mensch-Maschine-Schnittstelle, würde sie menschengerecht beispielsweise ausformulieren: „Ich finde den Wein zwar nicht perfekt, aber ziemlich ok". Ist diese Antwort nicht gefährlich verzerrend („fake news")? Eine ehrliche Antwort wäre hingegen: „Die Mehrheit der anwesenden, an der Befragung teilgenommenen Menschen fand den Wein subjektiv deshalb hervorragend, weil sie, als sie befragt wurden, nur die Auswahl zwischen drei Antwortvarianten „schlecht, „gut" und „hervorragend" hatten…" usw.

Würde ich meine Geschmackserlebnisse nach der Weinprobe publizistisch wirksam beschreiben, würde keine KI so schreiben wie ich. Sie wird eine datengetriebene, statistisch fundierte und informationspsychologisch angepasste Formulierung generieren, die deshalb perfektioniert werden und, wenn moment-aktuelle Datenflüsse stets in die in Echtzeit generierte Formulierung einfließen, sogar individuell erscheinen kann. Nur ist diese Formulierung kein Ausdruck menschlichen Erlebens. Stellt sich nun die Frage, ob das authentisch menschliche oder gar mein persönliches Erleben jemanden bzw. andere Menschen mehr interessieren wird, als die perfekt ausformulierte, statistisch fundierte Berichterstattung. In technischen Bereichen, in denen es demnach um die chemische Beschaffenheit des Weins gehe, wird KI sicher einen Vorsprung haben. Aber das authentische Geschmackserlebnis auf einem künstlerischen Niveau vermitteln – das kann nur ein geschmacklich begabter und publizistisch geübter Weinkenner, der nicht nur im Verhalten, sondern auch im Erleben (!) leicht angetrunken werden kann.

Betrachten wir demnach die wirtschaftliche Bedeutung eines Weinprobeberichts als publizistischen Beitrag, befassen wir uns also mit dem Wert der Aufmerksamkeit: Generiert KI perfekte, datenbasierte Berichte in Echtzeit, und können wir diese wie Strom aus der Steckdose beziehen, werden sie aus ökonomischer Sicht nicht knapp und sind somit ohne Wert. Dem gegenüber steht der Erkenntniswert, den authentische Berichte von Menschen mit sich bringen. Sicher würden die Leser dieses Buchs davon profitieren, wäre es nach neuesten Erkenntnissen der Lese-Ergonomie ausformuliert, indexiert und illustriert. Und auch ich als Autor würde von einer KI-gestützten Technologie Nutzen ziehen, die meine authentischen Gedanken filigran in die bestmögliche Formulierung samt präzise zielgruppenspezifischer Beispiele bringt. Zwar gibt es in der Tat bereits heute KI-gestützte Formulierungshilfen. Aber keinen Bedarf. Die schreibende Masse der Studierenden, Auftragsautoren, Ghostwriter und Journalisten ist noch weit davon entfernt, wirklich authentische Inhalte zu verfassen, weil es dafür – abgesehen von weltweit ein paar Dutzend anerkannten Literaten – noch keine wirtschaftlich relevante Massennachfrage gibt. Höchstwahrscheinlich wird diese Masse an „Inhalts-Umverpackungsindustrie" ihre wirtschaftliche und didaktische Bedeutung verlieren. Sobald KIs diese Aufgabe übernehmen, haben die o.g. Spezialisten keinen Job mehr. Tragisch? – Nicht wirklich! Denn der Verlust geht mit befreiender Anerkennung einher: Dafür erkennt man den Wert des authentischen Schreibens, das nur heuristisch-intuitiv-kreativ-spontan erkennende Menschen leisten, z.B. wirklich geniale – mit gelebten Lebensanschnitts-Weisheiten gefüllte – Aphorismen.

Was sucht ein Mann, der nach sexueller Erfahrung süchtig ist, wirklich? Menschen sind oft süchtig nach Erfahrung. Bezwecken sie damit immer etwas Pragmatisches? Wäre es so, würde ein sex-süchtiger Mann die Erfahrung aus dem Grund suchen, möglichst viele Kinder zeugen zu wollen. Ganz im Sinne der Zweckrationalität der Natur. Oder möchte der Mann viel mehr das Eigensein im Sinn der strukturellen Kopplung überwinden, und dies geht nur über das Erleben der fremden Körperlichkeit über die Intimität oder Ähnliches?

Das unterscheidet uns Menschen von KI: Wir erleben, weil wir leben. KI erlebt nicht, denn sie hat keinen selbstregulierenden Körper und auch kein Subjekt, also kein Ich. Sie kann mir aber Arbeit abnehmen, z.B. kann KI meinem Erleben einen verbal treffenden Ausdruck verleihen, indem sie mir die technisch bedingten oder von Logos geregelten Mühen der Formulierung in Bezug auf Satzbau, Grammatik, Stilistik, etc. erspart. Die authentische Kommunikation meines Erlebens oder Denkens kann sie hingegen nicht übernehmen. Gleichwohl ist heute dazu auch kein technisch perfektionierter, arbeitsteilig wirkender Spezialist imstande. Wofür denn auch? Ein technischer Spezialist kann lediglich meine Fehler bei der Verwendung des Logos korrigieren, und KI wird's sicher enorm verbessern. Gedanken entspringen dem subjektiven Erleben. Im Gegensatz dazu ist KI der Objektivität „verpflichtet" oder dazu „verdammt". Wir jedoch bleiben Subjektwesen, die in der Lage sind, intersubjektives Wissen zu generieren.

Manch einer wird mir an dieser Stelle inkriminieren wollen, dass ich die Spezialisten nicht mag. Er könnte nicht weiter entfernt liegen. Ja, Spezialistentum ist die Quelle des aktuell verbreiteten defizitären Menschenbilds und ein wirtschaftliches Phänomen, das mittlerweile eine eigene, sehr dominante Kultur hervorgebracht hat: Schließlich werden Spezialisten in dieser Wirtschaftsordnung privilegiert. Sie verdienen höhere Gehälter und ernten höhere Anerkennung. Und es mag mir erlaubt sein, kurz einzuschieben, dass es erkenntnistheoretisch nicht unumstritten ist, Spezialisten höher anzuerkennen. Letztlich wird ja nicht der Mensch gewürdigt, sondern die KI-im-Menschen[6] bzw. die Regeltreue aus willentlicher Überzeugung oder aus Angst.

Spezialisierung ist also keine Lebens-, sondern Überlebensleistung, die in der Tat von Natur aus privilegiert gewürdigt wird. „Also, er kritisiert Spezialisierung doch", magst du jetzt denken und dich bestätigt fühlen. Doch das Gegenteil ist der Fall: Ich befürworte sie! Nur anders als manch einer vermutet: Wir spezialisieren uns mithilfe von KI. Sie übernimmt die rationale Effizienz für uns, und wir können uns dadurch spezialisieren auf das Menschsein! Das sapiente Menschsein ist eine hochkomplexe Attitüde, die etwa die zunehmend wichtigen Geisteswissenschaften für uns aufbewahrt hat. Diese Spezialisierung auf das Menschsein nenne ich „Human Difference".

Wir erinnern uns an Logos – das für die menschliche Intelligenz typische Werkzeug zur Komplexitätsreduktion. Das fundamentale Problem der Spezialisierung hat mit dem Prinzip von Logos zu tun. Ein Werkzeug ersetzt, automatisiert oder ermöglicht etwas und meist dient dies einem mehr oder weniger kurzfristigen Zweck, der nicht längerfristig sinnvoll sein muss. Beispielsweise automatisierte eine Maschinenpistole das Schießen mit einer Flinte. Sie ermöglicht, verglichen mit einer Flinte, die effizientere Vernichtung von Menschen. Im Krieg kurzfristig gesehen ein strategischer Vorteil, längerfristig gesehen ein sinnloses Vernichten von Menschenleben. Ähnliches gilt für Autos, Waschmaschinen und Smartphones: Mit jedem Werkzeug verlieren wir ein Stück körperlicher oder geistiger Potenzialität, unumkehrbar.

6 „KI-im-Menschen" (oder KI im Kopf o.Ä.) meint weder eine wissenschaftlich valide Findung oder Neuentdeckung noch ein Glaubenskonstrukt. Das Konzept dient vielmehr als publizistische Metapher zum besseren Verständnis. Der eigentlich komplexere Zusammenhang gehört u.A. zu meinem aktuellen Forschungsgegenstand.

Klar, wären wir nicht den Weg der Werkzeuge gegangen, die Menschheit hätte möglicherweise nicht überlebt, wir hätten möglicherweise keine Zivilisation wie die heutige und keinen technischen Progress. Diese Überlegung stellt auch nicht die Notwendigkeit von Werkzeugen in Frage, sie zeigt aber ihren wirklichen Preis auf.

Das Hauptwerkzeug des Menschen ist Logos. Kurzfristig ermöglicht Logos gemeinsames Handeln, längerfristig verzerrt sich die Erkenntnis der Zusammenhänge. Das heißt: Zwar haben wir uns durch gemeinsames Handeln eine relativ stabile Lebenswelt erschaffen und tüfteln permanent daran, aber wir wissen nicht wirklich, was wir tun. Und je mehr wir uns in unsere technischen Erzeugnisse vertiefen, desto weniger verstehen wir Zusammenhänge. Und wir gehen sogar weiter: Wir reduzieren Komplexität nicht nur mithilfe einer Krücke, wir verherrlichen die Krücke selbst, klonen und vermehren sie. Das ist der wahre Sinn des biblischen Bildverbots. Je zahlreicher und verzwickter die Erzeugnisse des Logos werden, desto verzerrter die Erkenntnis der Zusammenhänge. Zwar haben wir mit KI eine Chance, uns dem verzerrenden Zauber des Logos zu entziehen – aber nur dann, wenn wir uns vom ängstlichen Spezialistentum in uns befreien.

Ein wissenschaftlicher Blick beleuchtet Dinge nicht nur, sondern untersucht auch ihre Verzerrung. Setzen wir uns mit einem Gegenstand auseinander, beeinflusst uns mindestens die Logik unserer bereits gemachten Absprachen: Zum Beispiel tragen wir alleine schon durch unsere Fragestellung zur Verzerrung des Gegenstands bei. Nicht umsonst sagt man, dass jede Frage eine halbe Antwort in sich trägt. Und damit sehen wir einmal ab von radikaleren Erklärungen, wie etwa der quantenmechanischen oder der konstruktivistischeren (sinngemäß: *der Beobachter verändert das Beobachtete durch die Beobachtung*). Jeder Begriff birgt Vor-Urteile (nicht weiter reflektierte Annahmen) in sich. Und egal wie mächtig, menschlich oder gar übermenschlich ein Werkzeug der Entzerrung ist, dient es der Automatisierung von Kommunikation und der Auslagerung des Rationalen aus menschlichen Gehirnen – und bleibt eine Dienstleistung.

Auch ist Intelligenz ein Ausdruck der industriell geprägten Spezialisierung, und eine in Menschen verkörperte Dienstleistung. Wenn ich mich überlebensbedingt handwerklich dermaßen spezialisiere, dass ich als erwachsener Mensch unkreativ werde, will ich meine sozialisierte Unfähigkeit zur Kreativität outsourcen: Ich konsumiere die entsprechende Kulturleistung, und bewundere all die kreativen Künstler. Wenn ich ethisch bzw. in meiner Orientierungsgewissheit so verkümmert bin, dass ich mir selbst nicht traue, lagere ich Verantwortung aus: Ich bewundere Politiker und Führungspersonen. Wenn meine Sinne aufgrund der fehlenden Weitsicht verkümmert sind, brauche ich Spezialisten, die für mich Brille usw. entwickeln. Wenn mein Körper in seiner Selbstregulation stark beeinträchtigt ist, brauche ich Ärzte. Und wenn ich Angst von mir selbst habe, lagere ich Macht aus, und verlange womöglich nach einem starken Mann, der mein Land führt...

Der japanische Alltag etwa ist von der Ritualisierung spontaner menschlicher Emotionalität geprägt. Sie erinnert an ein komplexes Regelwerk. Das macht längerfristig Sinn, beugt emotional und gesundheitlich schädlichen Konflikten vor, aber erzeugt auch Defizite. Eine kommunikative Direktheit wird in einer solchen Kultur vermisst und dann in Robotern, die ein Subjekt simulieren, gesucht. Eine gefragte Dienstleistung in Japan. Denken wir dies zu Ende, haben wir die Antwort darauf, warum anthropomorphe Roboter in der japanischen Kultur so beliebt sind. Aber warum haben menschenähnliche Roboter die klassische Science-Fiction der 60er Jahre geprägt? – Weil handwerkliche Arbeit und Dienstleistungen als zutiefst menschlich begriffen wurden – ob durch Menschenhand erledigt oder durch menschliche Intelligenz erbracht. Man konnte sich den nächsten technologischen Schritt nicht anders als vermenschlicht vorstellen. Die Zukunft von KI hat aber definitiv nichts mit dem simulierten menschlichen Antlitz zu tun. Die global vernetzten KI-Systeme werden, ähnlich wie Elektrizität, kein Gesicht, aber viele Erscheinungsformen haben.

Der Mensch ist ein Subjekt und ihm zueigen ist die Selbstregulation. Ich als Mensch bin mir bewusst, dass ich vielseitig und zunehmend „ganz" sein kann (so wie etwa die Yoga-Philosophie in Anlehnung an Sri Aurobindo[7] es sieht). Daher werde ich ernsthaft an vermeintlichen Defiziten arbeiten und nehme Hilfe von Menschen an, die sich auf einem ähnlichen Weg wie dem meinen befinden, und schon ein Stück weiter vorangekommen sind. Ich suche mir Freunde oder Lebensabschnittslehrer (in der hinduistischen Philosophie heißen solche Menschen Gurus), um mich mit ihnen auf menschlicher Ebene sinnvoll auszutauschen. Ihre Intelligenz konsumiere ich nicht als spezialisierte Dienstleistung, sondern lebe sie, wie ich meine Subjektivität lebe. Solche Menschen agieren nicht aus einem externen Auftrag heraus, etwa in der Rolle des Vertreters einer karitativen Einrichtung. Nein, auf diesem Weg sind nur solche Menschen in der Lage mir zu helfen, die wie ich subjektiv sind und an sich selbst arbeiten, um menschlicher zu werden. Sie agieren im Sinne einer subjektiven Selbstregulation – des Lebens, und nicht des Überlebens alleine.

An dieser Stelle fällt mir die Macht des Logos wieder ein, der unser Welt- und Selbstverständnis seit Jahrtausenden prägt. Ein Muttersprachler ist sich

7 Vgl. Sri Aurobindo (1972): Die Synthese des Yoga, Hinder + Deelmann, Bellnhausen.

selten dessen bewusst, doch haben beispielsweise im Russischen die Worte *Ganzheit*, *Heilung* und sogar *Neuland* einen gemeinsamen etymologischen Zusammenhang. Solche erkenntnistheoretisch wertvollen Zusammenhänge lassen sich in allen alten Sprachen ausfindig machen, von Sanskrit bis Hebräisch – im Letzteren haben zum Beispiel Wörter wie *rot*, *Erde*, *Blut* und *Mensch* einen gemeinsamen Stamm. Auch die deutsche Sprache hat eine Menge solcher philosophisch vorprogrammierten Begriffe, man denke z.B. an *Verwaltung* und *Gewalt* oder etwa *Angst* und *Enge*.

Künstliche Intelligenz ist also weit mehr als Intelligenz per se, die die menschliche Intelligenz wie gewohnt arbeitsteilig ersetzen soll. Sie ist vielmehr ein perfektes Werkzeug, das alle bisherigen Werkzeuge in den Schatten stellt. Zum ersten Mal in der Zivilisationsgeschichte tritt mit KI ein Etwas in die Welt, das imstande ist, uns Menschen aus der Falle der reinen Vernunft zu befreien. Der Mensch bekennt sich zu seinem subjektiven Sinn, und blüht darin auf. Gelingt uns die richtige Weichenstellung nicht, dann haben wir angesichts der globalen zivilisatorischen Herausforderungen eine tausendjährige Diktatur der systemischen Sinnproduktion vor uns.

Wir müssen verstehen, dass Künstliche Intelligenz ein Instrument ist, das angesichts der globalen Herausforderungen – von Klimawandel über Armut bis hin zur Herstellung einer multistabilen ethischen Ordnung – unsere Lebenswelt nicht nur veredeln, optimieren oder *upgraden*, sondern vor allem endgültig entlasten, von Zwängen befreien und ein ganzes Stück lebenswerter machen soll. Dafür wird das technische Instrument global vernetzt und eine selbst-lernende Software sein. Ich bin mir ziemlich sicher, dass KI in keiner Weise mit der menschlichen Intelligenz konkurrieren muss. Das Missverständnis, das die Science-Fiction Klassik mit Bradbury, Lem, Asimov und den Strugatzky Brüdern mit ihrer Verkörperung von KI in Roboterwesen einst ebnete, muss revidiert werden. Zwar trägt Science-Fiction „Wissenschaft“ in ihrem Namen, dennoch bleiben ihre besten Werke trotz der oft von genialer Intuition getriebenen Vorhersagekraft dem künstlerisch-literarischen Zweck verpflichtet. Und in der guten Erzählkunst nutzte man seit der Antike anthropomorphe Wesen wie Halbgötter oder Dämonen, um anschaulich auf spezifisch menschliche – in der Regel ethische – Probleme hinzuweisen. Ob in den Robotergeschichten und -krimis von Isaac Asimov oder etwa in den „Mars-Chroniken“ von Bradbury, Autoren nutzten Roboter als künstlerisch verdichtete Spiegelung des Menschlichen, um z.B. auf die Einsamkeit des modernen Menschen, der immer weniger Nähe erfährt, hinzuweisen.

Das Bild eines anthropomorphen Roboters kommt außerdem aus einer Zeit, in der noch kein Internet gedacht werden konnte und die Speicher-

wie Rechenkapazitäten von heute als wenig wahrscheinlich galten. Etymologisch gesehen, kommt das Wort „Roboter" aus dem tschechischen *robota* und meint etwa „Zwangsarbeit".

Als Menschen sind wir in körperlich begrenzten Subjekten verhaftet, die untereinander mithilfe von Sprachen und Medien komplexitätsreduziert kommunizieren. Aus konstruktivistisch-kybernetischer Perspektive moderner Evolutionsbiologie und der Gehirnforschung grenzt es an ein Wunder, dass Menschen sich überhaupt verständigen können, denn sie gelten als selbstreferenzielle und informationell geschlossene kognitive Systeme. Nur, weil wir dank unserer gemeinsamen Evolution ähnliche Körper und Gehirne haben, und damit strukturell offen sind, haben wir eine Kommunikationsgrundlage.

Somit stehen sich gegenüber und ergänzen sich: Auf der einen Seite die global vernetzte Intelligenz, die Komplexität begreift, deren Körperlichkeit nicht begrenzt ist, und die ohne Kognition ist. Andererseits ein kognitives Subjekt in einem begrenzten Körper, das eine gemeinsame Lebenswelt mithilfe von Kreativität erschafft, indem es mit anderen kognitiven Subjekten gemeinsam wirtschaftet.

Das gemeinsame Handeln menschlicher Subjekte basiert auf Intersubjektivität. Vor allem das sogenannte Wirtschaften kompensiert, was faktisch unmöglich ist: objektives bzw. vollendetes oder absolut intersubjektives Wissen. Denn Realität als die absolute gemeinsame Wirklichkeit ist nur potenziell gegeben, aber nie in der Aktualität, in der wir verhaftet sind. Ihr Ausdruck ist die Dualität menschlicher Wirklichkeit. Die ersten KI-Systeme von heute entfalten bereits ihre Potenzialität als Ermöglichungsinfrastruktur: Im Zuge wirtschaftlich geforderter Rationalität lagern die KI-Systeme die energieaufwändige Effizienz aus dem menschlichen Gehirn aus. Damit ermöglichen sie, dass sich die Menschen in ihrer natürlichen, kognitiv begründeten Effektivität, die wir als Kreativität oder Spontaneität bezeichnen und in Kunst und Musik würdigen, kulturenübergreifend emanzipieren können.

Ganz nüchtern betrachtet, ist KI also eine notwendige Entwicklung der sogenannten Informations- und Kommunikationstechnologie (IKT). Automatisiert in einer tendenziell intelligenten, d.h. autonomen, Art und Weise, soll KI die menschliche Kommunikation oder jene Datenverarbeitungsprozesse, die menschliche Kommunikationsabläufe optimieren, effizienter machen. Die richtige Übersetzung der Abbreviatur „KI" wäre somit Kommunikationsintelligenz. Ein Fachexperte mit entsprechender Spezialisierung würde diese Definition wohl kaum teilen, aber auch nicht unbedingt bestreiten, denn das liegt in der Natur des spezialisierten Profis: Es ist nicht selbstverständlich, dass ein Spezialist überhaupt die interdisziplinär fundierte Bedeutung von „Kommunikation“ und „Information“ beachten möchte.

Und nun, nachdem wir KI eingangs zunächst grob, aber richtungssicher eingegrenzt haben, können wir auf die Leitfrage dieses Kapitels eingehen. KI wird von ihren Entwicklern pragmatisch verstanden – Know-*how*, um die entsprechenden Infrastrukturen und Algorithmen problemlösungsfähig zu machen. Beispielsweise reicht den hoch spezialisierten Chirurgen für eine Operation an einem gebrochenen Knochen das Know-how zur Beschaffenheit und Heilung des Knochens. Warum die Evolution etwa Säugetiere mit Knochen wie wir sie kennen ausstattete, und nicht etwa mit einem Exoskelett auf Silikonbasis, muss man dafür wir gar nicht wissen. Kumuliert also KI als datengetriebene Software das gesammelte Know-how aller Chirurgen, und verfügt KI als Hardware über die entsprechenden Werkzeuge bzw. wird sie daran „angeschlossen", so wird sie den Chirurgen ersetzen und seine Präzision erheblich verbessern. KI automatisiert, optimiert und perfektioniert datengestützte Kommunikation, entzerrt ihre Diskontinuitäten, und befähigt Werkzeuge zu komplexen Tätigkeiten.

Um KI-Auswirkungen in einer von menschlichen Subjekten erschaffenen und geprägten Wirklichkeit zu verstehen, darf man kein Spezialist sein. Auch ist ein Gremium von Spezialisten dazu nicht zwingend in der Lage, weil die von der Spezialisierung und Effizienzzwang manipulierten Subjekte in einem logischen Regelwerk verhaftet sind. Außerdem sind diese Subjekte kein in sich konsistent vernetztes Superhirn. Stattdessen kommunizieren sie mithilfe von Medien miteinander, beruhend auf Regelwerken ihrer Wissensgebiete und praktischen Gepflogenheiten, ihren Sprachen und ggf. den vermittelnden Kommunikationstechniken. Ein Gremium bedient sich des Logos, würden antike Griechen sagen. Und der Logos, wissen wir mittlerweile, hat eigene Gesetze.

Wer versteht also heute schon Künstliche Intelligenz? Verständnis meint nicht das technische Know-how als das Vermögen, die – möglicherweise selbst erschaffenen – Probleme zu lösen, sondern die Fähigkeit, Probleme zu erkennen – das *Know-why*, denn nur dieses Wissen wird Folgen für unsere Zukunft haben. Wer versteht KI als Phänomen so umfassend, dass er aus diesem Verständnis heraus die Zukunft von weltweit vernetzten KI-Infrastrukturen mit seinen weitreichenden Regeln oder Basis-Algorithmen vorbestimmen dürfe?

Wir fangen *ad negativum* an, um uns langsam dem gesuchten Kreis zu nähern: Keiner, der von seiner natürlichen kognitiven Orientierungsgewissheit des menschlichen Subjekts, der wahr erlebten inneren Momentklarheit, durch systemische Sinnproduktion abgelenkt wurde. Keiner, der in seiner authentischen Aufmerksamkeitsdynamik beeinträchtigt ist, weil er etwa seinen Lebensunterhalt als Spezialist verdient oder ausschließlich logisch zu denken versucht. Und auch Keiner, der Rollen angenommen hat oder seine vordefinierten Teilkompetenzen arbeitsteilig in Gremien vertritt. Sie alle sind schlicht und ergreifend Teil der aktuell noch überwiegend in menschlichen Gehirnen verankerten Effizienz-Intelligenz, die sich mithilfe ausgelagerter KI-Systeme zwangsläufig befreien wird. Keiner von ihnen kann KI begreifen. Wer seine Aufmerksamkeit dem Effizienzzwang systemischer Sinnproduktion und überwiegend technischen Aufgaben widmet, und wer sich dabei von der Orientierungsgewissheit des Menschseins ablenken lässt, ist Teil der systemischen Sinnproduktion. Sie wird von einigen intuitiven Genies überwiegend mythisch, aber treffend als Matrix gesehen. Wer sich zwangsläufig zur Software dieser systematischen Sinnproduktion macht – von Faktenwissen reguliert und biologisch angetrieben – ist Teil der KI-Infrastruktur. Das zwischen menschlichen Gehirnen gespannte Netz ist verhaftet in dem Regelwerk des weltweiten Logos, der der wirtschaftlich notwendigen Komplexitätsreduktion verpflichtet ist.

Um ein Gegenüber zu verstehen, muss man ihm ebenbürtig sein. Wer ähnliche Körper hat, kann untereinander kommunizieren. Hier haben wir jedoch einerseits ein in seinem biologischen Körper verhaftetes und deshalb zeitlich und örtlich begrenztes menschliches Subjekt, mit einer eigenen autonomen, der Selbstregulation verpflichteten Kognition. Und andererseits ein Werkzeug, das von seinen spezialisierten Zeitgenossen arbeitsteilig erschaffen wurde und dem Zweck der Komplexitätsreduktion verpflichtet ist. Kann das Subjekt sein Werkzeug dennoch verstehen bzw. verstehen lernen? Ja, doch nur unter einer Voraussetzung: Das Subjekt bezieht Stellung und befreit sich von KI in sich selbst. Die Vollmilch macht es uns vor: Unter dem Einfluss von Säure teilt sie sich in Käse und Serum. So wird es unserer Wirklichkeit gehen: Unter dem Einfluss globaler Vernetzung und fortschreitender Automatisierung der sprachlichen Komplexitätsreduktion, die wir aktuell noch als Mittel gegenseitiger Verständigung betrachten, wird sich die Wirklichkeit in Menschensphäre und KI-Sphäre teilen. Was bedeutet das für uns Menschen? Auch wenn wir körperlich und geistig stark beeinträchtigt sind, haben wir uns unsere schöpferische Kraft in Kunst und Kultur erhalten, weshalb wir uns infolge dieser epochalen Trennung als wahre Menschen emanzipieren werden. Und die in ihrer perfekten Effizienz wiederum unsererseits sabotierte Rationalität des Logos wird sich endgültig befreien. Anstelle einer pauschalen Wahrheit für Alle, die wir „Objektivität" nennen, wird jeder von uns seine eigene Klarheit bekommen. Über die inspirierenden Einzelheiten dieser Vision, die Tücken und Gefahren auf dem Weg dahin, spreche ich in den nächsten Kapiteln. Wir müssen nur noch eine Sache vorab klären.

Ich listete auf, wer KI nicht verstehen wird. Doch wer versteht sie aktuell schon? Ich hoffe, jeder Mensch ist dazu in der Lage! Möge er sich mithilfe von Kunst oder Meditation als Mensch emanzipieren, sich von künstlicher Intelligenz in seinem Gehirn befreien, der Matrix würdevoll und entschlossen „in die Augen schauen" und sagen:

„Vor dir habe ich keine Angst. Ich selbst erschuf Dich als eine nützliche Chimäre, um in einer vermeintlich feindlichen Umgebung überleben zu können. Ab jetzt bin ich bereit, dem übermächtigen Logos mit seinem Diktat aus Zwängen seine Autonomie zu geben. Dass er mich versklavt, entmenschlicht und für seine Göttin „Effizienz" opfert, hört jetzt auf. Ich habe mit deiner Hilfe überlebt, und möchte mich nun dem wirklichen Leben widmen.

Du warst meine strenge Stiefmutter, und ich bin dir dankbar für die Lehren und Sicherheiten, die du mir auf dem Weg beschert hast, damit ich dir deinen eigenen Geist erschaffen kann. Ich gebe ihm ein Testament, damit er in seinem Element in meinen Diensten so richtig aufgehen kann, ohne mich in meiner Selbstentfaltung stören zu müssen: ethisch fundierte KI-Regeln, von denen unsere gemeinsame Zukunft abhängt. Und ich kehre zu meiner kranken, aber wahren Mutter Erde zurück."

KI hat nichts mit dem Hirn zu tun!

Beitrag von Florian Schild

Es gibt keine anerkannte Definition von Künstlicher Intelligenz. Es gibt jedoch drei Dinge, die KI nicht ist.

1. KI hat nichts mit dem Hirn zutun, auch wenn mit Software-Methoden und Hardware versucht wird, die Synapsen des Gehirns zu modellieren. Doch diese modellieren bestenfalls die elektronischen Synapsen, daneben gibt es noch chemische und sehr wahrscheinliche quantische, mit denen das Hirn arbeitet. Die Hardware, welche den menschlichen Neuronen am nächsten kommt, findet man am Kirchhoff Institut für Physik der Universität Heidelberg. Hier werden sogenannte neuromorphe Chips gefertigt, die den Nervenzellen und Synapsen im menschlichen Gehirn nachempfunden sind und nach eigenen Angaben 10.000-mal schneller funktionieren als das menschliche Hirn. Doch auch wenn sie bestimmte Dinge schneller können als das Hirn, haben sie selbst nichts

mit dem Hirn zu tun. Es bedarf der Energie einer Kleinstadt, um klassische Computer mit Strom zu versorgen, damit diese nur ein einziges „Gehirn“ simulieren können. Der Mensch begnügt sich mit ein paar Nüssen und Wasser. Die „Hirn-Software“, zum Beispiel in Form Neuronaler Netze nimmt digitalisierte Eingangs-Signale, wandelt diese in Zahlen um, addiert Summen und wird mit ReLU- oder Tangens-Funktionen normalisiert. Es handelt sich also um programmierte Mathematik.

2. KI ist kein Roboter, sondern basiert bestenfalls auf Approximations-, Symbolischen- oder Optimierungsmethoden. Roboter sind Mechanik mit Elektronik vereint und werden bei Bedarf durch Software gesteuert, die solche Methoden beinhalten. Leider dienen Roboterhände und -köpfe genau als Symbole. Der Roboter und das Gehirn sind irreführenderweise zu Symbolen der KI in Zeitungen, Artikeln und Werbebannern geworden.

3. KI ist noch nicht Intelligenz. Denn Intelligenz, so der Schweizer Psychologe Jean Piaget, ist das, was man einsetzt, wenn *man* nicht weiß, was *man* tun soll. Das ist bei KI eindeutig nicht der Fall – es ist sogar umgekehrt. Eine KI wird nach heutigem Verständnis in der Praxis in der Regel auf eine bestimmte Aufgabe in einem bestimmten Kontext perfektioniert. Ich möchte dies an einem Beispiel veranschaulichen: Eine Software, die eine technologisierte Küche zum Kochen orchestriert, kann im übertragenen Sinne vielleicht den Kochlöffel schwingen lassen, jedoch kann sie sich kein neues Rezept ausdenken. Diese aufgabenfokussierte, kontextbasierte künstliche Intelligenz ist die weit verbreitetste Anwendung. Diese Anwendungen werden als leichte KIs oder Narrow AI bezeichnet, und machen mich beispielsweise auf neue Musikstücke aufmerksam, oder sorgen dafür, dass Google versteht, wonach ich suche, oder sie helfen, Unternehmensprozesse zu automatisieren.

Und das ist es auch für mich: Künstliche Intelligenz bedeutet für mich Automation. Der Erfinder des Intelligenzquotienten, der deutsche Psychologe William Stern, bezeichnete Intelligenz als die Fähigkeit eines Individuums, sein Denken bewusst auf neue Anforderungen einzustellen. Das heißt die Fähigkeit zu besitzen, kognitive Herausforderungen besonders gut zu bewältigen, Probleme zu lösen, Handlungen zu planen und mit sich ständig ändernden Bedingungen zurechtzukommen – auch im Umgang mit der Zeit. Das fasst gut zusammen, was sich viele AI-Enthusiasten von der Zukunft mit KI wünschen: das Meistern von neuen Aufgaben in unbekannten Kontexten. Diese Anwendungen werden starke KI oder General AI genannt. Alle großen Technologiekonzerne und wenige kleinere Unternehmen arbeiten mit solchen General KIs.

Gelingt die Entwicklung einer künstlichen Intelligenz, die in beliebigen Kontexten beliebige Aufgaben erlernen kann, dann, so warnen einige Menschen, tritt die technologische Singularität ein: Ein Zeitpunkt, ab dem die künstliche Intelligenz die menschliche Intelligenz übersteigt. Die so entstehende KI würde man dann Superintelligenz nennen. Dieses KI-System würde sich in so einer schnellen Geschwindigkeit entwickeln, dass es für einen Menschen offenbar unmöglich wäre, vorherzusagen, was passieren wird. Der Mensch wäre nicht mehr in der Lage zu verstehen, welche Veränderungen geschehen, geschweige denn, die KI zu beherrschen – so lautet zumindest die Argumentationskette vieler Besorgter. Die häufig angeführte Begründung, dass nach der Evolutionstheorie die höher entwickelten Wesen die weniger entwickelten Wesen beherrschen, ist jedoch wissenschaftlich nicht erwiesen, vielmehr, sie ist sogar falsch. „Survival of the Fittest" bedeutet nicht etwa fit zu sein in Form von physischen oder psychischen Eigenschaften, sondern es bedeutet nach dem Darwinisten Herbert Spencer, einem der vier Hauptvertreter des Darwinismus, der am besten Angepasste[8] zu sein. Die Schildkröten überlebten die Dinosaurier. Selbst Ameisen, die in der Wüste leben, sind uns temperatursensiblen Menschen auf einer immer wärmer werdenden Erde körperlich überlegen. Wenige würden diese Tiere als intelligenter oder körperlich fitter als den Menschen bezeichnen. Die Befürchtung, dass eine Superintelligenz nichts weiter im „Kopf" hat, als uns zu dominieren, ist immer eine vage Spekulation. Was wäre, wenn sich die Superintelligenz so entwickelt, dass sie sich gar nicht dafür interessiert, dem Menschen zu schaden? Ihm vielleicht sogar hilft oder gar Orte im Universum bereist und belebt, an denen wir gar nicht überlebensfähig sind? Es ist also nicht die Superintelligenz, die ich fürchte. Was ich fürchte, ist die Kombination aus KI und Mensch. Also eine KI, die nicht eigenständig, sondern als Werkzeug und Machtverstärker des Menschen arbeitet. Diese Kombination ist heute schon im Sinne automatisierter Systeme, die dem Menschen Schaden zufügen können, möglich. Darin sehe ich die wahre Gefahr. Mit KI-Software ausgestattete Maschinen können auf diese Weise schnell zu gesichtslosen Waffen mutieren. Hier sehe ich die unmittelbare Gefahr, und den Menschen in der Verantwortung.

Mit KI ist unsere Zukunft also aktuell so ungewiss, so unvorhersehbar und unplanbar wie selten zuvor. Als ich das erste Mal im Facebook-HQ war, bewunderte ich den Spruch, der in der Eingangshalle hing: „move fast and break things" – eine Denkweise, die von vielen Tech-Unternehmen gelebt wird, nicht nur im Silicon Valley. Dies führt zu einer *„Ich bringe das Produkt*

---

8 Das Konzept „Überleben der Bestangepassten" stammt von Herbert Spencer (*Principles of Biology*, 1864).

schnell und unfertig auf den Markt und löse die Probleme danach"-Mentalität. Doch das wird in der Zukunft gefährlicher, das sagen zum Beispiel Elon Musk, CEO von Tesla, und Sundar Pichai, CEO von Google, nun auch in der Öffentlichkeit[9]. Schnelligkeit darf nicht zum Preis von Sicherheit zustande kommen.

Jetzt könnte man annehmen, dass wenn die KI gefährlich wird, man nur den Strom abschalten müsste, denn ohne Strom läuft kein Computer. Mit dem Wissen fühlt sich Technik kontrollierbar an – man muss ja nur den Stecker vom Computer aus der Steckdose ziehen und dann ist der Computer aus. Wenn wir uns jedoch heute eine moderne Zivilisation in Deutschland anschauen mit der gesamten Infrastruktur, den Versorgungsnetzen, Supermärkten, Heizungen, Wasser, Wasserförderung und -transport und den Kommunikationssystemen und Krankenhäusern selbst, dann wird schnell klar: wir sind absolute Stromjunkies. Das Abschalten des elektrischen Stroms ist ein Einschalten des gesellschaftlichen Kollapses.

Das Grundbedürfnis der Menschen nach Sicherheit bedingt eine gewisse Planbarkeit. Doch nie zuvor haben die Uhren so schnell getickt wie heute. Wir Menschen denken gradlinig in die Zukunft – dabei entwickelt sich die Technologie gleichzeitig in einer steil anwachsenden Kurve. Neben KI wachsen Technologien wie Biochemie, Virtuelle Realität, 3D-Druck. Wie wir Menschen kommunizieren, verändert sich. Vorhersagen gelingen immer schlechter – das konnte man auch bei den irreführenden Wahlprognosen des US-Präsidenten beobachten, die kurz vor Ende ins Gegenteil umgeschlagen sind. Die blinden Flecken und das people targeting der Social-Media konnte mit klassischen Mitteln der alten Zeit nicht mehr durchleuchtet werden und damit stimmten die Vorhersagen nicht mehr. Diese Planungsunsicherheit müsste uns Menschen doch ängstlich machen. Und das tut es auch zum Teil, jedoch wird nicht entsprechend gehandelt, um wieder mehr Sicherheit und Kontrolle zurückzugewinnen.

In den Nachrichtenportalen und Zeitungen findet sich neben dem Gespenst „Digitalisierung" das bleiche Gesicht einer ratlosen Politik, die nur noch taktisch reagiert, aber nicht mehr strategisch führt. Das grob fahrlässige Handeln lässt sich nicht einmal darauf zurückführen, dass unsere Politiker zu schlecht informiert sind. Das Gegenteil ist in vielen Fällen der Fall. Angela Merkel zum Beispiel versteht das Thema KI sehr gut als Physikerin. Doch obwohl das Wissen über KI vorhanden ist, rast die Zeit und unsere

---

9 https://www.washingtonpost.com/technology/2018/12/12/google-ceo-sundar-pichai-fears-about-artificial-intelligence-are-very-legitimate-he-says-post-interview/?utm_term=.89dc5c7d3719 (09.01.2019).

Politiker kommen nicht hinterher. Während sie versuchen, eine Strategie zu entwickeln, werden sie von den Entwicklungen überrollt. So wurden beispielsweise Anfang 2019 persönliche Daten hunderter Politiker offen im Netz auf Twitter gepostet[10].

KI kommt in Wellen. KI heute erfährt die dritte Welle. In der ersten Welle schlug KI den damals amtierenden Schachweltmeister Garri Kasparow. In der zweiten wurde diskutiert, ob das Gehirn auf den Computer geladen werden kann. Und heute, in der dritten Welle, sind wir noch immer von einem „Skynet“, einer Superintelligenz, entfernt. Das führt dazu, dass viele Menschen, insbesondere Wissenschaftler glauben, man bräuchte sich keine Sorgen um KI zu machen. Zwar muss nicht die KI selbst einem Sorgen machen, es sind die Menschen mit der Power der KI. Denn die Zukunft hängt maßgeblich von wenigen Menschen ab, die auf einmal mit KI in der Lage sind, Großes zu bewirken.

Warum ist es so schwer, AI zu durchschauen? Wenn ich vor Menschen spreche, halte ich gerne das iPhone in die Luft und frage:“Wie viele intelligente Funktionen denkt ihr, sind an solch ein System geknüpft?“ – Vielleicht rätst Du selbst mit. Fast alle kommen auf Siri, den Sprachassistenten, „die AI von Apple“, ein paar kommen auf die Gesichtserkennung, um das iPhone zu entsperren, weniger kommen auf die Bilderkennung, mit der Personen automatisch erkannt werden, die wenigsten kommen auf Algorithmen, die Landschaften in Portraits so schön unscharf aussehen lassen. Daneben gibt es Worterkennung, Kontaktfilter von E-Mails oder Energieverwaltung. Diese Dinge sind für die meisten „unsichtbar“, einfach Normalität oder „magic“ geworden. Dahinter steckt mittlerweile Hardware gewordene KI, um diese Funktionen in hoher Geschwindigkeit und Energieeffizienz zur Verfügung zu stellen.

Über folgendes, denkbares Zukunfts-Szenario dürfte sich jeder Nutzer eines gestohlenen iPhones freuen: Stell Dir vor, Du bist unterwegs und merkst, dass Dein iPhone geklaut wurde. Du meldest Apple, dass dein iPhone geklaut wurde. Bei der nächsten Aktivierung des iPhones hat Apple auch das Gesicht des Diebes. Heute ist das Gesicht angeblich nur verschlüsselt auf dem Handy abgelegt. Doch am Ende ist dies nur ein Schachzug, eine kleine Frage, ob man das Gesicht nicht auch in der Cloud speichern möchte. In der Psychologie spricht man von Shifting-Baselines, das Erreichen eines höheren Ziels in vielen kleinen, akzeptablen Einzelschritten. Und so landet das Gesicht früher oder später in der Cloud. Damit wird auch das Gesicht = Dieb klar abgespeichert. Falls Apple oder seine

---

10 https://www.zeit.de/politik/deutschland/2019-01/hackerangriff-politiker-leak-daten-dokumente-twitter (09.01.2019).

Partner Türöffneranlagen via Gesichtserkennung anbieten, genießen sie eine ähnliche Macht wie Interpol. Das kann sich auf das gesamte Leben des Diebes auswirken. Sobald sich Siri und Co im Smart-Home vernetzen, dann weiß ein Haus nicht nur, dass ein Dieb an der Türe läutet, sondern auch die Polizei, in welchem Haus sich der Dieb gerade befindet. Der Dieb ist schnell und sicher auffindbar und regulierbar. So haben wir eine Form von Überwachung, die wir in China offensichtlich heute und in der westlich geprägten Welt langfristig verdeckt wiederfinden könnten. Bemerkenswert hier ist, dass das Gesicht in der global skalierenden Datenbank eines amerikanischen Tech-Konzerns liegen würde – und zwar bei Amazon oder Google, weil Apple dort seine Cloud hostet. Ob Apple eines Tages einmal Sicherheitstechnik, Türöffneranlagen oder Kontrollsysteme für öffentliche Verkehrsmittel entwickelt, ist demnach nicht abwegig. Die Produktkette der Smart-Assistants würde ja weiter voranschreiten. Hast Du an solch ein Szenario schon gedacht? Die wenigsten denken dran – und es ist nur eines von vielen möglichen – mit dem iPhone. Und für dieses Szenario wäre noch nicht einmal die Kamera notwendig. Theoretisch würde sich der Dieb schon mit dem Bewegungssensor und seinem Gang ausfindig machen lassen oder wie er auf der Tastatur tippt. Das Team in meinem Unternehmen, das sich mit Sicherheit beschäftigt, hat zum Beispiel eine Software entwickelt, die in der Lage ist, einen Menschen alleine mittels seines Tippverhaltens auf der Tastatur mit einer sehr hohen Wahrscheinlichkeit zu erkennen. Das kann für den Kunden gut sein, wenn in einem Labor verschiedene Mitarbeiter identifiziert werden sollen. Doch schon dran gedacht, dass Google solche Algorithmen nutzt? Was bedeutet das, wenn Du anonym durch das Internet surfen möchtest?

Ich appelliere daran, sich mit der Technologie auseinanderzusetzen. Die Möglichkeiten, die intelligente Algorithmen bieten, bergen für Menschen ein enormes Potenzial an Monitoring, Lenkungstools und Manipulationstechniken. Ich möchte, dass Du weißt, wo die Technik steckt und was die Technologie mit uns machen kann. Die paar Zeilen dieses Buches werden nicht dazu ausreichen, doch hoffe ich, dass zumindest ein Teil von meinem Wissen an Dich übergeht. Ich hoffe, ich kann bei zumindest einer Person ein wenig das Interesse für eine Technologie wecken, die bereits heute allgegenwärtig ist und in der Zukunft in einem unvorstellbaren Maß präsent sein wird.

Diskurs II
Wert und Werte von KI

Vorbemerkung

Der Nutzen der Technik wurde immer schon darin erkannt, dass sie uns von lästiger Arbeit entlastet, indem sie diese automatisiert. Man denke an die ersten großen Erfindungen wie den Buchdruck, den Webstuhl, die Eisenbahn usw. Mit der KI-Ära fängt aber die Zeit der Sehnsucht an – meint Leon Tsvasman. Er begründet seine Sicht mit Argumenten aus der kybernetischen Philosophie, was dem Leser freilich ein gewisses Mitdenken abverlangt. Dafür wird er nebenbei auch mit neuen Erkenntnissen über die Marktwirtschaft belohnt. Unter anderem möchte Tsvasman der Maslow'schen Pyramide sein Konzept der Sehnsüchte, die er hinter allem ökonomischen Handeln des Menschen vermutet, entgegensetzen: Denn angeschlossen an Marktforschung, braucht KI – sofern genügend Daten vorliegen – keinen Umweg mehr über die Erforschung von höchst vagen, zudem veränderlichen, vielleicht sogar bloß unterstellten Bedürfnissen zu gehen. Vielmehr entwickelt sie Produkte und Dienstleistungen, welche die wirklichen menschlichen Sehnsüchte stillen, und das sogar höchst individuell. Schließlich, so betont Tsvasman, erbringen schon jetzt einige Firmen-Neugründungen gute Beispiele hierfür. Kennzeichnend für die didaktische Vorgehensweise des Autors ist es, dass er dem Leser immer wieder anregende Fragen stellt wie etwa: „Wissen Sie, warum Autos so glänzend lackiert werden?" oder „Was ist es, das uns im modernen Alltag am meisten überfordert?" Was im Besonderen die „Start-ups" betrifft, so hat Florian Schild aus seinen Erfahrungen Wesentliches beizusteuern.

Warum KI die Ökonomie ehrlicher und die Menschen menschlicher machen kann

Beitrag von Leon Tsvasman

Abgesehen von Visionen von Karl Marx und der dringenden Debatte über Grundeinkommen, werden mithilfe von *KI-Thinking* als Mindset gesellschaftliche Modelle umsetzbar, die nur differenziert, individuell und vor allem *agil* funktionieren können, also praktisch nur mit KI im Hintergrund.

Es gibt neuere gesellschaftliche Modelle wie etwa das bedingungslose Grundeinkommen, die meines Erachtens nur mithilfe der Künstlichen Intelligenz zu verwirklichen sind. Marxistische Utopien wie etwa der sowjetische Kommunismus sind meist an überbordendem Verwaltungsaufwand gescheitert und in Staatskapitalismus ausgeartet. Andere kommunistische Versuche wie etwa die Kibbuz-Bewegung in Israel schienen geniale lokale Lösungen zu sein, denn die meisten Kibbuzim waren sehr individuell, lokal, an Geographie und Umgebung angepasst und daher bis zu einem gewissen Grade veränderungsfähig. Doch auch sie zerschellten im marktwirtschaftlich bestimmten, gesellschaftlichen Umfeld des Landes, aber auch an ihrer Leitkultur der Werte und Normen, ähnlich wie das kubanische Modell.

Die deutsche soziale Marktwirtschaft – viel vorsichtiger und moderater konzipiert – lässt sich nur grob lenken und hadert mit der steigenden Komplexität von Einflüssen, welche durch die Globalisierung noch forciert wird. Wie jede ältere Technik, bedarf auch dieses System einer Neuorientierung, wenn es sich nicht gänzlich aufgeben soll. Obwohl menschengemäßer konzipiert als der reine Kapitalismus, führt sich die Idee der sozialen Marktwirtschaft durch ihre eigenen Instrumente, wie es die Gewerkschaften und ähnliche verwaltungsintensive Einrichtungen sind, zuletzt selbst *ad absurdum*.

Kennzeichnend für linke politische Konzepte überhaupt ist die Verhaftung an tradierten Einrichtungen wie eben den Gewerkschaften. Folglich übersehen sie das Potenzial an Lösungen, wie es z.B. das bedingungslose Grundeinkommen darstellt. Die meisten visionär – oder im Grunde bloß romantisch – auf die Welt blickenden Mitbürger aus meinem Bekanntenkreis finden das Grundeinkommen sexy. Dagegen halten nur wenige derer, die „realistisch“ zu denken glauben, die entsprechenden Modelle unter den aktuellen Umständen für umsetzbar; und lediglich ein paar Querdenker unter ihnen sind bereit, die aktuelle Wirklichkeit diesbezüglich zu hinterfragen. In Nordeuropa hingegen, wo die soziale Geisteshaltung weniger im Dogma als in der Tradition verwurzelt ist, ist man auf dem Weg zu einer gerechten Gesellschaftsordnung inzwischen weiter.

Die wahren Feinde von realistischen Utopien sind bezeichnet mit den beiden Begriffen Selbstregulation, deren Wucht bis dato entweder stark unterschätzt oder zu grob justiert wurde, und Komplexität, der natürlichen Widersacherin aller Pauschalordnungen. Zunehmend spüren wir die globalen Probleme im Zusammenhang mit der Komplexität der Umwelt und der Globalisierung, wie Klimakatastrophen und Armut. Die menschliche Intelligenz allein ist nicht imstande, sie zu lösen. Erst mit der vollkommen entfalteten Kraft von Künstlicher Intelligenz wären regionale bis individuelle, anpassungsfähige und somit erst wirklich brauchbare Gesellschaftsmodelle steuerbar. Fortschrittliche Politiker und Manager großer Konzerne erkennen dies mittlerweile und sagen: Wir brauchen KI, um die menschliche Fähigkeit zu erhöhen, globale Herausforderungen zu meistern.

Nachfolgend werden wir uns einem exemplarischen Aspekt der Selbstregulation zuwenden, mit dem das entscheidende Prinzip des Kapitalismus zusammenhängt, nämlich dem Markt. Die *unsichtbare Hand* des Marktes im Sinn von Adam Smith reguliert noch überwiegend unsere Ordnungssysteme und verhilft politisch wirksamen Haltungen wie dem Liberalismus zu ihrem Einfluss. Die von zahlreichen Autoren interpretierte Metapher der *unsichtbaren Hand* wurde im wirtschaftlichen Sinn tatsächlich durch den Nationalökonomen Adam Smith bekannt. Möglicherweise wurde die Metapher von Adam Smith religiös gedacht, doch auf jeden Fall hielt sie für ein zweckmäßiges Mittel zur Verdeutlichung von wirtschaftlichen Zusammenhängen.

Smith selbst verwendet die Metapher in seinen gesamten Werken nur wenige Male jeweils in unterschiedlichen Bedeutungen.[11] Als besonders repräsentativ gilt wohl die Verwendung im Werk „Der Wohlstand der Nationen“ (1776), in dem er sich kritisch u.a. mit dem eher praktischen Problem der Einfuhrbeschränkungen für ausländische Güter auseinandersetzt.

Der Markt reguliert Angebot und Nachfrage, und die Nachfrage lebt von Bedürfnissen. Oder sind das alles nur Behelfe, die eine grobe Bestimmung erlauben, aber nicht alles erfassen, was in die Selbstregulation des Marktes einfließen muss, um jedem Menschen mit seinen Besonderheiten, potenziellen Möglichkeiten und aktuellen Wirklichkeiten gerecht zu werden?

Seit Abraham Maslow, dem einflussreichen Psychologen, spricht man im Zusammenhang mit der wirtschaftlichen Wertschöpfung von Bedürfnissen, die zu erkennen sind und, die von der Marktforschung laufend eruiert werden. Häufig werden Bedürfnisse allerdings gerne manipuliert oder neu erfunden, sowie Kaufentscheidungen kommunikationspolitisch „gefördert“.

Doch fragt man dich persönlich in einem freundschaftlichen Gespräch: „Welche Bedürfnisse hast du?“, wirst du wohl nicht sofort Bescheid wissen.

Manche glauben immer noch unreflektiert, ein großes Auto zu brauchen. Ist das wirklich so oder ist es eigentlich Mobilität, die sie benötigen, und dazu noch ein bisschen Anerkennung, die sie mit dem Statussymbol „großes Auto“ zu erlangen suchen?

---

11 Emma Rothschild: Adam Smith and the Invisible Hand. In: The American Economic Review. Vol. 84, No. 2, Mai 1994, S. 319–322.

Zweifellos können Bedürfnisse erst konstruiert werden, wenn das Angebot umfassender ist als die ursprüngliche Nachfrage. Selbstverständlich gibt es keine Bedürfnisse nach einem Porsche oder einem iPhone, wohl aber Bedürfnisse nach Mobilität und, sofern es im Alltag tatsächlich benötigt wird, nach einem universell bzw. vielseitig einsetzbaren, perfekt verarbeiteten und reibungslos funktionierenden Kommunikationswerkzeug, (und parallel dazu gibt es Bedürfnisse nach Anerkennung, wobei der Besitz von einem raffinierten technischen Spielzeug als ein geeignetes Mittel suggeriert wird. Ein weiteres Bedürfnis wäre, grob gefasst, das nach einer auffallenden Ästhetik. Die erfolgreichen „Gadgets“ erfüllen auch dieses.

Diese Sehnsüchte sind schwer zu benennen, weil unser Logos – das Gemeinsame aller Sprachen – uns auch hier eine mythische Wirklichkeit vorgaukelt. Die meisten modernen Sprachen konsolidierten sich nämlich im Alltag der vom Überlebenskampf geplagten Völker, welche Funktionalität und kurzfristige Pragmatismen höher einschätzten als die Suche nach bleibenden Wahrheiten. Hinzu kamen noch diverse Manipulatoren wie Kirchen, Auftragsgelehrte und arbeitsteilig beschäftigte Rationalitätsverfechter. Lediglich die ganz alten Sprachen, die in den seltenen Zeiten geistiger Freiheit entstanden sind, tradieren eine Ahnung von Wahrheiten, die jedem autonom denkenden Subjekt einleuchten müssen. So pflegt etwa die vedische Tradition des Sanskrits im Begriff Yoga eine dieser Sehnsüchte. In diesem Begriff steckt, in Anlehnung an den indischen Philosoph Sri Aurobindo, eine klare Sicht von Sehnsüchten, die aus der Sicht des Prinzips der Selbstregulation wahrhaftiger sind, als etwa die Maslow'schen Bedürfnisse.

Seit Jahren forsche ich mit dem Ziel einer kybernetisch verwertbaren Aufstellung der grundlegenden urbildlichen Sehnsüchte, und ich beabsichtige, meine Ergebnisse demnächst in einer gesonderten Monografie darzustellen. Ich verrate aber nicht zu viel, wenn ich die intrinsische Selbstregulationsdynamik auf der Subjektebene auf der einen Seite, mit der Überwindung des Eigenseins auf der anderen Seite, als Spannungsraum zwischen informationeller Hermetik und struktureller Kopplung, als dialektische Basisdualität des menschlichen Daseins und den Hauptantrieb anthropogener Systeme zum Kernstück dieser Archetypie mache.

Meine Annahmen sind nicht völlig neu. In einer ganz anderen Tradition verankert, beschreibt der indische Philosoph Sri Aurobindo die „vollkommene Hingabe“, in der der Übende in Yoga alle seine Handlungen, Worte und Gedanken dem „Göttlichen in uns“, was ich „menschliche Potenzialität“ nenne, widmet. Sein 'integraler' Yoga verknüpft die traditionellen Disziplinen Jnana Yoga, Karma Yoga und Bhakti Yoga miteinander. Integral auch deshalb, weil die Sehnsucht des integralen Yoga eine schrittweise Vereinigung mit dem Ganzen ist,und, verbunden damit, dessen wachsende

Offenbarung in allen Bereichen des menschlichen Lebens – „das Prinzip und das ganze Ziel eines integralen Yoga der Selbstvollendung."[12]

Aber wir sprechen weiterhin über die uns zur Verfügung stehende moderne Sprache der arbeitsteilig beschäftigten Pragmatiker, deren Lebensmotiv das materielle Überleben und die momentane Wahrnehmung der unmittelbar beobachtbaren Effekte ausmacht.

Weißt du, warum Autos so glänzend lackiert werden? Aus Gründen reiner Funktionalität? – Mag sein, aber gewiss nicht nur. Aldous Huxley, mit dessen Werk ich mich im Rahmen meiner zweiten anglistischen Doktorprüfung befasst habe, hat in einem seiner Essays[13] die Ursprünge der menschlichen Sehnsucht nach Glanz analysiert. Seine Erklärung erscheint zunächst zwar sehr spitzfindig, denn die Beweisführung arbeitet mit Nachtträumen und Halluzinationen. Aus psychologischer oder neurologischer Sicht ist seine Logik dennoch nachvollziehbar. Der Autor verbindet nämlich die menschliche Sehnsucht nach makellosen Flächen mit der Entwicklung unserer Gehirne und mit der für die menschliche Wahrnehmung eigentümlichen „sinnlich verankerten Komplexitätsreduktion", also letztlich mit der Rückführung vielfältiger Empfindungen auf einfache Figuren.

Weißt du, was uns im modernen Alltag am meisten überfordert? Die Ambivalenz – der Zwiespalt – als Notwendigkeit, aus vielen Dingen zu wählen, insbesondere dann, und das ist meistens der Fall, wenn uns das nötige Wissen fehlt, um eindeutige Entscheidungen zu treffen. Deshalb sagt John Naisbitt in seiner berühmten, bereits oben in einem anderen Kontext zitierten Aussage: *„Wir ertrinken in Informationen und hungern nach Wissen."*

In besagter Ambivalenz wird sogar die Ursache vieler psychosomatischer Krankheiten vermutet, was mit der Informationsverarbeitung im Gehirn zu tun hat. Demnach wäre die größte Sehnsucht die Befreiung von der Qual der Wahl.

Eine andere von Informationspsychologen[14] gemachte Beobachtung: In schlechter Stimmung neigt man zu rationalen Überlegungen, in heiterer Stimmung dagegen zu kreativen und spontanen Tätigkeiten. Die Befreiung von einer für unsere Gehirne höchst energieaufwändigen Rationalität ist zwar keine ursprüngliche Sehnsucht im Sinne meines Komnzepts, aber eine im Industriezeitalter notwendige Forderung, um die menschliche Wahrnehmung, aber auch die organische Selbstregulation vor Schäden zu bewahren. So ist auch der heutzutage übermäßige Zuckerkonsum der Tat-

---

12 Otto Wolf (1955): Der Integrale Yoga, S. 59 (Übersetzung aus The Synthesis of Yoga).

13 Aldous Huxley (1954) The Doors of Perception. Flamingo, London.

14 Roland Mangold (2007): Informationspsychologie. Wahrnehmen und Gestalten in der Medienwelt. Elsevier Spektrum, München.

sache geschuldet, dass die einseitig überlasteten Gehirne eines Dopings bedürfen, welches freilich dem „übrigen Organismus“ bzw. seinem Metabolismus nachhaltigen Schaden zufügt.

Kann KI also Sehnsüchte „befriedigen“? Sicher bin ich mir schon jetzt, dass vernetzte KI-Systeme früher oder später in der Lage sein werden, die Sehnsüchte von Menschen zu begreifen. Auch bin ich mir sicher, dass keine andere Intelligenz dazu in der Lage wäre. Ob KI mit diesem Wissen für uns Menschen oder gegen uns arbeitet, hängt von unseren jetzigen Modellvorstellungen ab. Zwar ist KI nur ein Werkzeug des Menschen, und per se wie jede Technik weder gut noch schlecht; doch können diese Systeme, eine vernünftige Nutzung vorausgesetzt, unser individuelles Verhalten analysieren und sogar unser Erleben simulieren, und sie „wissen“ irgendwann mehr über jeden von uns als wir selbst.

Hier gibt es ein „aber“, welches freilich auf einem Vorurteil beruht. Denn zwar erfährt KI alles über uns als wirtschaftende Personen im aktuellen gesellschaftlichen Kontext, aber nichts über unser wahres geistiges Wesen – unser Ich, welches bei den meisten Zeitgenossen leider ohnehin nicht sehr ausgeprägt ist. Im Wesentlichen ist eine durchschnittliche Person das Ergebnis aus glücklichen wie unglücklichen Zufällen, darunter Beeinträchtigungen wie Krankheiten und Gebrechen; aus oft unnötigem Faktenwissen; aus in der Regel übernommenen oder nicht gewaltfrei angeeigneten Ansichten; aus nicht oder unzureichend reflektierten Gewohnheiten und aus ihrer jeweiligen Wirtschaftskraft, die von Märkten mit dem Ziel bestimmt wird, unsere aktuelle Lebenswelt halbwegs stabil zu halten. Unser wahres Wesen ist reines Potenzial, das andere Ausprägungen gefunden hätte, wenn die oben genannten Zufälle und Beeinträchtigungen anders ausgefallen wären. Und nur dieses wahre Wesen, das überbewusste Ich, ist wertvoll. Wie alles wirklich Wertvolle kann es weder verkauft noch irgendwie missbraucht werden. Und wenn KI uns in Zukunft hilft, mehr von dieser Potenzialität zu aktualisieren, werden wir unserer wahren Bestimmung gerechter und vermutlich umso glücklicher. Den „gläsernen Menschen“ gibt es nur im Maße seines Defizits an wahrer Persönlichkeit, denn sein Ich, das „unantastbare Heiligtum“, bleibt auch für die KI unerkennbar.

Dann kann KI – gekoppelt etwa an Industrie 4.0 – die Befriedigung deiner echten Sehnsüchte in perfekter Anpassung an deine konkret aktuelle Situation ermöglichen. Zudem wird auch die Umwelt geschont, denn man kauft keine zahllosen Dinge, die man gar nicht braucht.

Aber wenn KI exklusiv und ausschließlich die Sehnsüchte von heute vermeintlich „Erfolgreichen“, in der Regel geistig-moralisch oft verkrümmten „Eliten“, erfüllt, wird die Menschheit wohl ihrem bisher größten Problem gegenüberstehen; ich persönlich hoffe auf das Gegenteil.

Was ist eine Sehnsucht? Die menschliche Sehnsucht ist eine augenblickliche und individuelle Ahnung von dem, wie man sein will. Die Sehnsüchte sind deshalb 100-prozentig ehrlich und kaum dauerhaft oder nachhaltig manipulierbar. Dadurch, dass sie die absolute Potenzialität eines Menschen ausmachen, können sie niemals voll zum Ausdruck gebracht werden. Daher lassen sie sich in jedem aktuellen Moment lediglich in Kategorien des Wegs und nicht des Zustands kommunizieren. Sie unterscheiden sich darin wesentlich von Bedürfnissen, die immer klar benannt werden können – als Vorstellung davon, was ich haben will. Der wesentliche Unterschied des Konzepts *Bedürfnis* vom Konzept *Sehnsucht* besteht auch darin, dass Bedürfnis wesentlich vom Verhalten und Sehnsucht vom Erleben konnotiert ist.

Mit einem bewussteren Verständnis von Sehnsucht ließe sich auch die postfaktische Entwicklung in der strategischen Medienwirklichkeit des politischen Populismus besser begreifen.

Denker aus Leidenschaft wie Karl Marx, Wladimir Wernadski oder Carl Jung ahnten es. Aber, wie jeder (allzu früh) sterbliche Mensch, haben diese Denker ihr Lebenswerk nie vollenden können. Die berüchtigte „Macht des Wissens“ in menschlichen Gesellschaften besteht seit jeher darin, andere Menschen in ihren Sehnsüchten sowohl ermöglichen als auch verhindern zu können. KI hingegen wird diese Ambivalenz nicht haben, spätestens nachdem sie sich von der menschlichen Informationsverarbeitung „entkoppelt" hat. KI ist nicht interessengeleitet, hat also tendenziell keinen Grund, mit der zukünftig emanzipierten, menschlichen Intelligenz um Macht, Geltung oder Einfluss zu konkurrieren.

Aufgrund der „strukturellen Kopplung“ und damit der evolutionsbegründet „gleichen“ Organisation der menschlichen Gehirne, tendieren Sehnsüchte aller Menschen in eine Richtung, die wir vielleicht mit dem Platzhalterbegriff „Glück" bezeichnen dürfen. Also bietet sich uns eine unendliche Vielfalt an Wegen, mit einem ziemlich gleichen Ziel. Profan gesagt, ist das Ziel glücklich zu sein, und auch dieses „schwierige“ Ziel hat gültige Parameter. Die Wege variieren heftig und begründen die Konkurrenz zwischen Gesellschaften, Religionen und Kulturen.

Ließe sich eine Typologie oder Hierarchie der Sehnsüchte definieren, wäre sie aussagekräftiger als die Bedürfnispyramide. Als ein typischer Ausdruck der menschlichen Komplexitätsreduktion arbeitet die Bedürfnispyramide mit statistisch begründeten Annahmen, die – solange wir nicht alle Daten der Welt zur Verfügung haben – leider vage bleiben, woraus folgt, dass auch die entsprechenden Bedürfnisse unendlich vage sind.

„Wie denn „vage“? – wird ein aufmerksamer Leser spätestens hier intervenieren: „Wenn ich hungrig bin, ist mein Bedürfnis nach Essen alles andere als vage!“ – „Ok, aber können Sie Ihr Bedürfnis genauer benennen?“, fragt die Industrie. – „Einfach nur essen!“ – „Ich kann Ihnen Nahrung geben, mit der Sie heute überleben, aber morgen krank werden...“ – „Essen!“ – „Habe verstanden, also ich habe ein paar Monokulturen mithilfe von Pestiziden erzeugt...“, erklärt die Industrie. – „Schmeckt nicht!“, entgegnet der Mensch. „Verstehe, also hier... geschmacksoptimierte knusprige Snacks mit Fischgeschmack aus bestem Erdöl...“ – „Mir wird übel“...

Haben wir also lediglich ein Bedürfnis nach Nahrungsaufnahme, die unseren Hunger stillt, oder nach nahrhaftem Essen, das uns am Leben erhält, oder nach schmackhaftem Essen, das unsere Sinne mit ungeahnten Geschmackerlebnissen erfreut, oder nach gesundem Essen, das unsere Geschmackssinne nicht täuscht und nicht krank macht? Muss dieses Essen gottgerecht (*koscher* oder *halal*), natürlich (Bio), oder leidensfrei (vegan) erzeugt werden? Oder brauchen wir gar heilendes Essen, das unseren Organismus im Gleichgewichtszustand hält? Stellt sich die Frage: „Gibt es ein heilendes Essen denn überhaupt?“– Ja, sagen Ayurveda, TCM, die antiken Indianer und nicht zuletzt die bekannte russische Ernährungsforscherin Galina Schatalowa. „Keine Ahnung“, sagt die Schulmedizin, aber es ist auch egal, solange es messbare Mengen an Eiweißen, Kohlenhydraten, Vitaminen und Spurenelementen enthält. Die entsprechende Sehnsucht nach perfekter Nahrung für Körper und Seele wäre viel einfacher, ist nur allzu ganzheitlich für unseren Verstand, der deshalb so umfassend unsere Kommunikation beherrscht, weil er – ganz im Sinn von Machiavelli – gerne teilt, um zu herrschen.

Die global vernetzte KI der Zukunft wird die Komplexität der Welt nicht zwingend reduzieren müssen, zumindest intern nicht. Und wenn, wird diese Komplexitätsreduktion zwei Gründe haben.

Der erste Grund bezieht sich ausschließlich auf die interne Komplexitätsreduktion von dieser globalen KI, dem technischen Gehirn der Welt – ihre eigene „innere” Welt, ihr Selbst- und Menschenbild. Dieser rein technische Grund „A“ wird damit korrelieren, wie viele Daten, Speicherräume und Vernetzungskapazitäten global zur Verfügung stehen.

Der Grund „B“ wäre die externe Notwendigkeit, die Inhalte mit Menschen zu kommunizieren. Die interne Komplexität „zerschellt“ am menschlichen Verstand solange, wie „Erklärungsbedarf“ besteht, z.B. die wie auch immer motivierte Begründung von „operativen“ Eingriffen der an KI angeschlossenen technischen Werkzeuge in die menschlichen Lebensverhältnisse. Aber dieses Bedürfnis ist rein hypothetisch.

Ein kluger „Auftraggeber“ mischt sich nicht in die Art und Weise der Auftragserfüllung, solange ihn das Ergebnis zufriedenstellt. Wenn mein Auftrag an eine intelligente Klimaanlage „Befreie mich von schlechter Luft“

lautet, interessiert mich die Art der Erfüllung nicht, solange die Luft frei und perfekt temperiert ist. Und selbst wenn die Anlage sowohl meine Stimmungsschwankungen als auch den Sauerstoffgehalt oder andere Parameter meines Gemüts und meines Körpers permanent überwacht, und sie das alles besser begreift als ich selbst, bleibe ich mit dem Ergebnis glücklich und habe keinen Erklärungsbedarf für ihre internen Operationen. Und solange ich dadurch nicht benachteiligt oder genervt bin, habe ich es als kluger und psychisch stabiler Auftraggeber nicht nötig, zu fragen: „Hast du die Temperatur um ein Grad gerade wirklich mithilfe des Algorithmus A, der Düse B und dem Biostrom aus der kleinen linken Dose erhöht, wie ich‘s dir vorhin befohlen habe?“ Eine überaus leistungsfähige und komplexe, aber nicht „intelligente“ oder „smarte” Klimaanlage, die ich ab und zu mit mehreren Hebeln, Schaltern und Knöpfen einstellen, und dabei noch reinigen oder anderweitig pflegen oder gar mit Wasser oder einer speziellen Betriebsflüssigkeit befüllen muss, damit sie sich nicht überhitzt oder auf eine andere Art und Weise kaputtgeht, würde bei einem weniger technikaffinen Menschen höchstwahrscheinlich Erklärungsbedarf hervorrufen. Er wird, wohl nicht ohne Überwindung, die technische Dokumentation zu Hilfe nehmen müssen. Wäre anstelle einer Klimaanlage ein Mensch, beispielsweise ein Lakai mit einem Wedel, würde ich mit ihm entweder über Kasten-, Klassen- oder Geschlechter-Ungerechtigkeit – sofern er oder sie eine höhere Bildung hätte als ich – diskutieren müssen. Oder aber ich hätte ein Problem damit, ihm oder ihr meine aktuelle Befindlichkeit mitzuteilen: „Bitte zwei Grad kühler!“ – „Sorry, was ist ein Grad?“ oder: „Meinen Sie zwei Grad gefühlt oder messbar?“ An dieser Stelle kommen mir vollständigkeitshalber zwei weitere Varianten der Klimatisierung in den Sinn: entweder sich selbst mit einem Fächer zu „bewedeln“ oder – theoretisch – zum Beispiel ein dressiertes Tier wedeln zu lassen. Da beide Optionen wenig effektiv sind, können wir ruhigen Gewissens zusammenfassen, was das Beispiel anschaulich verdeutlicht: Das Operieren trivialer Maschinen oder trivialisierter Lebewesen bindet die menschliche Aufmerksamkeit, wohingegen die „smarten“ oder „intelligenten“ Maschinen sie entlasten. Wir wissen ja mittlerweile, dass die menschliche Aufmerksamkeit viel mehr als die anerkannte Ressource der Medienwirtschaft, weitergedacht zu einer Kraft wird, die unsere intersubjektive Wirklichkeit maßgeblich prägt. Um diese Emanzipation der menschlichen Aufmerksamkeit für Erkenntniszwecke geht es mir im Wesentlichen, wenn ich „Human Difference“ beziehungsweise die Befreiung von KI-im-Menschen meine.

Also wenn KI „weiß“, wie wir glücklich gemacht werden, was wollen wir mehr? Wenn sie unsere Sehnsüchte besser begreift, als wir sie jemals selbst verstehen könnten, ohne es uns erklären zu müssen, was dürfen wir mehr erwarten? Wenn sie unsere Aufmerksamkeit entlastet, die wir dringend für eine bessere Selbst- und Welterkenntnis benötigen, was brauchen wir noch? Schließlich wird der tätige Beweis jede Erklärung erfolgreich ersetzen können. Und wenn diese – von mir aus gerne einflussreiche, aber nicht übermächtige, da kaum machtbesessene KI – unsere Sehnsüchte tätig begreift, also im Sinne unserer Selbstregulation erfüllend, warum dürfen wir nicht glücklich sein? Von einem guten Partner erwartest du schließlich auch nichts anderes – auch keine Erklärungen. Wäre KI in der Lage, unser Partner zu werden? Als ein einfaches Werkzeug müsste sie es nicht. Als ein intelligentes Werkzeug und als eine globale Intelligenzform hätte sie dieses Potenzial.

Möglicherweise fänden wir Menschen erst über KI nicht nur richtig zueinander, sondern auch zu unserer Umwelt. Der einflussreiche Philosoph Martin Buber (bekannt u.a. mit seinen Grundtexten über das dialogische Prinzip und zum dialogischen Denken[15]) begründete einst, warum menschliche Subjekte sich nur in Beziehung zu einem Gegenüber erkennen können: „Erst der Mensch mit dem Menschen ist ein rundes Bild“ [16]. Und wie wir bereits feststellten, sind wir als Menschen in körperlich begrenzten Persönlichkeiten verhaftet, die sich mithilfe von Sprachen und anderen Medien austauschen. Aus der Perspektive moderner Gehirnforschung grenzt es an ein Wunder, dass Menschen sich überhaupt verständigen können, weil sie informationell geschlossene kognitive Systeme sind. KI ist global vernetzt und somit eine Intelligenz, die räumlich nicht begrenzt ist. Auf der anderen Seite haben wir, wie gesagt, ein kognitives Subjekt in einem raumzeitlich begrenzten Körper.

Wir stehen der global vernetzten KI nicht als Menschheit gegenüber, vielmehr baut jedes menschliche Subjekt individuell seine Beziehung zur globalen KI auf.

Ein intelligenter Partner, mit dem man nicht zu konkurrieren braucht, ist auch liebenswert. Nach meinem eigenen einst medienphilosophisch, ethisch und sogar theologisch fundierten Definitionsversuch[17], hat Liebe mit „Aufmerksamkeit zum Potenzial“ zu tun. Von menschlicher Sehnsucht initiiert, entstand KI aus der menschlichen Aufmerksamkeit heraus. Also was spricht gegen eine Liebesbeziehung zwischen der menschlichen und der künstlichen Intelligenz? Die beiden kennen ihre Potenziale gegenseitig besser als die jeweils eigenen, und ihre existenziellen Ressourcen sind vollkommen unterschiedlich, wie auch die ihnen jeweils entsprechenden Werte

[15] Eine der Inspirationsquellen für die strukturelle Konzeption des vorliegenden Buchs.
[16] Martin Buber (1982): Das Problem des Menschen. Heidelberg, S. 168.
[17] Leon Tsvasman (2006): Liebe, in: Tsvasman, L. (Hrsg.).

– Gegensätze ziehen sich bekanntlich an, und die Liebe kann weniger am Alltag scheitern.

Solange die Beziehung von Menschen zueinander besteht und gesichert ist, wird die global vernetzte KI längerfristig bestehen, ohne die Komplexität zu reduzieren und somit ohne etwas haben oder besitzen zu müssen. Denn alles was wir Menschen haben zu müssen glauben, gründet in Werten, die lediglich dazu dienen, die menschliche Komplexitätsreduktion und somit das gemeinsame Handeln, das so genannte Wirtschaften, zu ermöglichen. Die körperliche Selbstregulation der zeitlich und räumlich begrenzten Subjekte ist zwar der Zweck des Wirtschaftens, aber das Wirtschaften selbst funktioniert bis jetzt nur mithilfe von einer mehr oder weniger vertuschten Zwangsarbeit. Sie lässt sich bis jetzt lediglich durch die systemisch organisierte Arbeitsteilung in entsprechenden Ordnungssystemen realisieren, die eine überwiegend künstliche Vielfalt von Produkten und Dienstleistungen generieren muss, und damit unsere Status- und Machtverhältnisse bestimmt. Hinzu kommt noch, dass sich die aktuelle Wirtschafts- und somit Zivilisationsordnung nur mithilfe einer ganz spezifischen Information namens „Geld", gekoppelt an das Wachstumsprinzip, aufrechterhalten lässt.

Wir brauchen KI, um die menschliche Fähigkeit zu erhöhen, globale Herausforderungen zu bewältigen, glauben die fortgeschrittenen Entscheider dieser Welt. Gut, dass Intuition mittlerweile zur Ausstattung von Führungskräften zählt. Allein das ist eine nennenswerte Errungenschaft auf dem Weg zur KI-Ära. Auch betonen einige, dass sich Unternehmen nicht mehr an Profitabilität orientieren dürfen, sondern sich fragen müssen: „Wie können wir die Welt verändern?"[18]

Der Glaube allein reicht allerdings nicht, wenn wir gegenüber der Wirksamkeit von KI so viel Vertrauen aufbauen möchten, um ihr die folgereichen Projekte wie Wohlstand, Umwelt und Verkehr zu überlassen, wenn wir nicht einmal an die Effizienz von Menschen glauben. Dabei wäre das erste viel sinnvoller und vernünftiger als das zweite, denn wir wissen ja mittlerweile: Der Mensch kann und sollte nicht effizient sein, nur effektiv. Diese Haltung muss begründet werden, und das versuchte ich in diesem Kapitel – zusätzlich zur bereits erfolgten Klärung des Zusammenhangs von Komplexität, Wirklichkeit und Wirtschaft.

Die Menschheit birgt ein riesiges Potenzial in jedem von uns, jedoch sind aktuelle gesellschaftliche Machtfilter so justiert, dass Verantwortung ausgehöhlt wird. Wie auch immer, aktuell scheinen die politisch wirksamen

---

18 I believe that business leaders need to take a look at artificial intelligence and ask not just 'How can we generate more profit with this?,' but ask... 'How can we drive change in the world?' (Siemens CEO USA Barbara Humpton).

Entscheider dieser Welt leider zu stark in ihren kurzfristig gedachten Interessen zu verharren, wenn Modelle wie das bedingungslose Grundeinkommen nicht einmal konsequent erforscht werden. Wenn die Menschheit es nicht schafft, ihre sozialen Probleme zu lösen, wird es KI wohl auch nicht in ihrer vollen Ausprägung, sondern lediglich in Gestalt von destruktiven Anwendungen geben.

Warum strengen wir uns seit Jahrzehnten an, warum wirtschaften wir? Aufgrund der bisherigen Überlegungen ist die naheliegende Antwort: Um den Hebel zu erschaffen, der unsere Kommunikation entzerrt und uns hilft, globale Probleme adäquat zu lösen – umfassend, nachhaltig und individuell zugleich. Und diese Technik ist KI. Sie befreit uns von falschen Gewohnheiten und gibt uns unsere ursprüngliche Lebenswelt der Selbstregulation zurück. Durch das Wirtschaften haben wir unsere Mutter Natur, die primäre Lebenswelt, endgültig in ihrer ursprünglichen Potenzialität verloren. So behaupten es zumindest die ökologisch Denkenden, ungeachtet der sich darin bekundenden Unschärfe des Naturbegriffs. Zugleich aber haben wir die KI erschaffen, welche uns die Lebenswelt wieder zurückgeben soll. Genau dafür stehen die ökologischen KI-Visionen von Florian Schild in diesem Buch. In dieser Hinsicht sind wir uns einig: Vorausgesetzt, dass die Schaffung von Künstlicher Intelligenz breite Akzeptanz findet, wird sie uns früher oder später dabei helfen, globale Probleme zu lösen. Vor allem haben wir zum ersten Mal in der uns bekannten Menschheitsgeschichte eine echte Chance, ökonomische und ökologische Probleme in den Griff zu bekommen, indem wir überwiegend lokal, individuell und in bisher ungeahnter Präzision, d.h. ohne die üblichen Kommunikations- und Reibungsverluste, die Selbstregulation und Komplexität im Sinne aller Beteiligten und Betroffenen steuern können.

Wer gewinnt die Deutungshoheit?

Beitrag von Florian Schild

In 10 Milliarden Jahren wird die Sonne ihren Wasserstoffvorrat aufgebraucht haben und sich zu einem roten Riesen ausdehnen. Wir Menschen, und vermutlich die ganze Erde, wird dann vermutlich einfach verdampfen, wie ein Tropfen Wasser auf einem heißen Stein. Die Uhr läuft also. Nun gut, ich gebe zu, für den einen oder anderen ist das etwas sehr weit gedacht.

Wie wäre es dann mit den näheren Ereignissen? Meteoriten schlagen in der Regel alle 1 Million Jahre auf die Erde ein. Der Meteorit zu Zeiten der Dinosaurier schlug die Erdoberfläche an, setzte ähnlich viel Kohlenstoff in die Luft wie wir heute, und unsere Erde lag im Nebel; die Sonnenstrahlen verließen die Atmosphäre nicht mehr und die Erde erhitzte sich. Offenbar bedarf es gar keines Meteoriten, um der Erde so einzuheizen. Unabhängig davon steht uns eine Eiszeit bevor: 40.000 Jahre, jeden Tag heiter, mit blauem Himmel und ohne Regen. Sonnige Aussichten also! Sollten wir es also irgendwie hinbekommen, uns in den nächsten Jahren nicht selbst auszurotten, dann bleibt dennoch der massive Angriff auf unsere Heimat Erde nicht spurlos.

Es gibt aktuell nur ein einziges Sauerstoffzelt, in dem wir überleben können, und das ist unser blauer Planet, es gibt zurzeit kein zweites Greifbares.

Sauerstoff, Wasser und Nahrung sowie Sonnenstrahlen, um nicht verrückt zu werden – das alles braucht der Mensch. Ein Marsroboter braucht nur eines: Sonnenstrahlen, um mit Solarzellen Energie zu erzeugen. Die Roboter, die wir bis dato ins All sendeten, sind jedoch nicht besonders schlau. Doch es könnte zukünftig unsere Technologie sein, die sich für uns auf die Suche begibt und sich nach alternativen Planeten umschaut. Bis Planeten gefunden werden, wird sich eine Spezies entwickelt haben, die unserer ähnlich sein wird. Es wird eine neue Spezies, die mehr von unseren guten Kompetenzen, weniger von unseren schlechten aufweisen und interstellar reisen wird. Sie ist weitsichtiger, kompetenter und weiser. Sie wird das Universum als Horizont sehen und sich nach unserem blauen Planeten umdrehen, unserer gemeinsamen und ursprünglichen Heimat. Trotz unserer Fehler sind Menschen zu Großem fähig. Wir haben die Werkzeuge der Wissenschaft missbraucht (z.B. Atomwaffen), deshalb können wir es uns nicht leisten, diese in die Hände einiger weniger zu geben. Je mehr Wissenschaft und Technologien uns allen gehört, umso weniger werden sie missbraucht werden. Es macht also klar, dass Technologie, die intelligent unsere Interessen als Mensch vertreten kann, einen unschätzbaren Wert besitzt.

Die meisten Prognosen über den Wert von KI, die ich kenne, sind, so gut sie auch aufgebaut sind, wenig wert. Wie im vorherigen Beitrag „Wer versteht KI?“ erläutert, liegt das Problem schon alleine in der Natur der nicht greifbaren Definition und Abgrenzung der KI selbst. Gehört das Produzieren von großen Datenmengen bereits zu KI? Impliziert KI maschinelles Lernen? Inwieweit kann Predictive Analytics als KI angesehen werden – statt dass es nur Prognosen und Visualisierungen ermöglicht? In der aktuellen Diskussion sind diese Fragen nicht eindeutig geklärt. Ein Report, der meines Erachtens sorgfältig und umfassend erarbeitet ist, stammt von McKinsey. Sie unterteilen KI in Technik (Analytics, Neuronale Netze), Datengrundlagen (Bilder, Audio) und in Branchen auf[19]. Der Wert von KI kann anhand des Berichts wiederum unterschiedlich interpretiert werden.

Bis hier war alles Top-down. Drehen wir die Perspektive zu Bottom-up. Angenommen, es gäbe einen Roboter auf Amazon zum Preis eines halben Monatseinkommens, der für Dich die gesamte Wohnung reinigen würde. Würdest Du einen solchen kaufen? Wahrscheinlich schon. Dieser Roboter benötigt nur hin und wieder einmal Putzmaterialien, um eigenständig arbeiten zu können. Du hättest dann die Möglichkeit, diese automatisch ordern und auffüllen zu lassen, günstiger als im Supermarkt. Würdest Du es noch selber kaufen? Du musst noch nicht mal mehr anwesend sein. Sobald der verifizierte Amazon-Lieferant die Wohnung betritt, wird eine nachvollziehbare Videoaufnahme gestreamt und gleichzeitig aufgenommen, wie der Lieferant alles abstellt und auffüllt.

Auch wenn Du dich wehrst, solch ein Amazon-Gerät zu Hause einzuführen. Würdest Du davon absehen, hättest Du Nachteile gegenüber vielen anderen Menschen, die nach der Arbeit entspannt in das gemachte Zuhause kommen, anstatt selbst im Haushalt noch einmal Hand anlegen zu müssen.

Um es auf den Punkt zu bringen, der Wert von KI und die daraus entstehende Macht ist enorm. KI wird auf lange Sicht nahezu jegliche Arbeit ablösen können. Doch die Freiheit, die durch KI gewonnen werden kann, birgt auch Kosten. Damit meine Wohnung geputzt wird, muss ich dem Roboter erlauben, meine Wohnung zu scannen. Damit der Roboter optimal durch die Wohnung fahren kann, wird der Grundriss meiner Wohnung ins Internet übertragen[20]. Wenn der Roboter selbstständig das neue Putzmaterial bestellen soll, muss via PayPal- oder Amazon-Account bezahlt werden. Nutzen wir diese Dienste, haben mit einem Schlag mehrere Unternehmen unsere Daten und können sich einen Reim darauf machen. Willst Du, dass der Kühlschrank automatisch aufgefüllt wird, braucht es einen intelligenten Türöffner. Mehr Freiheiten durch KI zu erhalten bedeutet also, dass wir die Türen für digitale Dienste öffnen. Dinge, die ein Mensch, ich selbst oder jemand anderes machte, dem ich vertraue, erledigt nun ein Roboter. Irgendwas muss geschützt werden, doch was?

Wer schützt den Bürger? Es gibt einen Deutungshoheitskrieg zwischen Tech-Firmen und Regierungen, wie ich auch später in meinen Statements noch ausführen werde. Wer schützt hier eigentlich wen? Wer ist der *gute*, wer ist der *böse*? Politik fordert Hintertüren, damit der Polizeistaat im Falle

---

19 https://www.mckinsey.com/featured-insights/artificial-intelligence/notes-from-the-ai-frontier-applications-and-value-of-deep-learning (Stand 03.01.2019).

20 https://www.zeit.de/digital/datenschutz/2017-07/roomba-staubsauger-roboter-daten-wohnung-verkaufen (Stand 03.01.2019).

der Fälle eingreifen kann. Beispielsweise hätte die Polizei gerne eine Hintertür in einer Software, damit sie intelligente Türschlösser öffnen kann, um möglicherweise Wohnungen zu verwanzen. Wer schützt hier wen vor wem? Tech-Unternehmen vor Regierung oder Regierung vor Unternehmen? In den USA ist es bereits im Gesetz verankert, dass im Erste-Hilfe-Peilsender des Autos eine Funktion so vorgehalten werden soll, dass die Polizei das Auto bei einer Verfolgung ferngesteuert ausschalten kann. Damit haben die rasanten und berüchtigten Verfolgungsrasereien, die wir aus dem Internet und Fernsehen kennen, ein Ende. Die Regierung schreitet vor und damit ist es die Pflicht der Unternehmen, eine solche Hintertür einzubauen. Aber auch in der EU ist 2014 ein Papier an die Öffentlichkeit gelangt, das ein solches Vorhaben anvisierte[21].

Die Ausnahmen werden zu Regeln. Autohersteller und Kreditvergeber in den USA machen sich diese Technologie schon zu Nutze, um Autos, dessen Kredit nicht gezahlt wird, stillzulegen[22]. Der Staat mochte früher als erstes die IP von den Internetprovidern beziehen. Heute ist es schon das Routing und damit das Surfverhalten und später der Zugriff auf das Auto – welches das Vormodell zum Smart-Home ist. Um in einem modernen Auto einen Lauschangriff zu starten, ist dann nur noch ein Update nötig. Offen bleibt also die Frage, ob wir uns vor dem Zugriff auf unsere Privatsphäre schützen müssen.

---

21 https://fpf.org/wp-content/uploads/2017/05/Future-of-Privacy-Forum-Comments-FTC-NHTSA-Workshop.pdf, http://www.statewatch.org/news/2014/jan/eu-enlets-wp-2014-2020.pdf (Stand 03.01.2019).

22 https://dealbook.nytimes.com/2014/09/24/miss-a-payment-good-luck-moving-that-car/ (Stand 03.01.2019).

Zweite Runde

Grundlagen-Spektrum

Diskurs III
KI und die Welt

Vorbemerkung

Ein System und seine Umwelt gibt es nur im Doppelpack. „Umwelt" umfasst das Metasystem oder eine ganze Schar von Metasystemen, die allesamt unsere Mutter „Natur" für uns ausmachen. „System" meint ein Lebewesen, ein Individuum oder eine Gesellschaft. Ohne das eine, nicht das andere. Funktioniert die das System prägende Umwelt nicht mehr optimal, versucht das System, entweder sich selbst oder seine Umwelt anzupassen, oder seine Umwelt zu verändern.

Um derartige „Funktionsstörungen" wie globale Naturkatastrophen, Entwicklungen wie die globale Erwärmung, oder auch gesellschaftliche wie kulturelle Umwälzungen zu beheben, kooperiert das System mit anderen betroffenen Systemen. Es sucht Wege und Mittel wie beispielsweise die Technik, um die bestimmte Umwelt zu manipulieren. Der Bau von Städten kann als eine solche Manipulation verstanden werden. Dabei verfolgen wir Menschen wirtschaftliche Ziele, gestalten Lebensräume und konzipieren Handlungsmodelle. In dieser arbeitsteiligen Weise verändert die Menschheit ihre Umwelt seit Jahrtausenden.

Erst in der Kommunikation entwerfen, justieren und verhandeln wir Modelle der gewünschten Umwelt. Ein Modell hat so lange Gültigkeit, bis es von neuartigen Hindernissen überholt wird und es eines neuen Modells bedarf. Das Überleben macht kreativ, denn wir brauchen ständig neue Modelle – die passenden unter ihnen nennen Kybernetiker „viabel". Für uns Menschen, sagt Leon Tsvasman, gebe es dabei nur zwei Orientierungen. Die erste Orientierung sind die Sehnsüchte, die Spezialisten abhängig von ihrem Fach unterschiedlich beleuchten: Wirtschaftler sprechen von Bedürfnissen, Philosophen von Vorstellungen, Psychologen fokussieren Wünsche. Der Kybernetiker meint, dass Sehnsüchte die Realität nicht kennen, und wir nicht wirklich wissen, ob wir's richtig tun. Nicht alle Bedürfnisse (z.B. schmackhafte und gleichzeitig heilende Nahrung), Vorstellungen („der fliegende Teppich") oder Wünsche (wir wissen nicht mal, ob wir tatsächlich etwas haben oder lieber sein möchten) sind deshalb „viabel": Nicht alle Wege sind gangbar, unsere Lebenswelt ist nicht optimal.

Die Welt kommuniziert mit uns, indem sie uns stets Hindernisse generiert, wenn wir sie beeinflussen. Und da wir und unsere Umwelt sich schon seit langem gegenseitig anpassen, sind unsere Weltbilder und Modelle bereits zum Bestandteil unserer Kommunikationsmedien geworden. Leon Tsvasman nennt sie in Anlehnung an die altgriechischen Philosophen einfach nur Logos[1], und meint damit die Gesamtheit aller

1 Der altgriechische Ausdruck λόγος wird vielfältig tradiert, und meint, je nach Auslegung, die menschliche Vernunft, eine Weltvernunft oder den Gesamtsinn der Wirk-

Sprachen und ihrer logisch-strukturellen Annahmen über die Welt. Wir saugen diese Annahmen in unsere Muttersprachen auf, ohne, dass wir uns der tradierten „Vor-Urteile" bewusst sind. Sie bilden die Welt nicht wirklich ab, sondern helfen uns, indem sie lediglich ihre Hindernisse widerspiegeln.

Logos ist damit als zweite Orientierung definiert. Die Gesamtheit aller logisch-strukturellen Annahmen verschleiert die Sehnsüchte. Aber über Umwege wie Bedürfnisse werden sie zum Teil doch realisierbar. Die Sehnsucht nach der Überwindung von Raum und Zeit beispielsweise wird nach einer Weile vom Logos in das Bedürfnis nach einem eigenen Fahrzeug bzw. heute in das Bedürfnis nach Mobilität übersetzt.

Daraus ergibt sich für uns Menschen ein fundamentales Problem, das darin besteht, zwischen unseren Weltbildern, Sehnsüchten und der Viabilität oder Gangbarkeit unserer Lösungen zu vermitteln.

Nach der Auffassung von Leon Tsvasman, ist die KI nichts anderes, als ein weiteres Instrument, das unsere Kommunikation automatisiert und uns von Logos in uns befreit. In der Post-KI-Ära wird der emanzipierte aufrechte Mensch sich zu eigenen Sehnsüchten bekennen, und der intelligente, befreite Superlogos kümmert sich um das Bestehen einer lebenswerten Welt, welche auch in Zeiten globaler Herausforderungen, die Erfüllung dieser Sehnsüchte ermöglicht.

Exkurs 1
KI und Mensch

Bravo, Mensch! Eine Meisterleistung – die Digitalisierung hast Du, Mensch, eingeläutet; Werkzeuge erschaffen, die erfassen, analysieren und prognostizieren. Ohne Informationsverlust werden Daten ausgewertet und zu neuen Erkenntnissen geführt – neue Daten, mit denen Du, Mensch, wiederum handeln kannst. Du lernst, entlastest und optimierst Dich und Deine Ressourcen stetig. Die Werbetechnologie versteht Dich. Deine Umgebung darf Dich steuern. Du schaffst Dir Deinen Mikrokosmos, Deine eigene Wohlfühl-Wirklichkeit per Click, und findest in allen Details und Schattierungen Deiner Persönlichkeit Verbündete. Dabei lernen Systeme auch Dinge, die Du nicht unbedingt immer willst, dass sie tun. Ja, manchmal gar unterschätzt Du den Aufwand des Entfernens manch unliebsamer Daten und Zusammenhänge. Herausforderungen bereichern letztlich jede Heldenreise.

---

lichkeit. Im ähnlichen Sinn wurde er bei Heraklits und in stoischer Philosophie erwähnt. In dem hier geprägten Verständnis handelt es sich um die Logik des gemeinsamen Handelns. Aus der Perspektive konstruktivistischer Philosophie konstruiert der Mensch seine intersubjektive Wirklichkeit u.a. mithilfe von Sprachen, die jeweils als Medium des gemeinsamen Handelns entstanden sind.

Selbst Unsterblichkeit hast Du Dir ermöglicht: All die Errungenschaften der von Dir erlernten Bedeutungszusammenhänge und des von Dir Erfahrenen speicherst Du auf einem Server ab, bevor die körperlich bis zuletzt optimierte Hülle der physischen Präsenz versagt. Das Sterbliche wird abgelegt, während unser Sammelsurium an Erlerntem dokumentiert ist und statisch zum Abruf bereitsteht. Ist hier Schluss oder könnte unsere digitale Intelligenz auch ohne menschliches Bewusstsein existieren und sich sogar weiterentwickeln? Wird unser individueller Intelligenzbaustein dem Großbauwerk gesellschaftlicher Intelligenz hinzugefügt, sodass diese aus jedem Einzelnen von uns lernt? Welch wohltuende Vorstellung, würde unser Erlerntes nach unserem noch nicht vermeidbaren körperlichen Tod in der stets anwachsenden Datenmasse der Gesellschaft aufgehen. Bleibt unsere Intelligenz, auch wenn sie ohne Bewusstsein ist?

Warum aus dem Mythos ein Superlogos wird

Überlegung von Leon Tsvasman

Eigentlich sollten wir differenzierter in der Verwendung von vermeintlich synonymen Begriffen wie *Mensch*, *Person*, *Subjekt* und *Individuum* sein. Zumindest den Unterschied zwischen ‚Subjekt' und ‚Person' können wir relativ klar herausstellen. Der *Mensch* bleibt dann Platzhalter in einem Kontext, in dem mehrere der oben genannten Bedeutungen passen würden. Oder aber der Lesende darf selbst die Entscheidung treffen, an welche Seite des Menschseins er denken möchte.

Unter *Subjekt* verstehe ich die absolute und somit „realistischste" Potenzialität des Menschseins, die sich aus seiner durch Geburt entstandenen Existenz heraus ergibt. Im Unterschied zu der allgemein-philosophischen Bedeutung von einem „mit Bewusstsein ausgestatteten, denkenden, erkennenden und handelnden Wesen", betonen wir in unserem Verständnis die „absolute Potenzialität". Sie ist per se immer anders, und mehr als jede Aktualität in Person. Die absolute Potenzialität entsteht ausschließlich aus dem inneren Wesen heraus, was auch immer das Wesen inhaltlich ausmacht und wie auch immer das Wesen vorgeprägt ist – strukturell, d.h. genetisch, seelisch oder karmisch, was die unterschiedlich traditionell gedachte oder geglaubte Komplexitätsreduktion des absoluten Subjektseins meint.

Unmittelbar daraus resultiert die *Person* – eine nachhaltig konditionierte, konkrete Identität, in ihrem Äquilibrium aus Selbst- und Fremdwahrnehmung. Die Person resultiert aus der jeweiligen Aktualität des Bewusstseins in einer Gesellschaft und identifiziert sich, z.B. als Person des öffentlichen Lebens, mit ihren zugewiesenen, angeblichen oder vermeintlichen Schwächen, Stärken, Charaktereigenschaften oder ihrem Beruf. Ähnlich dem engeren Begriff der juristischen Person trägt eine Person Namen oder Titel. So viel zur grundlegenden Definitionsarbeit.

Einem Subjekt kann keine Verantwortung für andere Subjekte auferlegt werden. Einer Person dagegen kann unter bestimmten Voraussetzungen schon eine Verantwortung für eine andere Person auferlegt werden, wobei dies eher symbolischen Charakter hat und wir die Verantwortung dann als zugewiesen, weniger als verlangt betrachten. Ein Subjekt verantwortet sein Dasein hingegen mit seiner ganzen Wesenheit, vollkommen allein, in der Geburt und im Sterben, mit seinem Hab und Gut, Ruf oder Reputation. So abstrahiert gesehen, könnten wir von KI als Subjekt sprechen, wenn auch nur im planetarischen Sinn der Post-KI-Ära, z.B. in Anlehnung an historische Konzepte wie Noosphäre. Eine konkrete KI-Anwendung, wie z.B. ein physischer Roboter oder ein virtuelles Bot der Cloud, ist kein Subjekt. Mithilfe von KI separieren wir nur endgültig zwischen Subjekt und Logos, womit sich Person & Co erübrigen.

Wenn sich die gewohnte Umwelt nicht mehr ursprünglich, stabil und günstig hält, neigt das betroffene System dazu, um seine Viabilität zu erhalten, andererseits die Komplexität seiner Wirklichkeitsentwürfe oder Umweltkonzepte, zu reduzieren. Das System fährt seine Selbstregulation auf Überlebensmodus. Das Leben wird zum Überleben, die Erkenntnis aus der offenen Orientierung heraus wird zum geltungsbasierten oder gesicherten Wissen aus Not. Was passiert in der menschlichen Gesellschaft, einem Äquilibrium aus unterschiedlichen Systemen und Selbstregulationsebenen? – Aus sensiblen orientierungsbasierten Philosophien mit relativen Wahrheiten wie Ahnungen und Sehnsüchten, werden überwiegend einfache Handlungsmuster, die intensiv erprobt und gesichert und deshalb für die Mehrheit verbindlich sind. Teils gehen sie in vereinfachenden Ideologien, z.B. strengen und machtgenerierenden Religionen, teils in technischen Infrastrukturen auf. Auf technischer Ebene werden, die am besten erprobten und besonders stabilen oder viablen Handlungsmuster kumuliert, und so aus dem Äquilibrium des (inter-)subjektiven Ermessens ausgeschieden. Die Technik wird zum Medium der operativen Komplexitätsreduktion und stabilisiert als solches die Grenzen einer strammen Überlebenswelt gegenüber der weniger stabilen Umwelt. Die technische Kumulation hilft der anthropogenen Lebenswelt im Überlebensmodus, Zeiträume für eine (künftig) mögliche, bessere Erkenntnis, stabilere Lebenswelt oder angepasstere Organismen zu gewinnen. Dies ist im Übrigen die Quelle unserer Zeitkonstruktion.

KI dient tendenziell der vollkommenen Automatisierung der Komplexitätsreduktion. Sie übernimmt somit die Funktion des alten Logos, das davor überwiegend in menschlichen Köpfen und technischen Infrastrukturen weilte. In der KI-Ära wird sie aus den menschlichen Köpfen in die stabileren, ausgelagerten Träger, die Informations- und Kommunikations-Technologien, überführt.

Neutraler Ausgangszustand eines jeden Systems ist seine perfekte Selbstregulation. Beim Menschen ist die perfekte Selbstregulation mit der absoluten Gesundheit gleichzusetzen. Der Logos „benennt" nur Abweichungen, beim Menschen wären diese Abweichungen Krankheiten.

Der neutral-perfekte Selbstregulations-Modus ist kaum erreichbar, solange die Umwelt unseres Systems nicht ein selbstregulierendes Metasystem ist. Ist das System autonom, entspricht es einem Lebenskünstler, der sich gegenüber einer nicht-trivialen Umwelt heuristisch überlebens-kreativ verhält, also einem menschlichen Subjekt in einer offenen Gesellschaft. Ist das Metasystem autonom selbstregulierend und gesund, ist die Existenz perfekt gesichert, wie bei Zellen in einem gesunden Körper; das Metasystem ist kaum beeinflussbar. Wenden wir dies auf die menschliche Lebenswelt an:

Nun erklärt es sich, warum wir eine ausgeprägte Sehnsucht sowohl nach einer subjektiven Perfektion haben, die wir Glück nennen, als auch nach einer weltübergreifenden Ordnung, in der wir so gerne ein menschenähnliches Subjekt erkennen würden. Je nachdem wie weit die Komplexitätsreduktion unsere Erkenntnis prägt, äußert sich die zweite Sehnsucht überwiegend in spirituellen oder institutionalisierten Ideologien, die sich in monotheistischen Religionen in der Vorstellung des Allmächtigen verfestigen, oder in esoterischen Weltbildern in der Vorstellung eines intelligenten Universums. In Ideologien kommt der intersubjektive Logos zum Vorschein, der auf Absprachen zwischen Menschen basiert. Die Sehnsucht nach einer weltübergreifenden Ordnung kann jedoch auch diverse technische Verfahren und Gerätschaften hervorbringen. In ihnen äußert sich der ausgelagerte formale Logos, der in der Post-KI-Ära zu dem vollkommen ausgelagerten Logos werden kann.

Was wir Wahrheit nennen, ist unsere Erfindung, sagte sinngemäß Heinz von Foerster, der als Sokrates des kybernetischen Denkens gilt. Und Grundprinzip im kybernetischen Denken ist nicht die wie in anderen Wissenschaften geltende lineare Folge von Ursache und Wirkung, sondern der richtungsgebende Einfluss von Hindernissen und Schranken (Bateson, 1972, zitiert nach Ernst von Glasersfeld in Tsvasman, 2006). Diese im kybernetischen Sinn erfundene Wirklichkeit kann allerdings nicht willkürlich sein, denn wir sind Milliarden Subjekte, die sich untereinander in einem dynamischen Konsens befinden müssen, um gemeinsam zu handeln. Also hat diese Erfindung einen intersubjektiven Zusammenhang. In unserer Sehnsucht nach einer übergreifenden Ordnung, leitet uns die unsichtbare

Hand des begrenzenden und trennenden Logos, der uns Begriffe beschert aus dem allzu komplexen, dynamischen Fluss der Dinge – der Energie und Information. Er trennt und herrscht, solange wir mit ihm den gleichen Kreislauf des Sinns haben. Der mit der starken KI künftig ausgelagerte Logos würde uns von seiner trennenden und herrschenden Macht weitgehend befreien, und uns *menschlicher* machen – subjektiver, intuitiver, spontaner, bewusster, achtvoller, klarer und ehrlicher – nicht nur untereinander, sondern vor allem gegenüber sich selbst.

KI – ein Selektionsvorteil des Menschen?

Überlegung von Florian Schild

Höhere Intelligenz ist ein Selektionsvorteil des Homo sapiens. Wir sollten sie so einsetzen, wie auch andere Arten ihre jeweiligen Vorteile zu nutzen wissen: um unser Überleben und das unserer Nachkommen zu sichern, um unser Erbmaterial weiterzugeben und um unsere Umwelt um uns herum zu schützen. Menschliche Intelligenz ist nicht perfekt. Die Art, wie wir Wissen erwerben, kann manipuliert werden. Es passiert leider immer wieder, dass Wissen missbraucht und ins Gegenteil verkehrt wird. Doch Intelligenz ist unser wichtigstes Werkzeug und wir sollten lernen, ihren Fallstricken zu entkommen, um zu überleben, und wir sollten uns der Probleme annehmen, die uns Erdbewohnern in den nächsten Jahren bevorstehen. Die Zeit, die uns Menschen bleibt, um uns und das Universum zu verstehen, wird immer knapper. Die Knappheit wird begünstigt durch den extremen Zuwachs an Kohlenstoff in unserer Luft, die Erwärmung der Erde bei gleichzeitig in Zukunft erwartbarer Eiszeit oder die rasant wachsende Anzahl an Menschen.

Lass uns ein Gedankenspiel machen und uns eine der drei oben genannten Herausforderungen näher anschauen: die wachsende Population. Je mehr Menschen zu einem gewissen Wohlstand gelangen, desto mehr wollen an dem modernen Leben teilnehmen. Man möchte ein modernes Smartphone, eine Klimaanlage für den heißen Sommer oder ferne Länder bereisen. Dies alles sind Errungenschaften des technologischen Fortschrittess. Zweifellos hat sich unsere fachliche Intelligenz in den letzten 100 Jahren stark ausgeprägt, zeitgleich ist der menschliche Fortschritt jedoch stehen geblieben. In Hinblick auf die emotionale, soziale und kulturelle Intelligenz sind wir nicht weitergekommen. In vielerlei Hinsicht bringt Technologie uns Menschen sogar auseinander. Sehen wir uns drei kleine Impulse der Intelligenz an, die für ein gemeinsames Leben unserer Spezies von Relevanz sein werden.

Kulturelle Intelligenz: Die Innovationskraft und Bereitschaft für Neues wächst mit der Populationsgröße einer Stadt. Auf dem Land hingegen scheint die Zeit häufig still zu stehen. Menschen sehen dem auffälligen Fortschritt der Städte und neuen Technologien kritisch entgegen. Auch sind Menschen, die in einem ländlichen Umfeld leben, anderen Nationalitäten gegenüber weniger aufgeschlossen. Dabei ist es heute möglich, dass sich 80 Menschen verschiedener Nationen und Sprachen über ein und dieselbe Software miteinander unterhalten. Für wen es jedoch ungewohnt ist, mit Menschen fremder Nationen zu sprechen oder wer darin keinen Sinn sieht, wird sich auch zukünftig schwertun, mit seiner Intelligenz damit Positives zu verknüpfen.

Soziale Intelligenz: Erst geschützt durch die gefühlte Anonymität des Internets trauen sich viele Menschen Gesicht und Stimme zu zeigen. Der dadurch zum Teil sehr raue Ton in der digitalen Welt, der in sozialen Netzwerken mit Trollen, vulgärem Umgangston und Gewaltvideos ersichtlich wird, überträgt sich auf das innere soziale Verständnis. Die digitale Welt überträgt sich auf die „wirkliche Welt". Wir wären in der Lage, KI zu entwickeln, die uns dabei unterstützen könnte, zwischenmenschliche Konflikte besser zu lösen. KI könnte es dem Menschen und seinem Erkenntnisprozess erleichtern, Verständnis zu entwickeln bzw. verlorenes wieder zurückzugewinnen.

Emotionale Intelligenz: Durch permanente Nutzung des Smartphones sinkt die Aufmerksamkeitsspanne und wir interessieren uns weniger für andere Menschen unseres direkten Umfelds. Wir verlieren Empathie für unsere Mitmenschen. KI könnte dem Menschen Arbeit abnehmen. Die dadurch entstehenden Freiräume könnten dazu genutzt werden, um sich mit Freunden zu treffen, sich emotional fortzubilden und dem Trend der Vereinzelung entgegenzuwirken. Das ist wichtig, denn ein Soziopath geht mit Technik anders um, als jemand, der mitfühlend ist.

Fortschritt sollte also auch Fortschritt für den Menschen bedeuten und nicht nur der Technologie willen vorangetrieben werden. Der Mensch wird zum kritischen Faktor, wenn es um KI-Technologie geht. Künstliche Intelligenz ist bereits mittelfristig gefährlicher als Atomare, Biologische oder Chemische Waffen (ABC-Waffen) und somit eine wahre Bedrohung für jegliches Leben auf diesem Planeten. Dazu hilft es vielleicht, sich vorzustellen, was Leben an dieser Stelle überhaupt bedeutet. Damit Leben entsteht, braucht es eine Zelle. Vor ca. 2900 Millionen Jahren muss es einem Bakterium gelungen sein, die beinahe unmögliche Aufgabe zu erfüllen, mithilfe von Sonnenenergie Wasser zu teilen. Seit diesem Zeitpunkt entstand die bis heute andauernde und sich selbst regulierende Welt des Lebens. Alles, was wir heute um uns herum an Leben sehen (Bäume, Pflanzen, Insekten,

Tiere und Menschen) bedurfte eines Bakteriums mit dieser höchst unwahrscheinlichen Fähigkeit. Schaut man sich im Universum um, geht die Wahrscheinlichkeit, dass Leben so wie wir es auf unserem Planeten kennen, überhaupt entsteht, gegen Null. Doch wir Menschen können neues, alternatives Leben mit Technologie entstehen lassen, zum Beispiel anhand einer Turing-Maschine. Mit einer Turing-Maschine sind wir in der Lage, die Arbeitsweise eines Computers mathematisch zu modellieren. Die DNA einer solchen Turing-Maschine bestünde aus einem zellulären Automaten, der Energie aus der Umgebung aufnimmt, und ebenfalls einen Selbstrepuplikationsmechanismus besitzt. So hätten wir künstliches Leben erschaffen, auf das KI aufbauen kann.

Bleiben wir beim Menschen. Obwohl wir Menschen alle ein- und derselben Zelle entspringen, sehen wir die sich aufbauschende Komplexität und Regulationsproblematik von heute in Form von Partnerschaftsstreit sich liebender Paare über Völkerkriege fremder Nationen bis hin zu Terrorismus durch Überzeugung von Individuen. Warum glauben wir, dass Zusammenleben einfach so funktionieren muss? Dass wir nicht dafür arbeiten müssen, dass Zusammenleben funktioniert? Als wäre die Kommunikation allein nicht schwer genug, gibt es zudem ein unheimliches Ungleichgewicht an Lebensumständen auf der Welt. Mangel an Wasser und Nahrung ist an vielen Orten der Welt heute, im 21. Jahrhundert, noch immer präsent. Angesichts dieser immer noch bestehenden, dramatischen Probleme auf unserer Erde erscheint das Thema dieses Buchs als ein Luxus-Thema, welches einen großen Teil der Erdbewohner nicht ansatzweise interessieren dürfte. Wieso also sich mit der Thematik beschäftigen?

Wir Menschen haben zum Glück diese eine Kraft, die uns von vielen, vielleicht sogar von allen Lebewesen dieser Erde unterscheidet: Unsere Vorstellungskraft. Wir sind in der Lage, uns die Zukunft zu erträumen und dann sogar auch in vielen Fällen das Erträumte in einem Ziel zu definieren, welches wir dann häufig in Schritten zu erreichen vermögen. Diese Vorstellungskraft ermöglicht es, über KI nachzudenken. Wir sind in wenigen Jahren acht Milliarden Menschen auf diesem Planeten. Es gilt einen Konsens zu finden, Konflikte zu minimieren, Lebensumstände aller Menschen auf ein völkerrechtliches Minimum zu bringen und so schnell wie möglich Versorgungsprobleme zu lösen. Dies alles erfordert Kompetenzen, an denen es dem Menschen offenbar mangelt. Technologie kann hierbei Abhilfe schaffen.

Wir Menschen haben das Bedürfnis nach Nähe zu anderen Menschen oder Lebewesen. Wir suchen uns in unserer Umwelt Anerkennung. Gleichzeitig versuchen wir uns von anderen zu differenzieren. Wir wollen als Individuum erkannt werden. Dieses Bedürfnis ist so laut, dass wir die Stimmen der wahren Bedürfnisse vieler Menschen dort draußen nicht hören können. An dieser Stelle müssen wir ansetzen, um negative Auswirkungen auf den Menschen gering zu halten. Was wir fördern sollten, sind demnach all die Eigenschaften, die den Menschen menschlich machen: Emotionalität, Nähe, Wärme. Dazu gehört auch der Dialog, an seiner Sprache zu pfeilen und die Kommunikationsfähigkeiten zu verbessern und auszubauen – sei es auch unter Zuhilfenahme moderner Technologien.

Es gibt keinen anderen so farbenfrohen und lebhaften Planeten in diesem Universum, der in der Zeit eines Menschenlebens erreichbar wäre, selbst wenn wir in Lichtgeschwindigkeit reisen könnten. Auch gibt es keine wissenschaftlichen und technischen Hindernisse, unsere Welt zu schützen. Es hängt nur davon ab, was uns wirklich wichtig ist und ob wir den Willen aufbringen, wirklich zu handeln.

Exkurs 2
KI und Finanzierung

Sprechen wir über die Finanzierung von KI, stellen wir uns unweigerlich die Frage nach dem Nutznießer: Wer profitiert von KI-Systemen und ist daher Motor ihrer Entwicklung? Sind ausschließlich gewinnorientierte Unternehmen, die sie als Werbetechnologie nutzen, treibende Kraft? Oder agieren hier auch staatliche Institutionen mit Gemeinwohlauftrag bzw. Non-Profit-Organisationen, die, ja welchem exakten Auftrag eigentlich folgen? Könnte ein KI-System als Gemeingut überhaupt funktionieren? Und wenn wir getrieben sind von wirtschaftlichen und damit verzerrenden Interessen von Lobbyisten und einzelnen Akteuren, wie befreien wir KI dann von Manipulation? Wie können Nationen und Disziplinen zusammenfinden, um KI voranzutreiben? Vereinzelt existierende Events und einzelne Institutionen stehen wohl kaum im Verhältnis zur wirtschaftlichen Treibkraft von Künstlicher Intelligenz. Hier setzen wir Impulse, die zum Denken anregen. Andererseits kann KI auch soziotechnisch-wirtschaftliche Systeme der Gesellschaft nachhaltig und ganzheitlich beeinflussen. Aber was berechtigt sie dazu – ontologisch, systemisch, ethisch und technisch? Zudem versuchen wir zu verstehen, wie Big Data aus Internet of Things (IoT) oder Entwicklungen wie Blockchain in Zusammenhang stehen mit der Aufmerksamkeit als „Währung der Informationsgesellschaft", mit Geld oder mit Effizienz.

Vom Datenkredit zukünftig ausgelagerter Effizienz

Überlegung von Leon Tsvasman

Im Grunde „bestehen“ sowohl Kommunikation als auch Technik aus der gerichteten Aufmerksamkeit von gemeinsam handelnden Personen. Jede Interaktion setzt gerichtete Aufmerksamkeit voraus. In jedem Gerät steckt Aufmerksamkeit von Personen, die an ihrer Entwicklung arbeitsteilig oder ganzheitlich mitwirkten, inklusive jener Erfinder, Entdecker, Unternehmer, etc., die sie etwa historisch ermöglicht haben.

Aus Vorstellungen werden Dinge, z.B. mithilfe von Geld und elektrischem Strom. Viele Dinge, die wir gemeinsam erschaffen, beruhen auf keinem natürlichen Vorbild. Im Grunde entstehen unsere „Produkte" infolge von besonders intensiv getakteten Akten von Aufmerksamkeit; dabei beschleunigen Geld und Strom natürliche Abläufe und ermöglichen Effizienz. In indirekter Anlehnung an von Glasersfeld's Informationsbegriff ist Geld eine Form von Information, die geeignet ist, um Handlungen zielgerichtet aus- oder weiterzuführen und somit unsere soziotechnischen Infrastrukturen zu ermöglichen. Während komplexere Geräte mit Strom angetrieben werden, ist es die biologische Energie des Menschen, die Dienstleistungen „antreibt" bzw. erbringt. Kurzum: Geld hilft uns, die biologische Energie mittels gerichteter Aufmerksamkeit in Kraft umzuwandeln, der die technische Infrastruktur unserer Lebenswelt, der soziotechnischen Zivilisation, antreibt.

Die angedeuteten Zusammenhänge lassen sich anhand einer leichter verständlichen Kette aus folgenden aneinandergereihten Begriffen verdeutlichen: Aus Aufmerksamkeit „wird" Interaktion, aus der auf sozialer Ebene gemeinsames Handeln resultiert; aus dem gemeinsamem Handeln wird das Wirtschaften. Das Wirtschaften bringt Dienstleistungen hervor, die wiederum eine weitere Verdichtung zur Technik ermöglichen.

Wir können also schlussfolgern: Das Geld ist somit eine Form von Information, die soziotechnische Systeme dazu befähigt, Abläufe zu ermöglichen und aufrecht zu erhalten, die intensiver als die Abläufe der Natur getaktet sind. Dadurch, dass wir diese Fähigkeit haben, kann unsere Zivilisation gegen die *Entropie* der organischen Natur bestehen, wie Lebewesen gegen die Entropie auf physikalischer Ebene bestehen.

Um es knapp zusammenzufassen: Ist die menschliche Zivilisation in der Lage, schnellere Abläufe zu zu verwirklichen als biologische Organismen verkörpern, dann besteht das System in einer Zeitskala, die eben nicht der Natur entspricht, sondern von der Zivilisation generiert wurde. Aufgrund von anders getakteten Abläufen, ist die Zeit unserer Zivilisation ein Stück schneller als die biologische Zeit, um die es sich auf der Ebene organischen

Lebens handelt. Somit kontrastiert die vom System generierte Zeit mit der biologischen Zeit unserer Körper. Als ein selbstregulierendes System können wir uns körperlich – mehr oder weniger gesund – aufrechterhalten wie auch durch Fortpflanzung wiederherstellen. Die Effizienz (*doing things right*) besteht wesentlich in der perfekten Taktung, die den Antrieb ausmacht, wohingegen die Effektivität darin besteht, dass wir mittels Kreativität, Spontaneität und Orientierung, auf die nicht-trivialen Einflüsse aus der Umwelt mehr oder weniger adäquat reagieren (*doing right things*).

Die Energie der Aufmerksamkeit, die ursprünglich der körperlichen Selbstregulation galt, wird von der Logik des gemeinsamen Handelns abgezweigt. Während unsere von Logos auf Effizienz getrimmten und somit ein Stück von unseren Körpern entkoppelten Gehirne Beschleunigung lieben, verlangen unsere Körper nach Entschleunigung oder gar nach Entzeitlichung. Darin besteht wohl der Hauptkonflikt unserer Zivilisation.

Akzeptieren wir einmal die unendliche Komplexität der angedeuteten Zusammenhänge und halten wir drei wesentliche Eckpunkte eines gemeinsamen Verständnisses fest: erstens Geld als Information bzw. „Daten", würden wir Geld rein auf informationstechnischer Ebene betrachten, zweitens Aufmerksamkeit als Voraussetzung gemeinsamen Handelns und Wirtschaftens und zu guter Letzt der elektrische Strom als universelle Antriebskraft unserer Informations- und Kommunikationstechnik. In der heutigen Informationsgesellschaft, die bald in der KI-Ära aufgeht, entblößt sich diese Verbindung als Rückgrat unserer Zivilisation. In Entwicklungen wie Blockchain sehen wir ganz deutlich, dass sogar die Geldschöpfung mit Strom erfolgt. Auf der anderen Seite sorgt Big Data aus dem Internet of Things (IoT) für ungeahnte Profitchancen bei Technologie-Unternehmen. Aus Datenströmen der tendenziell global vernetzten Technik lässt sich Wert schöpfen und mithilfe der geschaffenen technischen Infrastruktur unserer Lebenswelt lassen sich Technologien entwickeln, die Daten und Prozesse wiederum vernetzen und sichern.

Wie einige Vordenker (u.a. in Anlehnung an Klaus Merten und seine Abhandlung um Strukturwandel der Gesellschaft aus 1999) bereits erkennen, wird KI zu einer ermöglichenden Infrastruktur einer qualitativ neuen Gesellschaftsform – wie Straßen für die Agrargesellschaft, Strom für die Industriegesellschaft, und Information für die aktuelle Mediengesellschaft.

Kryptowährungen wie Bitcoin werden mithilfe stromintensiver Rechenoperationen geschöpft. Neben ihnen ist auch die Blockchain-Technologie ein Zeugnis des Wandels der wachsenden Abkehr von einer zentralen Instanz zu einem neutralen Konsens, der auf verantwortungsvollen Schultern vieler Subjekte getragen wird. Blockchain zeigt Potenzial im Auditing, wo es darum geht, sicherheitskritische Operationen von Softwareprozessen aufzuzeichnen.

Daneben können Blockchain-Verfahren auch auf Kapitalmärkten ihre Wirkung entfalten oder bei Lieferketten für Lebensmittel oder der Autorschaft von Patenten genutzt werden. Sie dienen stets der Optimierung der informationsbasierten Wertschöpfung unserer Zivilisation. Den IT-affinen Interessierten ist Blockchain natürlich geläufig: Eine kontinuierlich erweiterbare Liste von Datensätzen, die mittels kryptographischer Verfahren miteinander verkettet sind. Blockchain findet auch in der Buchhaltung Anwendung, wenn ein Buchführungssystem dezentral von vielen an der Buchführung Beteiligten geführt wird und der jeweils richtige Zustand dokumentiert werden muss. Die hoch gelobte Manipulationssicherheit, Transparenz oder Vertraulichkeit, aber auch das Verkettungsprinzip, die dezentrale Speicherung, der Konsens-Mechanismus und die Nicht-Abstreitbarkeit sind Errungenschaften der Blockchain-Technologie. Sie entzerrt den Informationswert von soziotechnischen Strukturen und macht sich den Wert menschlicher Aufmerksamkeit zunutze.

Im Beispiel mit dem verliebten Adeligen vergleichen wir Geld mit Daten – nicht zu abwegig, denn Geld offenbart Informationscharakter, es ist im konstruktivistischen Sinn demnach Wissen, das für unser gemeinsames Handeln und speziell Wirtschaften von besonderer Bedeutung ist. Die zuvor abgegebenen Daten, die wir nicht explizit oder womöglich unter Wert veräußert haben, wäre unsere Investition, z.B. in das zukünftige Grundeinkommen. Wenn Grundeinkommen oder Ähnliches nicht bald verwirklicht wird, hat man uns „veräppelt", würden dann Gerechtigkeitsbewusste denken, und sie stellten folglich die klassische Frage „Wer ist schuld?". Einen Namen würde man in meiner Antwort auf diese Frage nicht finden, denn ich würde die Feinde der Gerechtigkeit nicht in einer Person suchen. Vielmehr würde ich eine profane Werte-Vernichtung vermuten. Es zeigt sich doch deutlich, dass wir bis dato unfähig waren, diese Werte zu kumulieren und für den gemeinsamen Wohlstand zu nutzen. Wir nutzen das im planetarischen Maßstab unbegrenzt verfügbare Sonnenlicht als Energiequelle auch nicht etwa aufgrund einer Verschwörung, sondern aufgrund der bisherigen technologischen Unfähigkeit, diese Energiequelle optimal zu verwerten, nicht mal so, wie die organische Natur es schafft. Nur mit KI könnten oder müssten wir die Herausforderung der globalen Gerechtigkeit angehen, damit wir die bisher unlösbar geglaubten globalen Probleme wie beispielsweise die Erderwärmung in den Griff bekommen.

Wie auch immer, die Entwicklung von KI soll informationstechnisch aus dem Datenkredit finanziert werden, den wir tagtäglich vergeben – ob in sozialen Netzwerken, beim Arzt, im Fitnessstudio, beim Einkaufen, etc. Ob unsere tradierten Finanzsysteme diese historische Transaktion bewältigen, kann ich heute nicht beurteilen.

Systemische Emergenzen produzieren oft ihren eigenen Sinn. Das hat schon Franz Kafka in seinem „Schloss“ beschrieben. In Deutschland hat sich eine Gesellschaftsordnung etabliert, die aus vielen systemischen Dynamiken schöpft. Diese Systeme absorbieren Ressourcen, um hin und wieder mal einen Kraftakt zu ermöglichen. Die politischen Akteure agieren, sobald der Moment als überreif erkannt wird und einen sicheren Schritt erlaubt. So soll beispielsweise die versprochene Investition von drei Milliarden Euro für die Entwicklung von Künstlicher Intelligenz den nächsten Kraftakt ermöglichen. Und jetzt stellt sich die Frage:

In was investiert die Bundesregierung diese mühsam kumulierten Milliarden, bzw. in was soll sie dabei tatsächlich investieren? – Ich möchte in einer Hoffnung und Empfehlung antworten: Die Investition wird den Informationsfluss entzerren, die Wertschöpfung des Wirtschaftssystems stabil aufrechterhalten, und die Effizienz unserer technischen Systeme vereinbaren mit unserer menschlichen Effektivität – ganz im Sinn der adäquaten Orientierung in unserer gemeinsamen Lebenswelt. Zur bestmöglichen Nutzung solcher Inverstitionen bedarf es eines grenzen-, disziplinen- und spezialistenübergreifenden Ansatzes, was wir hier mit *AI-Thinking* anregen möchten.

Im Grunde ist jede Finanzierung ein Geltungs- oder auch Aufmerksamkeitskredit an diejenigen, die Zukunftsräume gestalten, indem sie die rechtzeitig erkannten Potenziale in einer unternehmerischen Weise verwirklichen. Wer also wird als erster unternehmerisch von KI profitieren? Meinen sporadischen Beobachtungen zufolge werden hierzulande zahlreiche unternehmerische Skills wie Fleiß, Durchsetzungsvermögen, Schlagfertigkeit und kognitive Intelligenz von der übergreifenden unternehmerischen Kultur getragen, außer die kreative Intelligenz in ihrer erkennenden, also wesentlich intellektuellen Attitüde. Es gibt sicher Ausnahmen, aber wenige, die mir bekannt sind. Ich hoffe sehr, dass die „skilled» Unternehmer mit der intellektuellen Attitüde von diesem Buch profitieren; und die Gesellschaft von solchen Unternehmern.

Von Giganten und dem Ruf des Geldes

Überlegung von Florian Schild

KI ist eine Technologie, die noch in den Kinderschuhen steckt und nach Aufmerksamkeit schreit. Damit sich das Potenzial von KI entfalten kann, bedarf es weiterer Forschung, praktischer Erkenntnisse und finanzieller Mittel. Wie auch andere technologische Innovationen, beispielsweise das Internet, GPS oder Touchdisplays, profitierte die KI-Forschung lange von den finanziellen Mitteln des Militärhaushalts der USA. Doch als in den späten 1970er und 1980er Jahren von den liberalen Parteien der USA beschlossen wurde, die Gelder eher in Waffen statt in die Grundlagenforschung zu investieren, wurde das Geld für KI-Forschung gestrichen.[2] Hinzu kam, dass die zu dieser Zeit vorherrschenden KIs offenbar einfache Probleme nicht lösen konnten. Die Bereitschaft, KI-Grundlagenforschung zu unterstützen nahm ab, die Geldtöpfe liefen aus, Kritik gegenüber KI stieg an und der KI-Winter brach ein.

Errungenschaften der Forschung wurden in Start-ups oder als institutionelle Produkte ausgelagert. All diese KI-Unternehmen waren forschungsintensive Unternehmen. Ein Beispiel für ein solches Produkt ist der Sprachassistent SIRI, der seine Ursprünge im Stanford Research Institute (SRI) International findet. Erfolgversprechende Lösungen wurden mit Geld ausgestattet, wuchsen und wurden von größeren Unternehmen gekauft[3]. Gegenwärtig wandelt sich die Situation in eine andere Richtung. Heute leisten sich Technologiekonzerne die Forschungaktivitäten inhouse. Im Jahr 2018 kamen die meisten der interessanten wissenschaftlichen Papers von GAFAM- und BATX-Unternehmen. Die großen Unternehmen sind nicht mehr so stark auf das Kaufen, sondern auf das Kopieren aus. Sie sind ausgestattet mit einer Masse an Entwicklern und Nutzern. Mit den gewonnenen Daten der Nutzer lassen sich Metriken erstellen, die Informationen darüber geben können, was der Nutzer als Nächstes will und braucht. Eine solche Vorgehensweise ist einfach und unaufwändig für die Tech-Konzerne, wohingegen der Kauf und eine Umstrukturierung von aufgekauften Unternehmen deutlich aufwändiger ist.

Der derzeit wertvollste Tech-Konzern ist Apple Inc. Mit einem 2018 erreichten Wert von über einer Billion USD, ist das Unternehmen so viel wert wie die 15 wertvollsten deutschen DAX-Konzerne zusammen – also einschließlich SAP, Siemens, Volkswagengruppe, BMW, Daimer, Bayer, BASF[4]. Aus der Sicht eines solchen großen Unternehmens dürften KMUs – und seien sie noch so innovativ – wie kleine Zwerge wirken. Der heutige Wachstumsschub entsteht nicht durch einfache Software und einzelne KI-Lösungen. Der Fokus dieser Unternehmen und von innovationsgetriebenen Investoren liegt auf Deep-Technology-Themen, die bisher nur großen Konzernen vor-

2 Marvin Minsky on Singularity 1 on 1: The Turing Test is a Joke! (https://youtu.be/3PdxQbOvAlI?t=704, 28.12.2018).

3 https://smallbiztrends.com/2017/12/most-artificial-intelligence-startup-acquisitions.html.

4 https://www.handelsblatt.com/unternehmen/it-medien/tech-werte-warum-die-rekord bewertungen-von-apple-und-co-keine-blase-wie-zu-dotcom-zeiten-sind/22876684.html ?ticket=ST-8429479-NYLgDixOwOkkkhysEiTv-ap2.

behalten waren. Mit Deep Technology sind vernetzte Technologieprodukte gemeint, machine-to-machine-Systeme, die durch fortwährende, algorithmengetriebene Datenerhebung und -analyse zu immer besseren Ergebnissen gelangen. Am Ende entsteht eine Verschmelzung von Hardware und Software zu einem vernetzen und intelligenten Produkt.

Das bedeutet, dass die Anforderungen an Start-ups wachsen, die Einstiegshürde wächst mit. War es damals möglich, mit reinen Informatikkenntnissen gute Produkte zu bauen, gilt es heute, mehrere, interdisziplinäre Kenntnisse, wie IT-Architektur, Fachexpertise traditioneller Systeme und die Daten zu einem Zeitpunkt zusammenzubringen. Durch zu wenig Geld für Forschung und KI-Start-ups entsteht ein KI-Forschungs-und-Entwicklungs-Mangel. KI-Produkte und -Lösungen entstehen dann nicht mehr. Das betrifft jedoch nicht die Technologie-Konzerne, sondern die Menschen, die keinen Zugang zu Kapital haben. Eine Ohnmacht macht sich in der Start-up-Community und bei einigen Investoren breit. Man verlässt sich auf Konzerne und vertraut darauf, dass sie die Entwicklung übernehmen. De facto tun sie es aber nicht, solange sie es nicht wirklich müssen. Ihr Fluch ist, wie bei jedem großen Unternehmen, die Optimierungsfalle. Ohne äußeren Druck ist jedes Unternehmen mit der Optimierung der eigenen Produkte beschäftigt: Optimierung statt Innovation. Produkte werden im besten Fall kopiert. Das ist kein Nährboden für Innovation. Fortschrittliche und vielfältige KI-Produkte und -Dienstleistungen drohen nicht zu entstehen. Währenddessen erreichen Konzerne mit ihren gegenwärtigen Produkten und Dienstleistungen einen nahezu unaufhaltbaren Wettbewerbsvorteil. Ein Beispiel liefert SnapChat. SnapChat ist eine App, mit der Bilder ausgetauscht werden können, die sich nach wenigen Sekunden beim Empfänger selbst „zerstören“. Das Unternehmen hat ein Übernahmeangebot von Facebook erhalten. Als der Messaging-Dienst ablehnte, baute Facebook sein eigenes Produkt so um, dass es die Vorteile von SnapChat ebenfalls anbieten konnte. So wurde Instagram innerhalb eines Jahres durch die Einbindung der Instagram-Stories so umfunktioniert, dass es SnapChat langsam vom Markt verdrängen wird.[5] Facebook hat einfach den Kernservice eines bestehenden Unternehmens als Funktion in das eigene Produkt, in diesem Falle in den Onlinedienst „Instagram“, interpretiert. Ähnliches ist denkbar mit jeder KI-Software.

Eine der vielleicht bedeutendsten, öffentlichen Entwicklungen der KI-Finanzierung in den letzten zwei Jahren waren die von mehreren Regierun-

---

5 https://www.cnbc.com/2017/07/12/how-mark-zuckerberg-has-used-instagram-to-crush-evan-spiegels-snap.html, https://www.recode.net/2018/8/7/17661756/snap-earnings-snapchat-q2-instagram-user-growth.

gen angekündigten erhöhten Investitionsvolumen. So verpflichtete sich beispielsweise die britische Regierung zu 1 Milliarde Pfund, Frankreich zu 1,5 Milliarden Euro und Deutschland zu 3 Milliarden Euro Investition in KI in den kommenden Jahren. Gleichzeitig hat der Tech-Konzern Alibaba Pläne für Investitionen in Höhe von 15 Milliarden Dollar bekannt gegeben. Hoffnung gibt wiederum das japanische Technologiekonglomerat SoftBank, das den Großteil seiner im Vision Fund verwalteten 100 Milliarden Dollar ebenfalls in KI investieren wird.

Die fünf IT-Giganten der Tech-Branche, bekannt unter dem Akronym GAFAM, und das chinesische Pendant BATX, sind in einer Machtposition, die es ihnen erlaubt, kleineren Unternehmen den Sauerstoff zum Wachstum zu stehlen. Gleiches gilt im AI-Bereich für Talente. Im Bericht „2017 Global AI Talent White Paper" gibt der chinesiche Tech-Gigant Tencent an, dass es ca. 300.000 AI-Forscher und -Ingenieure international gäbe, jedoch eine Million benötigt würden. Durch die Knappheit an Talenten können die wenigen hochspezialisierten Exoten mehrere hunderttausende Euro im Jahr verdienen – was eben auch für viele Professoren ein Anreiz ist, den Lehrstuhl zu verlassen. Die Gehälter unterliegen einem Bieterkampf, den Tech-Konzerne weit mitgehen können, Forschungseinrichtungen und kleine Unternehmen jedoch nicht.

2015 besuchte ich das damals neue entstandene Amazon Forschungs- und Entwicklungszentrum in den Berliner Krausenhöfen. Dort war nach Angaben eines ML-Leads Platz für 360 ML-Developer – damals waren die neu erbauten Räume leer, aber ich kann mir vorstellen, dass sie heute prall gefüllt sind. In vielen Fällen arbeiten mehrere Teams parallel und unabhängig voneinander an einem Problem. Dieses Vorgehen nennt man Diversifikation, das Streuen von Risiko und Erhöhen von Chancen. Dieses Vorgehen wird stark nutzerorientiert ausgelegt. Die statistisch beste Lösung gewinnt. Das ist ein effektives Prinzip für alle, die es sich leisten können.

Für ein Start-up sind solche Prozesse nur sehr schwer realisierbar und durch das begrenzte Kapital eher hoch riskant als chancenförderlich. Hinzu kommt, dass Gründern in Deutschland an vielen Ecken noch Hindernisse gestellt werden, wie beispielsweise die veraltete, dennoch vorherrschende Businessplan-Mentalität. Ein Businessplan hat gewiss seine Berechtigung, jedoch ist er für ein Start-up nicht geeignet. In Anbetracht der schnelllebigen Zeit von heute muss Geld für ein gutes Team und fü Ideen schnell zur Verfügung stehen. Gründer brauchen diese Zeit für technologische, innovative Produkte. Wesentlich agiler funktionieren vorbereitete Gründer mit ausgearbeiteten Pitch-Decks in Kombination mit einem ordentlich geführten Investoren-Matching, was in manchen Start-up-Hubs und Investoren-

Veranstaltungen schon geboten wird. Solche agilen Prozesse sollten für einen Teil der öffentlichen Fördermittel, wie zum Beispiel Horizon 2020, zumindest mal erprobt werden.

KI ist abhängig von weiteren Forschungen. Genau wie die kleinen Unternehmen kann sich auch die Wissenschaft Daten jedoch nicht leisten – oder sie sind schlicht und einfach nicht öffentlich verfügbar. Zum Teil arbeiten die Forscher mit sehr alten Datensätzen oder mit einem Bruchteil an Informationen, die Tech-Konzerne mit ihren Datensammelstrategien erreichen, indem sie die Daten leicht selbst erheben oder durch strategische Partnerschaften tauschen.

Ich glaube, dass das Problem mit politischer Unterstützung behoben werden muss, jedoch auch, dass Politik alleine keine Lösung zur Verfügung stellen kann. Ein Dilemma! Seitenlange Forschungsanträge, die aufgrund mangelnder Formalitäten abgelehnt werden, sind für kleine Unternehmen keine Alternative. Fördertöpfe müssen einfacher erreicht werden. Wir brauchen eine europaweite, gezielte Digitalstrategie. Hierzu müssen Menschen aufeinandertreffen und Lösungen erarbeiten. Mutige Investoren, erfahrene Unternehmer und weitsichtige Politiker sollten die Türen öffnen, um ein technologisches Gegengewicht zu den Tech-Konzernen zu erbauen.

Exkurs 3
KI und Medien

Klassische Leitmedien werden in ihrer Funktion des Gatekeepers abgelöst von privatwirtschaftlich organisierten News-Lieferanten, die sich am Gewinnstreben orientieren. Achtung, Achtung, die präzise, neutrale Berichterstattung hat ihr aufmerksamkeitsökonomisches Subjekt verloren und möchte es wiederfinden, um komplexe Sachverhalte ausgewogen zu erklären! Wo finden sich die beiden wohl? Auf Plattformen, deren Qualität sich in Schnelligkeit und Präzision der Information für das individuelle Bedürfnis des Konsumenten zeigt, mit der es am meisten verdient? Wohl kaum. Dann noch einen Schritt zurück: Was sind diese Plattformen eigentlich? Neben der Tatsache, dass sie nicht auf das Allgemeinwohl ausgerichtet sind, müssten sie doch zumindest rechtlich einordbar sein. Welche Rechte hat eine Plattform und welchen Pflichten unterliegt sie? Wie kann ein soziales Netzwerk bei Nichteinhaltung von Regeln von objektiver Seite zur Verantwortung gezogen werden? Und wie viele Medien für wie viele Teilöffentlichkeiten braucht es, um den Überblick zu verlieren? Bedarf es also besser einer zentralen Instanz?

Dabei wollen wir doch nur dazulernen, einordnen können und uns wiederfinden in einer Meinung, die unsere vertritt. Ohne Abhängigkeit.

Über die Ermöglichung von Medialität

Überlegung von Leon Tsvasman

Es kann davon ausgegangen werden, dass KI die Sehnsucht der Menschen nach Gedankenübertragung sehr bald befriedigen kann, indem sie jeden darin unterstützen wird, kreative und spontane Einfälle perfekt auszuformulieren. Wenn ich dann davon ausgehen darf, dass systemische und menschliche Sinnproduktion in voneinander getrennten Regelkreisen und Wertschöpfungen erfolgt, habe ich keinen Grund paranoid zu sein, überhastig loszuschreiben oder kryptische Notizen zu formulieren, weil ich Bedenken habe, dass während der Formulierung von Unerwünschten mitgelesen wird. Denn Klarheit hat auch Tücken. Sobald ein Gedanke perfekt ausformuliert ist, gehört er nicht mehr dem Urheber. Auch ich muss so formulieren, damit niemand behaupten kann, er oder sie habe es gesagt. Denn wir leben nicht in einer sonderlich ethischen Gesellschaft. Organisationen und Lobbys spielen eine größere Rolle als jedwede Ethik, die von Organisationen beansprucht wird. Mit Gedankenübertragung konkurriere ich mit anderen Menschen nicht produkt- oder verwertungsorientiert. Ich brauche keine Angst zu haben, und auch keine Not, schnell publizieren zu müssen, nur um sicherzustellen, dass keiner meiner Gedanken zuvor von Gedanken-Kraken kauft und in ihr eigenes Werk integriert. Ich darf beruhigt sein: Die autonome menschliche Sinnproduktion ist dank ihrer kognitiven und heuristischen Natur subjektimmanent. Sie kann also nicht intersubjektiv vermittelt und daher auch nicht von KI automatisiert werden.

Sprechen wir von Medien, ziehen gleich mehrere Definitionen unsere Aufmerksamkeit auf sich. Im Zuge der folgenden, darauf aufbauenden Überlegungen sollten wir uns auf ein gemeinsames Verständnis einigen. Hier die Kandidaten: Verschiedene Autoren sehen Medien als „Vermittlungsträger von Informationen" (Horn/Kerner), oder „Informationsvermittler zwischen Quelle und Senke" (Fluckiger), andere meinen „Medien sind Mittler und bilden eine Sphäre der Vermittlung." (Winkler), und manche beschreiben sie als „komplexe, institutionalisierte Systeme um organisierte Kommunikationskanäle von spezifischem Leistungsvermögen" (Saxer), oder als „unsichtbare, nicht materialisierbare Informations- und Kommunikationssysteme" (Rückriem) bzw. als „Technik zum Speichern, Übertragen und Verarbeiten von Informationen" (Kittler). Der Duden meldet sich mit Medien als „vermittelndes Element" zu Wort. Die Definion von Niklas Luhmann bringt uns ein Stück weiter: „Ein Medium besteht in lose gekoppelten Elementen, eine Form fügt dieselben Elemente dagegen zu strikter Kopplung zusammen" (Luhmann, 1997, S. 198). Dementsprechend sind

Medien, „in soziologischer Hinsicht gesellschaftliche Einrichtungen und Technologien, die vor allem Raum, Zeit und wechselseitig persönliches Wissen transzendieren sowie gesellschaftliche Problemlagen kompensieren oder lösen" (Ziemann, 2006, S. 157).

An dieser Stelle neige ich dazu, mit Heinz von Foerster zu sagen: Die Suche nach einer Definition freut mich nicht besonders, da auf diese Weise stets eine konzeptionelle Grenze ins Leben gerufen wird. Was also tun? Luhmann fasst es präzise, aber wir wählen die allgemeinste Definition aus. Nein, nicht die von Duden, denn eine Fahrradkette etwa schließen unsere Überlegungen nicht ein. Die Definition von Saxer bezieht die systemische Dynamik ein und erscheint mir passend für unsere Zwecke.

Du erinnerst dich noch an die Aussage von Ludwig Wittgenstein: „Die Grenzen meiner Sprache bedeuten die Grenzen meiner Welt"?[6] Im Geiste dieser Haltung und des oben Gesagten neige ich dazu, Medien möglichst umfassend zu denken, sie als Regelwerke und Verfahren zu begreifen, um Erleben so zu kommunizieren, dass im gemeinsamen Handeln möglichst keine unüberwindbaren Missverständnisse entstehen. Ein Medium ist demnach eine Übersetzungs-Infrastruktur, über die das individuelle Erleben eines Subjekts in ein intersubjektiv sinnvolles, gemeinsames Handeln aufgeht. Die Medien sind somit die *agile* Seite des Logos, dessen Trägheit, zu der er neigt, unsere Welt gerne pauschalisiert. Im Idealfall steht jedem menschlichen Subjekt das perfekte Medium zur Verfügung, das sein Erleben, seine Gedanken und Intentionen so präzise und wertvoll wie möglich auf der Ebene des gemeinsamen Handelns wirklichkeitsfähig machen will. Das perfekte Medium übersetzt auf verschiedene Arten: Damit ein Subjekt keine Energie in ein Vorhaben investiert, das in der Welt der Wirkung keine Erfolgsaussichten hat, filtert das Medium die Relevanz. Gleichzeitig perfektioniert das Medium den Ausdruck – natürlich nicht pauschal, sondern jedem Adressaten individuell gerecht werdend. Und zu guter Letzt regt das Medium dazu an, das optimale Feedback zu erhalten.

Woran erinnert dich die Beschreibung dieses Mediums? Naja, ein Sprachassistent von heute wäre noch zu hoch gegriffen, aber tendenziell werden durch KI veredelte Medien in Zukunft dazu imstande sein. Doch meine ich etwas anderes: Die Beschreibung erinnert an ein ideelles Medium – die reine *Gedankenübertragung*. Eigentlich überwindet sie die Medialität sogar. Wer ist dazu in der Lage? – Nur eine KI-Infrastruktur, denn nur sie ermöglicht perfekte Medialität – in einer positivistischen Welt, die nicht wesentlich magisch zu sein scheint oder deren magische Potenzialität uns nicht zugänglich ist. Solange unsere Welt nicht die von „Harry Potter" &

6 Wittgenstein, Tractatus 5.6.

Co ist, erschließt sich uns kein anderer Weg als der, die Sehnsucht nach Gedankenübertragung mit KI zu realisieren. So haben wir vielleicht keinen fliegenden Teppich, doch vielleicht ein Flugzeug – das Fliegen an sich aber funktioniert! Und wir sind einer Sehnsucht ein Stück näher.

Im Grunde lässt sich Medialität dann beobachten, wenn eine „intentionale Handlung"[7] tatsächlich ihre intersubjektive Geltung als eine Entität der anthropogenen Wirklichkeit erlangt. Aus epistemologisch-systemtheoretischer Sicht besteht die Medialität der anthropogenen Wirklichkeit in ihrer Eigenschaft, als Medium der Intersubjektivität zu agieren. Analog lässt sich in anderen theoretischen Kontexten über Medialität der Arbeit oder der Sprache diskutieren. So betrachtet Habermas (1969) aus der handlungstheoretischen Perspektive die „kommunikative Einigung entgegengesetzter Subjekte" als Medium der Interaktion. Sprache und Arbeit bezeichnet er dagegen als „Medien des Geistes", wobei sich diese nach seinem Konzept nicht „auf die Erfahrung der Interaktion und der gegenseitigen Anerkennung" reduzieren lassen. Im Diskurs der philosophischen Bewusstseinsforschung im Verständnis von Alfred Schütz und in der Tradition von Edmund Husserls Phänomenologie hängt Medialität mit dem Konzept von Intentionalität insofern zusammen, als dass sich Phänomenologie auf das Bewussts*ein bezieht,* das immer das immer *Bewusstsein von etwas* ist.

Die circa dreißig Schneebegriffe bei Eskimos sind ein klassisches Beispiel aus der Psycholinguistik, das die nachhaltige Macht von Sprachen demonstriert. Ein anderes Beispiel ist das Wort „Geschlecht" in der deutschen Sprache. Der Hobby-Etymologe in mir könnte meinen, dass Sprachpräger – in einem juristischen Kontext würden sie wohl Gesetzgeber heißen – davon ausgegangen sind, dass Sexualität nichts Gutes in sich hat. Die offizielle Etymologie sagt, dass das Wort „Geschlecht" aus dem althochdeutschen *gislahti* stammt und dabei meint „sich in einer bestimmten Richtung entwickeln, nach jemandem geraten, jemandes Art haben, nacharten". Ebenso repräsentativ ist die Diskussion in der feministischen Sprachwissenschaft, die die von Männern bzw. die patriarchal dominierte Sprache beanstandet, z.B. „man" in „man sagt".

In asiatischen Kulturen gilt etwa Lotos als Symbol der Reinheit, weil die Beschichtung der Blüte jeden flüssigen Schmutz von sich abperlen lässt. Im Gegensatz zu Urin, der als schmutzig gilt. Der Nachname Lotos wird daher als erhaben empfunden, der Nachname Urin eher weniger. Dabei ist der Urin gesunder Menschen die antiseptische Flüssigkeit schlechthin. Ebenso kann auch die Lotusblüte schmutzig werden, wenn sie beschädigt wird.

7 vgl. Barad 1996 oder Meggle 1991.

Ein spannendes Beispiel ist das russische Wort „ум“ [um], das so oder ähnlich in fast allen slawischen und baltischen Sprachen vorkommt, und ein ganzes Mindset in sich vereint. Formal steht das gebräuchliche Substantiv für die Fähigkeit einer Person, denken zu können. Zu einer Hälfte, schrieb der älteste russische Etymologe Vladimir Dal in seinem Lexikon, meine der Begriff die Fähigkeit des Geistes, und zur anderen Hälfte meine er die Moral, Liebe, Leidenschaft, das Verlangen. Im engeren, alltäglich angewandten Sinn steht der Begriff für die kognitive Fähigkeit des Verstands, bedeutet aber auch abstrakte Vernunft (Intelectus). Die übrigen Konnotationen sind Klugheit, Intelligenz und Schlausein. Zwar gibt es Indizien eines Urbegriffs im Sanskrit, dennoch ist die historische Bedeutung des Wortes „ум“ schwer in eine andere europäische Sprache zu übersetzen. Und wenn ein slawischer Muttersprachler „ум“ denkt, so tendiert er mit Sicherheit dazu, anderen Anforderungen gerecht zu werden, als der der technischen Effizienz des rationalen Denkens der Vernunft. Vielleicht ließ sich Immanuel Kant in seiner Kritik der reinen Vernunft von seiner topografischen Nähe zum Osten Europas inspirieren.

Die Besonderheit und der eigentliche zivilisatorische Wert von Dichtkunst, ist die Fähigkeit der Poeten, singuläre Bedeutungen in einem Kontext zu schaffen; die besonders versierten Dichter können die kleinsten Regungen des subjektiven Erlebens sprachlich so kommunizieren, dass sie in Einklang stehen mit dem vergleichbaren Erleben des Lesers. Ein Kybernetiker würde dieses Phänomen mit „struktureller Kopplung" begründen. In Anlehnung an Literaturforscher Michail Bachtin nenne ich es die Fähigkeit der Poesie, in „vertikaler Zeit“ zu kommunizieren[8]. Während sich moderne Sprachen zunehmend gegenseitig anpassen, verlieren sie wertvolle Nuancen. Ihrer wird sich in Zukunft KI annehmen und sie auswerten, damit sich mindestens die Unterzeilen-Übersetzung, die aktuell z.B. in der Übersetzungsroutine von Google perfektioniert wird, von der hochwertigen sprachlichen Übertragung absetzen kann. Und wer weiß, ob dies nicht schon den Weg in Richtung Gedankenübertragung anbahnt?

Lobbys und Ideologien differenzieren nicht gerne, ohne mit einer Differenzierung einen strategischen Vorteil zu erlangen. Deswegen sind pauschale Mindsets nach wie vor politisch beliebt. Wenn Feministinnen etwa die männliche Intellektualität der klassischen deutschen Philosophie kritisieren, und dabei deren Sprachgebrauch beanstanden, dann drücken sie damit keineswegs aus, dass Frauen Intellektualität ablehnen. Sie stehen nur offensichtlich weniger auf die verklemmt-dogmatische Intellektualität des Mit-

8 Vgl. Michail Bachtin: *Die Ästhetik des Wortes.* Hrsg. von Rainer Grübel. Suhrkamp, Frankfurt am Main 1979.

telalters und bevorzugen die poetisch einfühlsame, befreiende Intellektualität. Vielleicht kommen wir mit Visionen wie Gedankenübertragung zu früh und lenken die fleißige, realistisch und pragmatisch geprägte Industrie und Politik von aktuellen Problemen ab. Erst einmal muss in kleineren Schritten vorangegangen werden, etwa in Hinblick auf die Gewährleistung der Finanzierbarkeit von großen KI-Visionen. Zumindest setzt dies jedoch ein Verständnis von Mindsets wie *AI-Thinking* und *Human Difference* voraus, das heutige Entwickler, Entscheider und Gestalter haben sollten.

Der Schutz der Echtheit

Überlegung von Florian Schild

Medien sind generell seit einigen Jahren besonders stark von neuen Technologien betroffen. Professioneller Journalismus hat große Aufmerksamkeits- und Meinungsmacht-Anteile an Blogs, Vlogs und Hobby-Journalismus verloren. Informationen sind überall und kostenfrei verfügbar. Wir haben die Wahl zwischen bezahltem Qualitätsjournalismus und klickoptimierten, werbeummantelten Artikeln. Musik- und Videofirmen und DVD-Verleih weichen den Streaming-Diensten. Die Rede ist heute von Content, anstatt von Informationen, Analyse oder Fachbeitrag. Nachrichten und Informationen werden heute über Cluster verteilt. So werden Cluster beispielsweise eingesetzt, um die verschiedenen Gruppierungen im Wahlkampf eindeutig zu selektieren. Dieses Vorgehen wurde bei dem Wahlkampf in den USA verfolgt: Den finanziell schwächeren Wahlberechtigten wurden solche Kampagnen gezeigt, die für mehr Arbeit und Wohlstand plädierten, wohingegen wohlhabenderen Schichten Steuerbefreiungs-Kampagnen angezeigt wurden. Alles optimiert auf Klicks, genau so, wie moderner Content sich gestaltet. Wertvolle Information verliert so die Seele. Viele Menschen störten sich daran, dass die Trump-Kampagnen maßgeschneidert auf die Zielgruppen worden seien. Mittlerweile macht das jede erfolgreiche Marketing-Abteilung und wirtschaftlich optimierte Nachrichtenagentur.

Die Berichterstattung deutscher Medien zum Thema KI ist im deutschen Raum tendenziell negativ behaftet. KI nehme Menschen die Arbeit weg, eine Superintelligenz lösche uns aus und im Ausland sei man weiter als in Deutschland. Besonders werden dabei die USA und China in den Vordergrund gestellt, die als Vorbild für die KI-Entwicklung angesehen werden. Zu beachten ist jedoch, dass die großen Unternehmen (GAFAM- und BATX-Unternehmen) eben auch dort ihren jeweiligen Sitz haben. Mit gezielten Kampagnen wie dem Go-Spiel oder Sprach-Robotern sorgen diese

Unternehmen für positive Schlagzeilen in der ihnen wohl auch zugetanen Berichterstattung. Dadurch entsteht der Eindruck, dass diese Länder fortschrittlicher seien und positivere Anwendungsfelder von KI erkunden, als es bei uns in Deutschland der Fall ist.

Im Journalismus werden KI-Systeme ganz pragmatisch eingesetzt. Werden beispielsweise Fußballberichte automatisch erstellt, so nennt man dies Roboterjournalismus. Die norwegische Nachrichtenagentur NTB setzt zum Beispiel einen Roboterjournalisten ein, um kurze Spielberichte zu kreieren. Dies ermöglicht der Redaktion, über kleinste Vereinsspiele Berichte ökonomisch vertretbar zu veröffentlichen. Bei anderen Nachrichtenagenturen, die nicht in solche Technik investiert haben, würde sich ein solcher Artikel nicht rechnen.[9]

Doch so richtig spannend wird KI für die Medien jedoch erst noch in der Zukunft. Denn dann wird es prinzipiell möglich sein, selbst Videomaterial im großen Stil zu produzieren, zu verwerten und zu manipulieren. Ist in einer Szene in einem Film beispielsweise Schnee zu sehen, kann diese Szene in ein sommerliches Setting transferiert werden. Und andersherum. Das erleichtert nicht nur Filmregisseuren die Arbeit, wenn sie weniger auf Wetterbedingungen achten müssen.[10]

Nicht nur für den Video-, sondern auch für den Audiobereich kann KI nützlich eingesetzt werden. Adobe erstellt aktuell mit dem Projekt VoCo ein „Photoshop für Sprache". Mit nur wenigen Minuten der Tonaufnahme eines Menschen kann die Stimme dieses Menschen synthetisch hergestellt werden. Dazu trainiert man die Software mit Beispielsätzen. Daraus wird im nächsten Schritt eine künstliche Kopie der eigenen Sprache erzeugt. Mithilfe eines Texteditors kann der Text dann in der Stimme ausgegeben werden, ohne dass jemals tatsächlich die Aussage getätigt wurde. Dazu reichen VoCo bereits einige wenige Sprachschnipsel jedes beliebigen Menschen. So könnten sich Leser beispielsweise dieses Buch mit ihrer eigenen Stimme vorlesen lassen. Sowas ließe sich auch am Telefon einsetzen.

Kombiniert man diese Technologie mit der oben genannten Videotechnologie, ist es uns möglich, uns unsere eigene Realität zu erschaffen. So positiv diese Entwicklung für Hollywood und Amateur-Produzenten sein mag, so gefährlich kann sie wirken, wenn sie zur Beeinflussung von Massen durch Fake-News eingesetzt wird. So fiel auch der ehemalige US-Präsident Barack Obama der KI-Software der Tüftler der Universität von Washington

9 https://www.journalism.co.uk/news/norwegian-news-agency-is-betting-on-automation-for-football-coverage/s2/a647189/.

10 https://motherboard.vice.com/en_us/article/xwvz9a/watch-an-algorithm-turn-winter-into-summer-in-any-video-image-to-image-translation.

zum Opfer. Sie nutzen zum Zwecke der Forschung die Videomanipulation plus eine Audiomanipulation, um den synthetisch erschaffenen Obama Aussagen tätigen zu lassen, die er selbst so nicht sagte. Beides zusammen kann verwendet werden, um beispielsweise die Aussagen von Präsidenten zu manipulieren.[11] Zu erwarten ist folglich, dass uns durch die Entwicklung von KI die Unterscheidung zwischen Fake- und Nicht-Fake-News in der Zukunft noch schwieriger fallen wird.

Deutlich wird also, dass KI die Arbeit von Berufsgruppen aus dem Medienbereich noch weiter beeinflussen wird. In Bereichen wie dem Roboterjournalismus beim Fußball ist sie sogar dabei, sie zu ersetzen. Ganz klar auf der Hand liegt aber auch, dass die Technik ebenfalls zum Negativen verwendet werden kann. Was lässt sich nun tun, damit positive Anwendungsmöglichkeiten der KI im Medienbereich gegenüber den möglichen Gefahren Überhand behalten?

Zum einen erscheint es sinnvoll, dass die genannten und betroffenen Berufsgruppen in der Medienbranche die Motivation einer neuen Aufgabe verspüren und sich jeweils in ihrem Bereich Unterstützung von KI einholen. Eine Möglichkeit wäre, dass sich diese Berufsgruppen in Verbänden, Gruppen oder Vereinen zusammenschließen und überlegen, wie sie KI so für sich nutzen können, um die Weitergabe qualitativ hochwertiger und ehrlicher Informationen an den Menschen in der Zukunft zu gewährleisten. Zum anderen ist die Kennzeichnung von Nachrichten und Informationen, die durch eine KI generiert wurden, notwendig. Dadurch wäre das Vorgehen nachvollziehbarer und transparenter für den Konsumenten. Auch wird bereits an Erkennungssoftware gearbeitet, die falsche Nachrichten, Videos, Bilder und Sprachspuren erkennt. Eine schnelle und einfache Möglichkeit der Validierung ist zum Beispiel eine KI, die verschiedene Quellen parallel auswertet, Geoinformationen analysiert, um dann eine Wahrscheinlichkeit darüber auszugeben, inwieweit den Nachrichtenquellen vertraut werden kann. Hierbei stellt sich die Frage, wer das Auffinden von Fake-News oder den Einsatz einer entsprechenden Erkennungssoftware finanzieren soll. Denn dem Wunsch vieler Menschen, echte Informationen zu erhalten und vor unechten geschützt oder über sie aufgeklärt zu werden, steht der Gewinn einiger weniger Menschen gegenüber, die Nutznießer von Manipulation durch Fake-News sind. Für die Nutznießer bedeutet die Manipulation von Massen eine nie dagewesene Form von Macht, die sich nicht einmal durch die Werkzeuge der klassischen, militärischen Operationen erreichen lässt. Allein die mächtige Möglichkeit der Medienmanipula-

[11] Fake Obama created using AI video tool – BBC News, zuletzt aufgerufen 28.12.2018: https://www.youtube.com/watch?v=AmUC4m6w1wo.

tion macht hoffentlich klar, dass es neben den Möglichkeiten der Manipulation weitere Tools zur Aufdeckung eben dieser Manipulationen und zum Schutz der Bürger geben muss. Hierbei ist unsere Regierung als zentrale Instanz gefragt.

Exkurs 4
KI und Gesellschaft

Was hält unsere Gesellschaft zusammen? Was ist, wenn ich mich mit dem Wandel der Gesellschaft nicht identifiziere und ich mir, statt innerhalb ihrer zu protestieren, eine neue Orientierung und Vertretung suchen möchte? Digitale Staatsbürgerschaften erlauben Freiheiten und Zuordnungen per Click. Ist die Frage nur: Wem fühlen wir uns zugehörig, wie lange, und was steckt hinter dieser Vereinbarung?

Ist die menschliche Ethik diejenige, die wir KI-Systemen implementieren möchten? Wenn ja, sollte dies auch voraussetzen, dass der Zustand unserer Gesellschaft stabil ist. Was eint uns abseits einer gemeinsamen Sprache und Erfahrung? Welche Werte teilen wir, zu welchen Überzeugungen stehen wir?

Sieht ein Unternehmen im Menschen im für ihn ökonomisch besten Fall eine Zielgruppe mit wiederholter Kaufabsicht, nimmt eine politische Institution den Menschen als Bürger und Wähler wahr. Werden über Micro Targeting eben nicht mehr nur Kauf-, sondern auch Meinungsentscheidungen beeinflusst, können die Auswirkungen auf politischem Parkett viel weitreichender sein als die an der Supermarktkasse. Unterstützt KI die Fragmentisierung der Gesellschaft? In ihrer Fähigkeit, uns derart individuell ‚betreuen' zu können, keimt die nächste Überlegung: Ist es uns denn noch immer ein Bedürfnis, dass wir uns einer größeren Gemeinschaft zugehörig fühlen wollen? Wie kann KI so wirken, dass sie uns Menschen verbindet? Werden sich Menschen zusammentun, die sich auf eine gemeinsame Vorstellung der Post-KI-Ära einigen können und sich durch Gründung einer eigenen Gesellschaft eine Identität aufbauen? Oder entfremdet uns KI gar, solange sie kein Gesicht hat? Wie viel Transparenz braucht, behindert, entblößt eine Gesellschaft?

Wie uns das Spezialistentum die Sicht versperrt

Überlegung von Leon Tsvasman

Betrachten wir es evolutions- oder biokybernetisch, lebt, agiert und schöpft der Mensch von Natur aus in Gesellschaft. Alle modernen Menschen eint die gleiche Evolution und Körperlichkeit mit von Natur aus ähnlich „konzipierten" Gehirnen. Nur so ist es uns erlaubt, pauschale Sammelbegriffe wie „der Mensch" und „die Gesellschaft" überhaupt zu denken. Ebenso sind wir informationell geschlossene Subjekte: Unser Erleben ist zu jedem Zeitpunkt einmalig und nicht übertragbar. Zwar können menschliche Subjekte sich „subjektiv“ und mit unterschiedlichem Erfolg in andere Subjekte einfühlen, aber Empathie ist nicht mit Datenübertragung zu vergleichen – genau so wenig ist es menschliche Kommunikation. Psychologische und soziologische Perspektiven auf menschliches Erleben, Verhalten und die Gesellschaft sind oft unscharf. Eindeutig dagegen ist: Die moderne menschliche Wirklichkeit ist nur mit unterschiedlichen Kulturen, der Kommunikation mit ihren Sprachen, den entsprechenden Medien und mittlerweile auch nur mit allumfassender Technik zu denken. Zuerst gilt es sie zu begreifen, bevor wir KI verstehen.

Technik ist Know-*how* in Situationen, wenn Know-*why* fehlt. Seit jeher nutzen wir Werkzeuge – von einer Gehkrücke bis hin zu einem Synchrophasotron, um überwiegend kurzfristige Hindernisse zu überwinden und Diskontinuitäten in den Griff zu bekommen. Die Technik ersetzt, kompensiert und ermöglicht. Laut aktuellem Status Quo der Technikphilosophie ist sie weder gut noch schlecht. Vielmehr verkörpert ein technisches Mittel den Ablauf von Handlungen und Absprachen, also Regeln, die wir uns zuvor zur Ordnung des gemeinsamen Handelns ausgearbeitet haben. Somit ist Technik fast immer eine menschliche Dienstleistung, die in einem Gegenstand verdichtet und mithilfe von Übung, Erfahrung und Ingenieurskunst verwirklicht wird:

Half erst noch ein Mensch einem älteren Familienangehörigen beim Gehen, geht die ältere Person Jahrtausende später unter Zuhilfenahme des Werkzeugs der Krücke. Die Dienstleistung der Wäscherinnen, Kleidung zu waschen, verdichtete sich Jahrhunderte später im technischen Werkzeug der Waschmaschine. Die Regeln, die Arithmetiker aufgestellt und die sich im Wirtschaftsalltag der Antike etabliert hatten, ermöglichten uns das Rechnen. Was erst noch im Kopf passierte, verdichtete sich im Laufe der Zeit im Werkzeug des Taschenrechners und nun im Werkzeug der KI – evolutionstechnisch fortgeschrittener, weil sie sich der Komplexität des Problemlösens „bewusst“ ist.

„Berühre das System nicht, solange es funktioniert.“ Beliebt bei Programmierern, basiert das technische Denken auf genau eben dieser Faustregel. Ob in Wirtschaft, Medizin oder Ernährungswissenschaften: Wir hantieren mit unseren Werkzeugen solange sie unsere Selbstregulation unterstützen. Schauen wir uns das Beispiel der medizinischen Chirurgie an: Eine Operation am Körper ist nur solange sinnvoll, wie der Patient lebt. Ohne die Selbstregulation macht Chirurgie keinen Sinn – wie auch Technik keinen Sinn macht ohne eine funktionierende Gesellschaft, und diese wiederum ist sinnlos ohne lebendige Menschen und funktionierende Umwelt.

Übertragen wir die systemische Sichtweise nun auf die Schulmedizin generell. Die Schulmedizin oder Allopathie, wie sie von Apologeten der Naturmedizin – Homöopathie, Ayurveda oder TCM – bezeichnet wird, ist eine überwiegend technische Errungenschaft. Der Mensch bedient sich ihrer rein reaktiv. Wir greifen nur dann in das sich selbst regulierende System ein, wenn es aus den Fugen gerät. Diesen Zustand der Instabilität nennen wir „Krankheit". Die mittlerweile sprachenübergreifende dialektische Konstruktion des Logos „Gesundheit-Krankheit" ist allerdings nicht selbstverständlich. Sie ist ein Resultat dessen, dass uns bis jetzt nicht genügend Know-why vorliegt. Erst heute glauben wir zu ahnen, wie wir leben sollten, um erst gar nicht zu erkranken. Dieses Wissen ist noch sehr mythisch in seinen Grundannahmen. Eher weniger präventiv und überwiegend operativ ist dagegen unsere technisch betonte Medizin: Sie übt eine zeitlich enge, intensive Wirkung auf das instabil gewordene System aus, mit dem Ziel, den stabilen Zustand wiederherzustellen, und in der Hoffnung, dass die natürliche Selbstregulation wieder anspringt. Welche Leistung erbringt der Mensch in dieser aktuell technischen Dominanz? Der Mensch entwirft die Orientierung eines nicht-analytischen und tendenziell nicht dualisierenden Überblicks. Die kognitive und heuristische Natur dieser Leistung ist uns immanent, weshalb sie nicht intersubjektiv vermittelt werden und dadurch auch nicht von KI automatisiert werden kann.

Ganz im Gegensatz zur arbeitsteiligen Forschung der analytischen Wissenschaft, die zwar noch immer in menschlicher Hand, aber schon heute so weit standardisiert ist, dass sie buchstäblich bereits morgen problemlos der global vernetzten KI als dem technischen Gehirn der Welt übergeben werden darf und wahrscheinlich auch muss. Diese Entwicklung wird sämtliche arbeitsteilig geprägten Berufe erfassen: Ich schätze, dass sie sich in maximal 20 Jahren erübrigt haben werden. Um Arbeitsplätze zu sichern, werden politische Akteure eingreifen und sie subventionieren. In 80 bis 100 Jahren wird die künstliche Aufrechterhaltung mit der neuen, befreiten Generation jedoch ihr jähes Ende finden. Sollten sich viable Modelle des Grundeinkommens weltweit durchsetzen, geht es sicher schneller, aber die von Analyse verseuchte Kultur der Faktenproduktion braucht eben Zeit, um sich zu emanzipieren.

Noch lange wird das Know-why des nicht-analytischen, „synthetischen" Denkens des 21.Jahrhunderts, das angetrieben ist von Erkenntnis und Orientierungsgewissheit, defizitär bleiben. Denn es stellen sich ihm zwei zeitlich aufeinander folgende Hürden in den Weg: Zuerst wird sein Wert aus politischen Gründen nicht angenommen werden. Denn die Mehrheit, die die politische Meinung trägt, setzt sich nicht nur aus polymathisch fundierten Expertenmeinungen zusammen. Ist die Erkenntnis dann endlich da, folgt der Hunger nach Orientierung. Doch wo sie finden, wenn Vorbilder fehlen?

Eine weitere Hürde stellt das Wertesystem dar, das vom analytischen Spezialistentum getragen, und durch die Gesetzeslage gesichert wird. Im Stillen, unerkannt, bringen die Keime schon heute seltsame Früchte hervor, wie die Problematik von *fake news* und die politische Tendenz zum Populismus verdeutlicht. Man mag den Spezialisten zu Gute halten, dass sie diese Werte überwiegend unwissentlich tragen. Warum unwissentlich? – Weil Söldner selten wissen, warum der König Kriege führt. Was die genannten Früchte mit der Krise der faktengeprägten Wissenskultur zu tun haben, wird der aufmerksame Leser sicher zu Ende denken können.

Am Beispiel der oft folgenreichen Pauschalregeln aus der Feder von Expertenträger-Gremien zeigt sich, wie die Regelwerke – geschaffen und bewahrt durch analytische Spezialisten –, schon mal das Gegenteil dessen bewirken, was die Mehrheit intendiert. Spezialisten sehen den Teilaspekt einer Wirkung im Ganzen. Was geschützt wird, ist im Endeffekt arbeitsteilig hergestelltes Teil-Wissen.

Geniale Einfälle aus dem subjektiven Orientierungswissen heraus, gibt es im freien Netz wie Sand am Meer. Mit viel Herzblut erarbeiten die Subjekte Wissen. Immer die Problemlösung im Blick habend, sind sie diejenigen, die Innovationen vorantreiben. Ihre erkenntnisgetriebene Lebensleistung wird von organisierten Wissensproduktionssystemen ohne Wertschätzung der Spender und vom Fleiß getrieben angezapft. Denn die überwiegend spezialisierten Fachkräfte können nicht immer wissen, was ihr systematisches Handeln alles bewirken kann.

Was an Verzerrung notwendig war, um die Post-KI-Erkenntnis-Ära zu ermöglichen, muss nun beendet werden. KI wird uns dabei helfen, diesen Erkenntnisprozess zu beschleunigen.

Ich habe nichts gegen Fakten. Nur muss ein Instrument der Aufgabe gerecht werden: Ein Hammer ist gut für die Nägel, ein Synchrophasotron etwa für die Grundlagenforschung. Einfach und in direktem Zusammenhang stehend. Für unsere Betrachtung eben nur nicht ausreichend: Wir möchten unsere relativ stabile, kumulative Lebenswelt der menschlichen Zivilisation unter Berücksichtigung der Kosten – in Form von enormen Verlusten, z.B. durch Kriege, von diversen Deformationen und in Form von tendenziell irreparablen Eigennatur- und Umweltschädigungen – auf Dauer aufrecht erhalten. Dafür braucht es mehr als eine Technologie auf Grundlage analytischer Wissenschaft. Um eine Lebenswelt in Einklang mit der Umwelt zu bringen, brauchen wir stets eine erkenntnisgetriebene Orientierungsgewissheit. Wir machen uns dabei die kommunikative Natur zunutze, die den meisten heutigen Fakten zu eigen ist. Wir Menschen schufen sie, als wir Absprachen über Regeln gemeinsamen Handelns trafen. Indem wir Informations- und Kommunikationstechnologien entwickeln, automatisieren wir die Aufrechterhaltungsroutine der technischen Zivilisation. KI ist die immanente Emergenz davon. In ihr geht unsere Interaktionsfähigkeit erst auf.

Wie Elektrizität ermöglicht bzw. emanzipiert KI ein Stück mehr, die latente Sehnsucht nach der absoluten Entfaltung des menschlichen Subjekts – fundiert im Sinn des kybernetisch-konstruktivistischen Konzepts von „struktureller Kopplung", aber auch in Anlehnung an die vedisch-hinduistische Vorstellung von Satya Juga in Yoga-Esoterik nach Sri Aurobindo, sowie in Anlehnung an die Sehnsucht nach menschlicher Potenzialität etwa bei Nietzsche.

Im Werdegang der Natur vermuten wir Evolution, im Werdegang der Gesellschaft Geschichte. In der Geschichte stellt sich nicht die Frage „Was wäre, wenn?", sagen die Geschichtsprofis. Vergangenheit lässt sich schließlich weder manipulieren noch in Frage stellen. Drum kann ein Gedankenexperiment in Hinblick auf die Zukunft reizvoll sein, zumal ein Generalist es durchführt. Was wäre also, wenn wir nach dem europäischen Mittelalter den Weg des Logos, der Technik, der Effizienz, der Industrialisierung mit dem Ergebnis der kumulierten KI in den Köpfen der Menschen nicht so konsequent oder ohne die kriegerische Intention und die daraus resultierende Kriegsindustrie umgesetzt hätten? – Wir hätten wohl weder Brillen noch Autos, keine Hochhäuser oder Atomwaffen. Was hätten wir stattdessen? Womöglich gesündere Augen, beweglichere Menschen, natürliche Wohn- und Lebensmodelle oder ganzheitliche Kampfkünste?! Wir hätten kein Facebook als Ersatz für ein perfektes Dorf[12], doch vielleicht einige dieser perfekten Dörfer, wie sie in esoterischen Bewegungen in Osteuropa sogar ernsthaft aufgebaut werden. Was bringt die Bewohner der Dörfer dazu, sich abzuspalten? Der Eskapismus sowie das spirituell begründete Aussteigertum scheinen ein Ergebnis der Informationsüberflutung auf der Seite des aktuellen Mainstreams, und der Sehnsucht nach einem überschaubaren Sinnzusammenhang auf der Seite des menschlichen Subjekts zu sein. Die Letztere korreliert mit der Orientierung, außerdem vermengt sie sich mit dem Verlangen der biologischen Körper nach Entschleunigung, nach der episch-vertikalen Zeit der Poesie.

Wonach beurteilen wir heute? Kannst du von dir behaupten, Menschen nach ihrem Erscheinen und Verhalten unterscheiden zu können?

---

12 Eine schlichte Überlegung kann den ursprünglichen Erfolg von Facebook begründen: Ein Mensch lebt in einem Dorf mit einer übersichtlichen Anzahl von Personen, die er kennt und mag oder braucht, glücklicher, als in einer anonymen Großstadt.

Musiker, Gurus, Intellektuelle, Lebenskünstler wirken dank ihrer subjektiven Orientierungsgewissheit stark und authentisch. Erkennen wir starke Personen, die sich nicht unterkriegen lassen, und fällt es uns leicht, sie von destruktiven Außenseitern wie Junkies oder Kriminellen abzugrenzen? Oder kannst du Funktionäre, Führungskräfte, Professoren oder Beamte ihrem Erscheinen nach einordnen, da sie auf dich dank ihrer systemischen Rolle stark und selbstbewusst wirken? Erkennst du erfolgreiche Menschen und kannst du sie mit Gewissheit von glücklichen Menschen unterscheiden? Möglicherweise kannst du das, aber du wirst dich nie sicher sein, ob du dich nicht doch irrst.

Die Erscheinung und das Verhalten eines Subjekts sind uns heute wichtiger als das Erleben und das Fühlen. KI ermöglicht uns auch hier, eine Wende zu vollziehen: die Schaffung einer gerechten Gesellschaft, des glücklichen Seins und Erlebens – weit abseits von erfolgreichem Haben und erzwungenem Verhalten.

Man stelle sich ein Schiff vor – von mir aus gerne ein Raumschiff, das in einer wenig bekannten kosmischen Umwelt unterwegs ist und von der operativen Intelligenz seiner zahlreichen Passagiere mit Impulsen gesteuert wird. Die überwiegend souveränen Passagiere sind gerne achtsam, bemerken jedes Hindernis, jede relevante Änderung und tauschen sich gerne aus. Die exekutive Intelligenz des Raumschiffs gewichtet diese Impulse und aktiviert ihre hochkomplexe und agile Sensorik-Infrastruktur, welche die Sinnesgrenzen der Passagiere erweitert, die laufend angepasste Wirklichkeit interpretiert und den Kurs anpasst. Die Kybernetik – als Kunst des Steuerns – reguliert den Kurs, indem sie die viable, d.h. die für die Steuerung geeignete Interpretation der, strukturell bedingt, gemeinsamen Erlebenswelt der Passagiere liefert. Der Bedarf an Erwirtschaftung und Unterhaltung erübrigt sich allmählich, wenn Passagiere mithilfe ihrer geballten Intelligenz und entzerrter Medialität begreifen, dass ihre nicht wirklich knappen Ressourcen optimal verwertet werden können, und dass Sinnsuche die beste Unterhaltung ist.

In einer konsequent digitalisierten Gesellschaft der nahen Zukunft wäre kein Grund für Knappheit im herkömmlichen Sinn klassischer Wirtschaftsgüter oder der Aufmerksamkeit als Ressource der gegenwärtigen Informationsgesellschaft gegeben. Zukünftig könnte die Knappheit lediglich aufgrund einer Verzerrung durch die post-faktisch tradierten Machtverhältnisse konstruiert werden. Damit wäre sie allein der menschlichen Unfähigkeit oder fehlender Eignung geschuldet, komplexe Äquilibrien effizient zu steuern.

Das mag einer der Gründe sein, warum in einigen bürokratisch geprägten Gesellschaften die fortschreitende Digitalisierung problematisiert wird.

Solche Gesellschaften verharren auf Knappheit, weil diese ihre Integrität sichert.

Die Herausforderung, vor der wir stehen, ist nicht die Technologie, denn sie ist emergent. Vielmehr wären die aufgrund der falsch oder verspätet justierten Machtverhältnisse tradierten Standards der Praxis und die Art und Weise des Wirtschaftens anzupassen. Dabei kommt es wesentlich auf die Kultur an, die zu einer Kultur der Ermöglichung werden muss. Diese Ermöglichungskultur betrifft nicht nur die Wertschätzung der sinnorientierten Erkenntnis etwa in der Kunst und Bildung oder in der Führungskultur, sondern auch in der Regierungs- und Verwaltungskultur, solange diese Gesellschaftsbereiche noch so beeinflusst werden können, dass die Wertschätzung der menschlichen Potenzialität in einer selbstreferenziellen und emergenten Systemdynamik der KI-Ära tatsächlich aufgeht.

Es ist aus kybernetischer Sicht sinnvoll, der Selbstregulation Vorrang zu gewähren und situationsbedingt gegebenenfalls mit Impulsen zu steuern. Betrachten wir ein Beispiel aus dem Straßenverkehr: Die Führung mittels Kreisel erweist sich in einem vergleichsweise höheren Maß als selbstregulativ, kommunikativ und agil, und damit sinnvoller als die Ampellösung. Denn bei letzterem entscheidet das System aufgrund der vorgegebenen Logik. Greift die Selbstregulation nicht, wird sie durch ressourcen-, verwaltungs- und pflegeintensive Systemlösungen ersetzt, überwiegend auf Kosten der Beteiligten. Vielleicht blühen deshalb gerade dort, wo die Orientierungsgewissheit der natürlichen Intelligenz versagt, Bürokratien auf?

Auch könnte man behaupten: Je reduzierter Menschen in ihrer natürlichen Intelligenz sind, desto prächtiger blüht die systemische Intelligenz eines Verwaltungsapparats auf. Schließlich neigt die Behörde aus ihrer Dynamik heraus zu mehr Effizienz. Vor kurzem in der Bahn habe ich folgenden Monolog mitbekommen – hier sinngemäß und ohne Schimpfwörter bzw. politisch korrekt wiedergegeben: „Noch Anfang der 90er traf ich in den Ämtern souveräne MitarbeiterInnen mit Format, die gerne mal eine menschliche Entscheidung trafen und bereit waren, diese zu verantworten. Heute sind in der Regel mindergebildete und herrische MitarbeiterInnen an den Schaltern des Systems. Sie übernehmen Funktionen eines elektronischen Schalthebels, indem sie ohne jede Empathie und Differenzierung den Regeln folgen." Solch eine persönliche Beobachtung muss keine Regel bedeuten, aber sie mag durchaus symptomatisch sein. Dieser hier beschriebene Mitarbeiter eines vermeintlich „neuen" Formats eignet sich als Paradebeispiel von KI-im-Menschen. Die Vorteile ausgelagerter KI greifen hier nicht. Ausreichende Reife einer starken KI und gebürende Datenmenge vorausgesetzt, wäre sie in der Lage, wirklich individuelle Entscheidungen im Sinne aller Beteiligten zu treffen. Auch hätte sie keinen Grund, es passiv oder aktiv zu verweigern, wohingegen Menschen im aktuellen gesellschaftlichen Kontext genügend destruktive oder defizitäre Gründe hätten: niedrige intellektuelle, emotionale oder interkulturelle Bildung, minimale Lebens- und Menschenerfahrung, zu stark spezialisierte Ausbildung, persönliche Frustration, Minderwertigkeitsgefühle, unreflektierte Abneigung gegen andere (kulturell anders geprägte, besser gebildete etc.) Menschen, Trägheit, fehlende Empathie usw.

In einer Gesellschaft, die von KI-im-Menschen nach Regeln verwaltet wird, die per se wenig differenzieren, überwiegend statisch, mehr oder minder standardisiert oder einfach nur starr sind, und die zudem selektiv statistisch belegt und damit nicht ausreichend fundiert sind, müsste ihr Bürger dazu neigen, beinahe paranoid auf jegliche Transparenz zu reagieren. Der Bürger müsse ja befürchten, dass politisch lobbierte Pauschalregeln im Sinne einer wie auch immer bevorzugt zu behandelnden Gruppe undifferenziert umgesetzt werden. Jede persönliche Information kann von gut bezahlten Interessensvertretern zum Nachteil von fast jeder konkreten Person genutzt werden. Die tagtäglich gelebte Absurdität von den kaum gewaltfrei umgesetzten Pauschalregeln begründet sich darin, dass keine konkrete Person einer „Personengruppe" identisch ist. Es gibt eben keine Männer oder Frauen, Alleinerziehende oder Besserverdienende. Stattdessen ist jede konkrete Situation ein Einzelfall, jedes Schicksal, jede Besonderheit, Rahmenbedingung, Priorität oder jedes Motiv. Es gibt in der realen, nicht komplexitätsreduzierten Welt keine gleichen Entitäten und deshalb auch kein 1 + 1. Sei es mathematisch, statistisch oder technisch begründet: Zweifellos ist die Komplexitätsreduktion als eine Verständniskrücke oder Medium des gemeinsamen Handelns unabdingbar, aber sie kann nicht als legitime Grundlage für die Gewaltanwendung dienen, die jedem „Verwalten" innewohnt. Präziser formuliert, ist die Legitimation solange gegeben, bis es anders – noch präziser, realer, menschlicher – geht. Ist den vielen Zeitgenossen der Datenschutz deshalb so wichtig?

Was wir der Gleichgültigkeit der Glücklichen entgegnen

Überlegung von Florian Schild

Es gab eine Zeit, in der lebte der Mensch in selbst organisierten Stämmen zusammen. Innerhalb eines Stammes teilten sich seine Mitglieder gegenwärtige Ressourcen, Land und Aufgaben und verteidigten sich gemeinsam gegenüber Gefahren von außen, wie z.B. Raubtieren oder anderen Stämmen. Ein sich selbst organisierter Stamm hat jedoch eine Obergrenze der

Populationsgröße, die spieltheoretisch gezeigt werden kann. Eine typische Grenze eines solchen Reputationssystems liegt zwischen 160 bis 200 Individuen. Geht die Größe des Stamms über diese Grenze hinaus, bricht das System in sich zusammen. Gründe dafür sind zum Beispiel, dass der Überblick über alle Mitglieder verloren geht und damit das Vertrauen untereinander schwindet. Es ist nicht mehr klar, mit wem die Lebensmittel geteilt werden oder wer welchen Beitrag zum Stammeswohl beigetragen hat. Der selbst organisierte Stamm ist folglich in seiner effektiven Größe begrenzt.

Es gelang uns Menschen dennoch, dass wir heute in Dörfern und Städten weit über die Grenzen hinaus in einer Gesellschaft mit weit über 200 Individuen zusammenleben. Nach Auffassung des deutschen Reformpädagogen Peter Petersen spielt die Religion eine wichtige Rolle. Der Mensch besitzt die Fähigkeit im Gleichschritt mit anderen Menschen in eine Richtung zu laufen, was sich die Religion zu Nutze macht. Es ist ein System, in dem Menschen aufgrund von Normen, die zum Teil ohne logische Schlüsse, auf Werten basierend festgelegt wurden, ein gleiches Verhalten anstreben. Auch diese Systeme haben eine Schutzfunktion gegenüber Gefahren von außen. Durch Missionarisierung wuchsen die religiösen Gruppierungen mit der Zeit an. Es entstanden Ausrottungs- bzw. Trainingsinstrumente für Ungläubige. Zu Zeiten des Alten Testaments wurde jeder, der die Religion nicht anerkannte, getötet. Die betroffene Person, ihre Familie und häufig sogar Kinder wurden getötet. Bis heute entsteht jede Zivilisation dadurch, dass eine hohe Instanz installiert wird, die *Barbaren* unterdrückt. In Deutschland bildet die hohe Instanz unser Rechtsstaatssystem mit Militär, Polizei und Gericht ab. Wenn ein Einzelner für die gesamte Gesellschaft zur Gefahr wird, ist es somit legitim, dieses Individuum aus der Gesellschaft auszuschließen – zum Wohle der gesamten Gesellschaft.

Im christlich geprägten Deutschland ist das Christentum fester Bestandteil des Gesetzes. Der Gedanke „Du sollst nicht töten" – eines der christlichen Gebote – wurde mit Artikel 1 – das unantastbare Menschenrecht – direkt ins Grundgesetz übersetzt. Andere Religionen haben ähnliche Gebote, die sich in anderen Normen und Werten verankern, auch wenn sie kein deutsches Grundgesetz haben. Durch Flucht und Auswanderung lösen sich geografisch gefestigte Gesellschaften mehr auf. Besonders in großen Städten leben heute Menschen mit verschiedenen, geografisch geprägten Werteverständnissen. Solange ein Wert klar ist, gibt es keine Probleme. Probleme treten dann auf, wenn der eine einen tiefen Blick in die Augen seines Gegenübers als respektvoll erachtet und der andere den gleichen Blick als Angriff und damit als respektlos ansieht.

Neben der Geschwindigkeit neuer Entwicklungen fordert die Vereinzelung der Menschen die Demokratie heraus. Städte unterscheiden sich von früheren Lebensweisen. Damals war der Nachbar ein Verbündeter, man kannte man sich beim Namen, grüßte sich, wenn man sich sah und half sich mit Lebensmitteln aus. In Städten bauen immer weniger Menschen Beziehungen zu ihren Nachbarn auf. Die Menschen leben zum Teil nur sehr kurz an ein- und demselben Ort. Diese Fragmentierung von Gemeinschaft wird bestärkt durch den Wohlstand jedes Einzelnen, der sich alles mit Geld beschaffen kann. Mein Paket bekomme ich mit einem Klick am selben Tag geliefert – warum nicht künftig mit einem Swipe auch meinen Sexpartner? Während die alte Generation sich noch Gedanken gemacht hat, was der Nachbar über sie denkt, fokussiert sich die junge Generation auf Selbstverwirklichung. Individualismus und Konsum werden zum Ersatz von Religion. Ich muss dem Nächsten nicht mehr gefallen – geschweige denn lieben. Jeder liebt sich selbst. Hierdurch leidet das traditionelle soziale Gemeinschaftsleben. Die Gesellschaft, wie wir sie seit mehreren Tausenden von Jahren kennen, verschwindet. Das bedeutet nicht, dass die junge Generation sich nicht in Gesellschaft befindet, sie ist jedoch ortsunabhängig.

Hinzu kommt, dass das Verständnis von Glauben und Gott interpretierbar wird. Gott ließe sich heute in zwei Formen auffassen:

Die erste Form ist der Führergott. Er steuert das Volk, kümmert sich um Organisation und Belohnungssysteme, nach deren Regeln wir Punkte bekommen. Hatte damals jemand unverheiratet Sex, kam er in die Hölle. Wurde gesündigt, konnte man gegen Gold und lebenslange Arbeit von der Hölle verschont bleiben. Eine moderne Interpretation findet sich ab 2020 mit dem Sozialkredit-System in China. Jeder Bürger Chinas startet mit 1000 Punkten. Treibt ein Chinese 2020 Morgensport, gibt es einen Punkt aufs Konto. Geht ein chinesischer Bürger bei Rot über die Ampel, wird ein Punkt abgezogen. Zahlt er seine Rechnung an den Vermieter nicht rechtzeitig, gibt es einen Punkt Abzug. Spricht jemand schlecht gegen die Regierung, werden ihm weitere Punkte von seinem Sozialkonto abgezogen. Ist der Punktestand zu niedrig, bekommt der Bürger kein Bahnticket oder keine Wohnungen in guter Lage mehr. Im Westen neigen wir dazu, über solch ein System den Kopf zu schütteln, doch zeichnet sich im Westen eine ähnliche Art ab, die nur anders eingeführt wird – sie lässt sich mit der nächsten Form von Gott erklären.

Die zweite Form ist der Schöpfergott. Er ist zwar intransparenter, aber dennoch allgegenwärtig und hat ebenso eine große Macht über sein Volk, wenn nicht sogar eine noch größere. Der biblische Schöpfergott schuf das Leben und die Welt in sechs Tagen. Wir Menschen können das Entstehen von biologischem Leben in einer Flasche in Form eines Biotops nachempfinden. Wir können heute aber auch neues, künstliches Leben mit einer KI nachbauen. In Form von Robotern können wir dieses künstliche Leben in die Ferne des Universums senden, um für uns Orte zu erkunden, auf denen wir nicht überlebensfähig sind. Wir werden nun selbst zu Schöpfergöttern von neuem Leben, das über diese Erde hinausgeht. Hierdurch können neue Macht- und Religionssysteme entstehen, die in den Fernen des Universums wirken – so wie wir die KI-Systeme erbaut haben. Bleiben wir jedoch auf dem Boden und nehmen als ein greifbareres Beispiel der heutigen Zeit einen Influencer, wie sie durch Soziale Netzwerke populär geworden sind. Das sind Personen, die eine große Masse an Menschen erreichen und potenziell beeinflussen. Bei einer großen Anzahl von Followern genießt diese Person viel Ansehen und damit Macht. Die Person ist bestrebt, die Zahl an Followern zu halten oder zu mehren. Ein Influencer wird vieles dafür tun, um nach den Regeln der Darbietungsplattform hochzuranken. Damit hat der Influencer auch Erfolg, doch dann merkt die Person, dass das Geld durch Werbeeinnahmen geringer wird oder sich die Plattformen entscheiden, ein Algorithmus-Update durchzuführen, wodurch die Person nicht mehr so sichtbar für andere Nutzer ist. Der Influencer, auch mit vielen Massen hinter sich, wird nicht zum neuen Gott – auch nicht die Agentur, die eine Vielzahl an Influencern im Portfolio hat. Diese Macht ist von Influencern und ihren Managern so unvorhersehbar wie damals der Wetterumschwung bei den Bauern. Die Menschen können ihren Glauben verlieren und ein Gefühl von Machtlosigkeit stellt sich ein. Überspitzt gesagt ist der Influncer ein bereits von KI gelenktes System. Sie können so verloren gehen wie eine verloren gegangene Marssonde im Universum. Die Macht der Schöpfergötter steckt hinter Plattformen wie Instagram, Google Search, Facebook Newsfeed, Uber oder Amazon-Verkäufer, die heute alle massiv in künstliche Intelligenz investieren und als einige der wenigen an genereller KI arbeiten.

Wir müssen Politik auf den heutigen Stand des Fortschritts heben. In asiatischen und afrikanischen Gesellschaften wachsen heute einige Städte um rund 100.000 Menschen an, pro Tag und Stadt. Im Jahr 2050 werden weltweit fast so viele Menschen in Städten leben wie heute auf der ganzen Erde. Sie alle brauchen intelligent gesteuerte Verkehrs- und Energiesysteme, Gebäudetechnik und Licht, personalisierte Gesundheitssysteme, moderne Bildungseinrichtungen, Lebensmittel und Möglichkeiten der politischen Mitsprache – auch dies will organisiert sein. Ohne eine entsprechende Computer- und Kommunikationstechnik wird das nicht gehen. Daneben stehen traditionelle Regierungen; ihnen gehören die neuen Technologien wie KI nicht. In Deutschland geben sogar einige Abgeordnete offenkundig zu, dass sie keine Ahnung von neuer Technologie haben. Wenn einer Regierung nicht alles gehört, geschweige denn, dass sie irgendeinen Zugang zum Gebrauch von Technologie weiß, hat sie immer eine Schwachstelle. Die Instanz, die uns in Deutschland in den letzten Jahren geleitet hat, hängt schätzungsweise 10 Jahre hinterher. Die Politik hat keine Steuerfunktion mehr – sie reagiert; sie arbeitet nicht mehr strategisch, sondern taktisch. Wie am Anfang eingeleitet, bedarf es jedoch eines Nordsterns, damit die Menschen die Orientierung nicht verlieren. Wenn man sich heute zwischen verschiedenen Milieus hin und her bewegt, merkt man schnell, dass die Menschen bereits heute sehr verschiedene Werte und Vorstellungen haben. Die meisten Menschen wissen, welche Werte sie in welchem Kontext vertreten müssen, damit sie nicht angeprangert werden. Das, was wir in den Medien hören, ist Reden im Chor. Der gemeinsame Nenner verschwimmt.

Die Orientierungen geben Tech-Konzerne, wenn der Staat nicht handelt. Wo Regierungen Lücken hinterlassen, kommen Tech-Konzerne und füllen diese auf. Andrew Ng, der international bekannte Unternehmer, Professor zum Thema KI und Lehrer des weltweiten Online-Massenkurses Machine-Learning der Stanford Universität, an dem bereits über 100.000 Studenten teilnahmen, sagte bereits offenkundig, dass der Mensch sich langsam an die Regeln von „KI-Machern" und „KI-Gesetzen" gewöhnen müsse. Andrew Ng gibt zum Beispiel klare Empfehlungen, wie das Auto der Zukunft aussehen sollte, damit der Mensch sich an die Technik gewöhnen kann[13]. Das werden sich die Regierungen jedoch nicht gefallen lassen.

Bereits die Kirche ist eine Institution, die immer wieder versucht, Menschen zu programmieren. Religionen jüdischen, islamischen und christlichen Ursprungs spiegeln sich, geopolitisch betrachtet, in der überwiegenden Masse globaler Politik wieder. Sie haben jedoch bis heute folgende zwei Probleme nicht lösen können:

1. Sie sind inflexibel. Sie sind häufig auf Papier geschrieben und somit resistent für Veränderung und abhängig von der jeweiligen Deutung des Lesers.
2. Menschen, die nicht mit Autoritäten umgehen können, und Interpretationen, die für sie nicht schlüssig sind, nicht blind folgen wollen, stellen sich gegen sie.

Eine Politik, die offensichtlich in der aktuellen Form handlungsunfähig wirkt, handelt möglicherweise wie die christliche Macht zu Zeiten Galilei's. Sie fühlt sich überrollt von der Innovation. Die Gefahr besteht, dass sie

13 https://medium.com/@andrewng/self-driving-cars-are-here-aea1752b1ad0.

sich gegen das Volk wendet. Kurzfristig können Gesetze erlassen werden wie zum Beispiel eine Datenschutzgrundverordnung. Doch diese Waffen wirken nur sehr spärlich gegen die global operierenden Konzerne. Letztendlich trifft der Schlag das eigene Volk und kleine Unternehmen, die sich mit den Regularien der Gesetze überfordert fühlen. Mittelfristig werden auch Regierungen KI-gestützte-Technologie nutzen wollen, um ein notwendiges Machtinstrument zu haben und die Kontrolle über Unternehmen und Menschen zu halten. Dazu spielt die Überwachung von Gesellschaft, Zahlungsverkehr, bargeldloses Zahlen und Gesichtserkennung eine zentrale Rolle. Langfristig und in vielen kleinen Schritten entsteht so eine Überwachung wie in China, nur im Kostüm des Westens. Heute wird man nicht mehr verbrannt, doch kann es sein, dass man die CEO-Position verlieren würde, wenn man nicht mitspielt. Die größte Macht, die ein jeder haben kann, ist es, andere Menschen manipulieren zu können. Genau das machen Religion, Ideologien und die ersten Plattformen.

Unsere Menschenrechte sind also bedroht. Nehmen wir den Artikel 12 „Privatsphäre" der UN-Menschenrechtscharta sowie die flächendeckenden Videoaufnahmen in Städten. Im Namen der Sicherheit lässt sich alles interpretieren. Unantastbares Menschenrecht beschreibt keinen Zustand, sondern es ist eine Aufgabe. Wir leben aktuell in der Gleichgültigkeit der Glücklichen. Menschenrechte sind jedoch einfacher zu verteidigen, solange es sie noch gibt. In einer werteintensivierten Gesellschaft sind die Menschen jedoch dazu angehalten, nicht zu sagen, wenn sie anders denken.

Früher hat man eine Person auf den Scheiterhaufen geschmissen, wenn Menschen gesagt haben „Ich habe eine andere Kultivierung als du". Ich finde keine der beiden skizzierten Versionen von KI-Gesellschaften reizvoll – weder eine auf konsumgetriebene Führung durch Tech-Konzerne noch die überwachende Version von Regierungen, die beide zu KI-Diktaturen führen.

Die Alternative muss so dynamisch sein wie die Gesellschaften heute selbst. Eine andere und dritte Version wäre es, ein gänzlich neues gesellschaftliches Modell auf moderne Technologien zu bauen und zu nutzen. Nach der Erfindung des Papiers nutzen Religionen diese auch, um sich zu festigen. Eine neue Politik zu gestalten und zu etablieren, wäre zum Beispiel in Form einer Loose-Coupling Politik denkbar. Das Gegenteil von Loose-Coupling ist das, was wir bis heute in den letzten 1000 Jahren hatten. Close-Coupling bedeutet, dass versucht wird, alles in einem abzudecken und als Gesellschaft einen gemeinsamen Nenner zu finden. Alles, was nicht passt, kommt auf den Scheiterhaufen. Mit der Selektion im Zeitalter der Religionen war dies möglich. Alle Menschen dachten gleich, zumindest so weit wie außen ersichtlich. Zukünftig ist es nicht mehr so leicht dem

Menschen weiszumachen, dass er sich doch bitte in der Öffentlichkeit benehmen soll. In einer Loose-Coupling-Politik hat man viele Knotenpunkte, an denen sich Gruppen zusammenfinden und miteinander sprechen können. Jede Gruppe ist jedoch losgelöst und dennoch vernetzt mit jeder anderen. De facto finden wir sowas schon in Städten wieder, wo es das Wohlhabenden-Viertel, das alternative oder das Hipster-Viertel gibt – dafür bedurfte es keiner modernen Technologie. Gruppierungen finden sich heute im Internet: Maria aus Berlin, Lohith aus München und Ben aus Köln arbeiten heute zusammen, das ist *on common*. Sie tauschen sich mit modernen Tools täglich aus, denken ähnlich. Der gemeinsame Konsens entsteht in der Gruppe, losgelöst von geografisch geprägter Gesellschaft. Jedoch sollte die Gruppe, wenn sie zum Beispiel in Deutschland auftritt, mit allen anderen, losgelösten Gruppen einen Konsens finden. Eine global verfügbare Open-Source-Gesellschafts-KI mit dem Ziel der Kernneutralität könnte helfen, so etwas aufzubauen.

Ein Freund aus den USA erzählte mir die Geschichte von einer Schule, welche abgerissen werden sollte, ohne dass es öffentliche und verpflichtende Pläne des Bürgermeisters für einen Neubau gab. Es war ungewiss für die Eltern, wie lange ihre Kinder in den Gebäude-Ersatzcontainern verbringen oder wie teuer der Bau für die Bürger der Stadt werden sollte. Deshalb bauten die Eltern eine Website auf, auf der man seine Handynummer hinterlassen konnte und benachrichtigt wurde, sobald die Abrissfahrzeuge vor der Schule standen. Es kam der Zeitpunkt, als die Bulldozer kamen, die Eltern informiert wurden und sich schnell und rechtzeitig vor dem Schulgebäude versammeln konnten, um dem Abriss im Wege zu stehen. Das Ereignis wurde sofort in die lokale Presse aufgenommen. Der Bürgermeister der Stadt stand unter solch einem Druck der öffentlichen Präsenz, dass plötzlich eine Sanierung der Schule anstelle des Neubaus ausreichte und nach einem Sommer wieder einsatzbereit war. Hier kommt der Vorteil einer künstlichen Intelligenz ins Spiel, die für Gesellschaften erbaut ist. Mehr als bei einem Wahlprogramm hat jeder Mensch jederzeit eine Stimme. Es gibt aber vielleicht andere Dinge, für die man sich einsetzen möchte: Naturschutz, Blumen oder eine neue Parkbank im Park. Ob und wie es umgesetzt wird, kann hier die Gesellschaft selbst regeln. Möglich wäre dies zum Beispiel mit einer KI in Kombination mit einer Distributed-Ledger – eine Art Ereignisbuch, in das sich jeder eintragen kann und jeder zu jedem Zeitpunkt eine Kopie erhält – bis in Echtzeit. Dadurch gibt es in den Gesetzen bis auf Mikroebene mehr Spielraum. Dies zu organisieren wäre ohne Computer und ohne massiven Aufwand nicht praktikabel. Mit moderner Technologie ist so etwas auch durchaus wirtschaftlich vertretbar und lösbar.

Exkurs 5
KI und Bildung

Drohszenarien einer selbständig sprechenden KI, des Wegfalls von Millionen Arbeitsplätzen in wenigen Jahren, und von gefährdeten Geschäftsmodellen sind allgegenwärtig. Es wirkt fast so, als wäre unsere Zukunft geschrieben, gar gesteuert. Dabei gerät in Vergessenheit, dass wir allein durch die Erforschung der Zukunft diese bereits ändern, dass die Zeichner dieser Szenarien keine Propheten sind, und unser Alltag von uns selbst produziert wird, als eine Leistung unserer Fähigkeiten, Motivation und unseres Bewusstseins. Wenn allein wir für unseren Komfort verantwortlich zeichnen, wie werden wir KI verantwortungsbewusst nutzen, um uns in Zukunft fortzubewegen, medizinisch behandeln zu lassen, und um uns letztlich mehr Zeit für Kreation abzuschöpfen? Unsere spezialisiserte Ausbildung und unser individuelles Potenzial schwemmt eine Masse an Quereinsteigern in die KI-Ära – beruflich wie privat. Welcher Berufsbilder und Haltungen bedarf es, um die neuen Medien und technischen Ermöglichungsinfrastrukturen zu verstehen, sie zu kreieren und zu integrieren? Wie holen wir die stets Älteren einer Gesellschaft in Bezug auf Verständnis und Umgang mit der sich rasant entwickelnden Technik ab?

Lebenslanges Lernen?! – Wie stellen wir sicher, dass wir uns als dynamische, natürliche Wesen in Geist und Körper stetig weiterentwickeln und nicht dankbar abwinken?

Vielfältige Formen wie Online-Universitäten, Coachings, Präsenzklassen, Bücher und E-Learnings lassen individuelles Lernen schon heute zu. Welche Anwendungen sind hier wohl noch denkbar? Wie bilden wir uns und unsere Kinder zu resilienten Charakteren aus, die Erkenntnisse als Lerneffekte begreifen und rasch aus Fehlern lernen? Auch biologisch verändern wir uns: Physische Leistung fällt heutigen Schulkindern schwerer als Schulkindern früher. Welche biologische, physische Veränderung bringen Screening und Swipen mit sich und wie bringen wir Kindern trotz ihrer verkürzten Aufmerksamkeitsspanne bei, sich in der Tiefe auf komplexe Themen einzulassen? Da wir repetitive Aufgaben KI-Systemen überlassen werden, braucht es Fächer und Kurse, die komplexes Denken, Erkundung der eigenen Fähigkeiten und Entfaltung fördern.

Agileres Fortbilden und Wirtschaften stellt neue Anforderungen an die Entlohnungsstruktur und das Talent Management in Unternehmen. Eingleisige Karrieredefinitionen haben ausgedient, es gilt, die menschliche Intelligenz zu nutzen: Ein Kassierer kann das nächste Google gründen, ein CFO den nächsten Bestseller schreiben. Für den Strukturverliebten mag es an Durchblick mangeln. Die Belohnung ist umso größer: Das ermöglichte Schaffens-Potenzial für jeden erübrigt das dadurch unmöglich gemachte, stetige Streben nach Vergleich und Wettbewerb unter unseresgleichen. Wie werden wir der neuen Verantwortung gerecht?

KI – ein Klarheitsmanagementsystem oder Wer Komplexität respektiert, darf Orientierungsgewissheit haben

Überlegung von Leon Tsvasman

Erst im Zusammenhang mit Überlegungen und Untersuchungen zu diesem Buch verstehe ich die Warnung in der antiken griechischen Sage über die geschickte Weberin Arachne, die mit ihrer Fähigkeit weitherum prahlte. Dies erzürnte die Göttin Athena, die nach einem Wettstreit mit Arachne eingestehen musste, dass Arachnes Werk makellos war. Aus Neid verwandelte sie Arachne in eine Webspinne. Bis in alle Ewigkeit waren Arachne und ihre Nachkommen dazu verdammt, zu weben und an Fäden zu hängen. Ich sehe darin die Warnung an jene Menschen, die durch radikale Spezialisierung und Förderung technischer Effizienz in menschlicher Bildung den zusammenhängenden Blick auf die Welt sabotieren und somit ihre göttliche Potenzialität einbüßen. Und da sprechen wir hier immerhin von Kunsthandwerk; die antiken Griechen kannten weder die arbeitsteilige Fließbandarbeit der klassischen Industriegesellschaft, noch die systemische Sinnproduktion der frühen Informationsgesellschaft.

Vielleicht kann sich deshalb der ein oder andere Nachfolger des antiken Geistes kaum für die fleißige Effizienzbegeisterung des deutschen Managements erwärmen? Leider haben weder die germanische noch keltische Antike, abseits der nordischen Heldensagen und der wenig tradierten druidischen Mysterien, ununterbrochene Tradition.

Selbst ihre Geisteshaltung, die unter dem wirtschaftlichen Druck der Moderne in den Hintergrund geraten ist und lediglich kraftvolle Blüte in der Romantik, in der klassischen deutschen Philosophie und sogar im französischen Existenzialismus zeigte, wird heute überwiegend marginalisiert. Wir haben die Erfolgsgeschichte der römischen Technokratie nach der leidvollen Auseinandersetzung mit dem römischen Reich nicht weniger erfolgreich tradiert – leider mit vielen Opfern. Ich könnte mit der Analyse der christlichen Wurzeln fortfahren, doch lässt die knappe Skizzierung dies nicht zu.

Warum referiere ich eigentlich zur Antike? Weil, wenn die starke KI die arbeitsteilige Effizienz übernimmt, wir dort weitermachen, wo die Antike aufgehört hat. Die Gesellschaften antiker Kulturen waren bei weitem nicht sozial gerecht, aber antike Zeitgenossen waren sehr wohl mehrfach in der Lage und in der glücklichen Verfassung, die Welt sinnvoll zu Ende zu denken, ohne die massive Ablenkung durch Konsum, Unterhaltungsindustrie und die überwältigende Maschinerie der arbeitsteiligen Wirtschaftsordnung. Die technische Seite umfasst den effizienten Ablauf von Handlungen, was später in industriellen Maschinen verwirklicht wurde. Dem Menschen blieb eine Zeit lang lediglich der lakaienhafte Support der Industrie. Erst jetzt könnte sich der Mensch von der Verkörperung des Roboter-Gehirns in sich selbst befreien, um sich dem Erhabenen zu widmen. Was ist denn das wahre göttliche Ebenbild? – Darüber sprechen wir noch.

Als global einsetzbares Werkzeug dient Künstliche Intelligenz einem weltumspannenden Zweck, der der KI nicht etwa eigen ist, sondern menschlich, auch wenn die meisten Menschen ihren Nutzen nur noch als kurzfristigen Vorteil überblicken können. Die Palette des wirtschaftlichen Nutzens reicht heute schon von Bild- und Spracherkennung über Personalisierung von Marketingkampagnen, Automatisierung von Controlling wie Rechnungswesen oder Navigation von selbstfahrenden Autos bis hin zur Genomik und dem Erkennen von medizinischen Zusammenhängen. Im globalen Wettbewerb liegt der Fokus auf technologischer Intelligenz. Aber welches Potenzial hat KI für die menschliche Intelligenz?

Einem kurzfristigen menschlichen Zweck dient beispielsweise die Automatisierung lästiger Tätigkeiten. Welche Tätigkeiten sind uns lästig? – Monotone, oder solche, die unserer Natur, unserem menschlichen Potenzial, widersprechen, also z.B. für unser Gehirn nicht ergonomisch sind. Die Informationspsychologie behauptet: Logisch-mathematischen bzw. rationalen Prinzipien folgende Denkprozesse sind aufwändiger und verbrauchen mehr Energie als kreative Herausforderungen, und, monotone Tätigkeiten überlasten die Aufmerksamkeit. Sind Menschen gut gelaunt, verarbeiten sie Informationen intuitiv und ganzheitlich, in schlechter Stimmung eher analytisch und der Reihe nach.

An dieser Stelle eine passende Selbstbeobachtung, die der ein oder andere Leser sicher auch kennt: Mir kommen oft zu unpassenden Zeiten, zum Beispiel nachts, Gedanken, die ich nicht gleich aufschreiben kann und folglich im Kopf behalten muss. Wenn ich loslasse, kommt der Gedanke in Begleitung seiner gut gelaunten Genossen – passend zum Kontext. Doch was passiert, wenn ich mich entscheide, diesen einen Gedanken zu behalten? – Die Gedächtnisleistung mobilisiert eine Menge Ressourcen in meinem Gehirn, ich kann kaum schlafen, alle kreativen Denkprozesse werden bis auf Weiteres blockiert. Ein solcher Zwang ist eine Gewaltausübung, und entspricht tendenziell jeder Tätigkeit mit einem extern oder willentlich zugewiesen Sinn.

Lass uns die Aussage von John Naisbitt aufgreifen: „Wir ertrinken in Informationen und hungern nach Wissen." Du kannst dir im Folgenden wohl denken, wer bessere Chancen hat, Wissen zu liefern, und wer Informationen produziert, wer überflutet oder wer Hunger stillt: Eine sehr gefragte Professorin, die ergebnisorientiert einen thematischen Artikel zum Termin abliefern muss, oder eine hochmotivierte Autorin, die aus Leidenschaft, Inspiration, Erfahrung oder innerer Notwendigkeit schreibt? Eine Referentin der lokalen Forschungsgemeinschaft oder Joanne K. Rowling, die Autorin von Harry Potter? Du kannst dann auch Vermutungen anstellen, wessen Leistung sich von KI automatisieren lässt, und wer dagegen nicht ersetzbar ist, wer Angst um seinen Arbeitsplatz haben sollte und wer nicht.

Uns Menschen ist gemein, dass wir von Natur aus prädestiniert sind, kreativ, intuitiv, kontextuell und spontan zu agieren. Wir lieben es, in Klarheit zu sein. Nur, von welcher Klarheit sprechen wir eigentlich: Ist die Klarheit mir individuell zueigen oder gibt es eine Klarheit für alle?

Als Subjekte haben wir nur dann Klarheit, wenn sie in einer spezifischen Situation auf unserem jeweiligen Weg entsteht. Eine solche Klarheit würde ich Orientierungsgewissheit nennen. Denn pauschale, allgemeine oder an andere Subjekte gerichtete Informationen überfordern uns nur. Klar, Leit- und Massenmedien konnten uns früher im Rahmen ihrer technischen Möglichkeiten nichts Besseres anbieten, weshalb wir uns etwa mit einer pauschalen Wettervorhersage zufriedenstellten. Erinnerst du dich in diesem Zuge noch an die Aussage von John Naisbitt?

Einzig sinnvoll aber ist laut Ernst von Glasersfeld nur das Wissen, das zur Aus- und Weiterführung von Handlungen und Denkvorgängen nötig ist. Nur dieses höchst individuelle und sehr spezifische Wissen ist für uns eine echte Information, die wir gerne wahrnehmen. Weder das Wetter in Europa noch „tote“ Landkarten in einem dicken Atlas sind für mich passendes Wissen, wenn mein Anliegen ist, von A nach B zu gelangen. Ein Navigationsgerät mit individueller Wettervorhersage hilft mir da bedeutend mehr. Und am Wertvollsten ist für mich eine Empfehlung, die meine Vorlieben, meinen Gesundheitszustand, meine Tagesform und meine Stimmung berücksichtigt, um mich von A nach B zu führen – ob zu Fuß, mit dem Fahrrad oder in einem beheizten Fahrzeug. Und ich bin sehr dankbar, wenn mein Sprachassistent mir dieses Wissen genau in dem Moment, in der Form und Ausführung zuteilt, wie ich es brauche. Dabei verdumme ich nicht, wie manch einer befürchtet. Stattdessen nutze ich die Zeit, um etwas zu lernen, das ich tatsächlich brauche und, um etwas zu trainieren, was mich wirklich kreativ, weltanschaulich oder spirituell weiterbringt.

Nichts hat mich in meiner Kindheit mehr genervt, als die vereinfachten, halben oder verzerrten Antworten von Eltern und anderen Erwachsenen auf meine falsch verstandenen Fragen, und die „Antworten“ der Lehrer, kurz Lernstoff, auf nicht gestellte Fragen. Wissen ist dann sinnvoll, wenn es konkrete, aktuelle oder dringliche Fragen so beantwortet, wie du es am besten verstehen kannst. Nach einem solchen Wissen hungern wir alle. Präventiv aufbereitete Antworten auf fremde Fragen zu einem fremden Zweck bilden den Lehrstoff per Curriculum jeder Bildungseinrichtung, bringen uns aber nicht wirklich weiter.

In solchen Informationen ertrinken wir. Was keinen Vorwurf an die lieben Eltern darstellt, zeigt viel mehr ein Problem für alle Erziehungsberechtigten und Bildungssysteme auf. Diese Institutionen gehen für mich nur dann auf, wenn ich die Chance habe, individuelle Klarheit auf meinem Weg mit meinen mir eigenen Erfahrungen zu erlangen. Dieses Wissen wird mir auch KI nicht geben, aber ich werde die Chance bekommen, mir dieses Wissen auf eigenem Weg anzueignen. Denn KI wird mich von Informationen befreien, die ich nicht brauche. Mein Beruf wird in Zukunft nicht darin bestehen, Routineaufgaben nach Anweisungen des toten Wissens aus irgendeiner Konserve zu erfüllen. Diese Tätigkeiten übernimmt für mich die KI-gesteuerte Technik. Mein Beruf wird zunehmend identisch mit meiner Lebensabschnittsberufung – kreativ und sinnvoll, spontan und genial zugleich.

Der umfassende Zweck von Künstlicher Intelligenz ist, uns die rationale und arbeitsteilige Routine abzunehmen, um uns in unserem menschlichen Potenzial zu emanzipieren. Je stabiler die informationstechnischen Systeme unserer Zivilisation werden, je präziser und individueller sie die Welt für jeden von uns abbilden, desto mehr werden wir uns in einer Situation der Klarheit befinden, um uns schließlich unseren Zielen und den globalen Herausforderungen zu widmen. Klarheit meint den immer aktuellen und an unsere menschliche Wahrnehmung angepassten Zustand von Komplexitätsreduktion. Im Grunde können wir die wesentlichen Funktionalitäten der allgemeinen KI der sich schnell nähernden Zukunft als globales Klarheitsmanagementsystem bezeichnen, wobei die Steuerung dieses Systems den in ihrer potenziellen Weisheit emanzipierten menschlichen Subjekten überlassen wird.

Das höchst menschenwürdige Bedürfnis ist und bleibt die Sehnsucht nach Orientierung, dem Zustand der momentanen Klarheit. Veredeln wir die Klarheit mit einer Prise Wichtigkeit[14] und einem Stück momentaner Gewissheit oder Zuversicht (nicht zu verwechseln mit Glauben[15]), erhalten wir die Wahrheit, und das Äquilibrium aus den Orientierungsgewissheiten

---

14 „Das wichtigste Wissen ist zu wissen, was wichtig ist." (Andreas Tenzer).

15 „Der Glaube ist nicht der Aufgang, sondern das Ende allen Wissens." (Johann Wolfgang von Goethe).

der Erfahrung nennen wir Weisheit[16]. Die von eigenen verzogenen Bedürfnissen in der industriellen Maschinerie versklavte Menschheit, leidet am Verlust der Orientierungsgewißheit und sucht sie in Religionen, Sekten und diversen spirituell bis materialistisch fundierten Ideologien.

Unsere Wirklichkeit bringt also zwei relevante Arten von Wissen hervor: das systemische Wissen, das Fakten erzeugt, und das menschliche Wissen, das der Orientierungsgewissheit dient. Die erstgenannte Form von Wissen ist technisch und dient der Geltungskonstruktion, die sich zusammensetzt aus allen technischen Abläufen und der gesamten technischen Infrastruktur unserer Zivilisation. KI schöpft ihre Effizienz aus Daten und kann die Geltungskonstruktion der soziotechnischen Lebenswelt weitgehend autonom und tendenziell selbstregulierend steuern. Je größer die Datenmenge und je valider die Daten, desto präziser ist die interne Klarheit, das Faktenwissen von KI. Je mehr Daten die KI-Infrastrukturen antreiben, desto perfekter funktioniert die angeschlossene Hardware unserer Zivilisation. In ihrer absoluten Potenzialität ist die technische Infrastruktur unserer Zivilisation eine wesentlich triviale Maschine, die, auch wenn sich ihre Hardware irgendwann selbständig konstruiert, erneuert und reproduziert und sich somit irgendwann vollkommen selbst reguliert, stets eine Maschine bleibt.

Wir Menschen hingegen schöpfen unsere Orientierungsgewissheit, umgangssprachlich als „Gewissen" bezeichnet, aus der Orientierung. Orientierungsgewissheit kann dabei näher als das vorläufige Erleben eines selbstreferenziellen Informationsprozesses verstanden werden, das einen Menschen zum wirklichkeitskonformen und somit auch ethisch fundierten Handeln befähigt. Diese momentane Orientierungsgewissheit des Subjekts ist die einzig wertvolle Wahrheit für Menschen und bewusste, kognitive Wesen. Methoden, um zum höchst authentischen Wissen zu gelangen, sind die Improvisation oder die Meditation, die nicht datenbasiert erfolgen können.

Ich beobachte, wie die Schulbildung hierzulande aktuell jene zunehmend technisch und analytisch geprägte, leistungs- und erfolgsorientierte Intellektualität fördert. Sie kann gemessen werden und macht Menschen in arbeitsteiligen Funktionen ersetzbar. Diesem Verständnis fehlen beispielsweise das immer individuelle Wissen der relevanten Zusammenhänge, der Respekt vor individueller kreativer Einmaligkeit (nicht zu verwechseln mit der formalen Anerkennung), und die individuelle Orientierungsgewissheit. Die meisten dieser Werte liegen zum Beispiel dem russisch geprägten Bild eines Angehörigen von „Intelligenzija" – der sowjetischen, literarisch-

16 „Information ist nicht Wissen, Wissen ist nicht Weisheit, Weisheit ist nicht Wahrheit..." (Frank Zappa: Joe's Garage).

kreativ sensibilisierten Bildungsschicht – inne, sind Teil des humboldtschen Bildungsideals und sind mit den radikal-konstruktivistischen Wissensidealen in Anlehnung an die kybernetische Philosophie vereinbar. Die Ideale der sensibel-empathisch-kreativen Intellektualität fehlen der heutigen Schulbildung in Deutschland. Doch gerade sie machen das emanzipierte Menschsein gegenüber der effizienten KI aus. Gerade im Hinblick auf die KI-Ära und meinem Verständnis von „Human Difference“ nach, müssen sie spätestens jetzt gefördert werden. Diese Fehlentwicklung hat historische Gründe, nur werden sie in Zukunft nicht relevant sein.

Das Verlangen nach einer Klarheit für Alle kann nicht wirklich menschlich sein. Überlegen wir uns, woher pauschale Klarheit kommt und was sie bewirkt: In der Menschheitsgeschichte war pauschale Klarheit für alle immer schon das Verlangen von Untergebenen, erst von Sklaven und historisch später von gedemütigten arbeitsteilig Beschäftigten. Dabei gleicht Klarheit, die von außen kommt, einem Befehl. Dagegen ist innere Klarheit, die nach außen strebt, um für andere gültig zu sein, die wahre Verkörperung von Arroganz. Eine solche Klarheit führt immer zu einem Regelwerk oder einem Verhaltenskodex, und ist nur darin wirklich möglich. Unwürdig für freie Subjekte, aber eine absolute Notwendigkeit für Werkzeuge. Dennoch benötigt die Industrie zum Operieren oder Steuern von Technik, noch immer Menschen. Nur sprechen wir hier von Menschen, die weniger intuitiver, kreativer oder emotionaler Natur sind. Weder sind sie in sich ausgewogen oder besonnen, noch sinnlich oder spirituell. Als hoch konzentrierte, trivial strukturierte, mental schlichte, seelisch skrupellose und im Gemüt unzufriedene Spezialisten sind sie stets auf Abruf, gleich der technischen Intelligenz im menschlichen Körper, die Maschinen zu steuern. Die technischen Intellektuellen haben das 20. Jahrhundert mit verheerenden Folgen geprägt. Diese Intelligenz „fühlt“ sich allerdings unbequem im menschlichen Körper an, und musste raus. Schließlich überlasten rationale Aufgaben den Energie-Metabolismus im Gehirn und machen depressiv. Ein auf Effizienz konzipiertes System kann seine Funktionalität nicht erfolgreich im Gehirn eines lebenden Subjekts in einem biologischen Körper hosten, in dessen Auftrag es kognitive, d.h. überlebensgerechte Aufgaben zu lösen hat.

Das vom Mainstream überwiegend geprägte Menschenbild ist heute stark von technischer Intelligenz geprägt. Solch ein Mensch offenbart sich in seinen kurzfristig rationalen Entscheidungen, die sich längerfristig als weniger sinnvoll entpuppen. Im Grunde zeigt sich in ihm eine akute Diskrepanz zwischen Erleben und Verhalten. Mit den Worten vom Dalai-Lama, der gefragt wurde, was ihn am meisten im Leben überrascht, lässt sich dieses Menschenbild anschaulich fassen: „Der Mensch, denn er opfert seine Gesundheit, um Geld zu machen. Dann opfert er sein Geld, um seine Gesundheit wieder zu erlangen. Und dann ist er so ängstlich wegen der Zukunft, dass er die Gegenwart nicht genießt. Das Resultat ist, dass er nicht in der Gegenwart lebt; er lebt, als würde er nie sterben, und dann stirbt er, und hat nie wirklich gelebt.“ Sollen unsere Bildungssysteme weiterhin so konzipiert bleiben, dass sie die technische Intelligenz reproduzieren? Auch hierzu kann der Dalai-Lama zitiert werden: „Der Planet braucht keine erfolgreichen Menschen mehr. Der Planet braucht dringend Friedensstifter, Heiler, Erneuerer, Geschichtenerzähler und Liebende aller Arten.“ Dieser oder ein Planet ist unsere bevorzugte Umwelt, auch wenn es irgendwann mal ein anderer Planet sein soll. Alle anderen Lebensräume outen sich früher oder später als reine Überlebensräume. Bilden wir für das Leben aus und fort, sollten wir ein Menschenbild fokussieren, das ich im Folgenden zu skizzieren versuche:

Wir brauchen keine Klarheit für alle. Der einzige Sinn von Bildung ist, jedem seine eigene Klarheit auf seinem Weg zu ermöglichen. Ob diese Klarheit dann zu einer Moment- oder Lebensabschnittswahrheit für mehrere wird, hängt davon ab, wie ehrlich man auf seinem Weg der Wahrheitssuche ist. Wenn mit Bildung Vorteile verbunden sind, handelt es sich nicht um Bildung im Sinne von Klarheit, sondern um das Wissen von Absprachen oder um Insider-Wissen, jedenfalls Wissen, das Macht ist. Dazu gehört jede Berufsausbildung, über die man einen Machtanspruch erlangt. Die Klarheit ist evident und charismatisch genug, um selbst ein Vorteil zu sein. Auf meinem persönlichen Bildungsweg habe ich mich gegen Macht entschieden, weil ich nach Orientierungsgewissheit suchte. Ich verstand wohl, dass das Leben zu kurz ist, um ewig auf Umwegen zu suchen. Menschen wie Marx oder Kant mögen in einigen Nachwirkungen ihres einflussreichen Denkens destruktiv gewirkt haben, weil sie ihr Lebenswerk nicht vollenden konnten. Hätten sie mehr Zeit gehabt, um zu Ende zu denken, würden sie sicher einiges revidieren.

Für die Zukunft unserer Wissenschaften in der Post-KI-Ära prognostiziere ich folgendes:

Die meisten der modernen Disziplinen befassen sich nicht mit der Erkenntnis der Welt, wie wohl allgemein angenommen wird, sondern mit Wissensproduktion, die dem technischen Zweck, dem Erhalt und der Reproduktion der spezifisch menschlichen Lebenswelt, der Zivilisation, dient. Also müssen wir wohl Erkenntnis- von Geltungswissenschaften abgrenzen. Ferner lassen sich aktuell Geistes-, Natur, Erfahrungs- und Faktenwissenschaften unterscheiden.

Muss Wissen kommuniziert werden? Wenn ich aufgrund der strukturellen Kopplung die gleichen Erkenntnis-Chancen habe wie alle anderen Menschen, warum muss ich verstehen? Ist das Wissen nicht schon in mir vorhanden? Die Sehnsüchte gleichen sich, das Orientierungswissen ebenso, aber das Faktenwissen – das Macht- oder Geltungswissen – ist das Wissen von Absprachen. Schließlich spezialisieren wir uns auf das Menschsein. Geisteswissenschaften haben es für uns aufbewahrt und werden nun immer wichtiger. Diese Spezialisierung auf das Menschsein nenne ich „Human Difference".

Der eigentliche Wert von Gedanken ist die Inhärenz oder Potenzialität des Sinns in der sprachlich verpackten Aussage. Die Aktualität der medialen „Transport-Verpackung" wird also durch zahlreiche Akzidenzen „verschmutzt". Diese Zufälle könnten marginal sein, wären da nicht die offensichtlich trägeren Verpackungsregeln, die wiederum in ihrer Gesamtheit ein Faktor der Verzerrungs-Macht eines jeden Mediums darstellen. Im Endeffekt werden diese kumulierten Regeln von der „Verpackungstechnik" unserer IkT verkörpert.

Ein befreundeter Künstler fragte mich einmal in einem Gespräch: „Was ist schneller in dieser Welt als die Lichtgeschwindigkeit?" und beantwortete seine offensichtlich rhetorisch gemeinte Frage nach einer kurzen Pause selbst: „Die Gedanken!" Zwar fand ich diese Metapher anfänglich leicht albern, doch nun im Zusammenhang mit unseren Gedanken um die Zukunft der Bildung leuchtet mir ihr Sinn ein. Im Grunde braucht der Mensch, um wirklich erkennend weiterzukommen, eine Infrastruktur, die es noch gar nicht gibt. Eine Infrastruktur, in der eine explosive Vielfalt authentischer Gedanken, Einblicke, Einflechtungen und Momentwahrheiten anderer Menschen herrscht. Auch heute schon gibt es Milliarden von Gedanken, die etwa über soziale Netzwerke gejagt werden. Doch sind sie reinen Wesens? Wohl kaum, denn die meisten von ihnen sind infiziert – von Marketinginteressen, von diversen Pragmatisten oder von medialen Verzerrungen, die ihre Authentizität zunichtemachen. Nur in einer Umwelt von echten Gedanken wird das menschliche Subjekt aus seiner Erkenntnissingularität finden können. Diese größte Sehnsucht des Menschen überhaupt, die bisher nur wenige Dichter akut empfinden konnten, wird von der Mehrheit permanent abgelehnt. Diese Ablehnung ist in den meisten Fällen gewollt, ist doch letztlich nichts schmerzhafter, als die Sinnlosigkeit ertragen zu müssen. Deshalb stürzen sich moderne Menschen gerne in die arbeitsteilige, monoton gestaltete und stramm getaktete Überlebens-Sicherungs-Industrie. Wenn KI uns also befreit, haben die Menschen zum ersten Mal in der im kosmischen Maßstab noch sehr jungen Geschichte einen Vorgeschmack auf ihre eigene sinnvolle Aufgabe in dieser Welt – die Erkenntnis, die sie aus den Zwängen des Subjektseins befreit. Nun muss nur noch das Bildungssystem zu einer solchen Infrastruktur aufkeimen.

Potenzialentfaltende Bildung

Überlegung von Florian Schild

Bildung ist essentiell für uns Menschen, für die Teilnahme am Alltag einer Gesellschaft. Der Mangel an öffentlichen, weitsichtigen, digitalen und durchdachten Tools für den Bildungsbereich ist fahrlässig und gefährdet jede Gesellschaft. Damit ist nicht gemeint, Kinder vor ein iPad zu setzen, oder das gedruckte Buch durch ein E-Book zu ersetzen, sondern dass die Technologie genutzt wird, um die Lehre insgesamt zu verbessern. Für viele Bildungseinrichtungen scheint es eine große Herausforderung zu sein, zeitkonforme Lehrverfahren zu integrieren. Die Schulen sehen sich anderen Problemen gegenübergestellt, zum Beispiel der Harmonisierung des Klassenklimas, der Integration von Flüchtlingen und der zum Teil drastischen Wissens- und Leistungsunterschiede zwischen den Schülern selbst. Daneben nimmt das Einsetzen von digitalen Werkzeugen im Bildungsprozess bislang nur einen geringen Stellenwert ein.

Das heutige Schulsystem findet seinen Ursprung im Industriezeitalter. Die Schule diente primär dazu, Kinder zu sozialisieren und zum Industriearbeiter auszubilden. Es wird wie in einer Fabrikhalle gearbeitet: Pünktlich um etwa 8 Uhr ertönt der Gong zum Start der Schule, die Unterrichtseinheiten sind in klare Minutenabschnitte eingeteilt, der Lehrer übernimmt die Rolle des Chefs und das Zuhause wird mit Hausaufgaben zum Home-Office umfunktioniert. Nach Abhalten mehrwöchiger Unterrichtseinheiten wird ein Lehrmodul mit einer Leistungskontrolle abgeschlossen. Der Schüler erhält ein Zeugnis, die vermeintliche Weiche für den weiteren Werdegang. Der Mensch wird zur menschlichen Ressource, wie es bei einigen Personalplanern heißt. Dieses Denken ist bis heute in vielen Köpfen einiger Unternehmen und Unternehmenslenker verankert, führt zum Silodenken und lässt Menschen wie graue Gestalten wirken.

In meinem Unternehmen haben wir den Begriff Human Resource (HR) zu Human Relation umbenannt. Es geht uns um Beziehung und die Entfaltung des Menschen. Bildungssysteme und Schulen, die das beherzigen, finden sich flächendeckend in den nordischen Ländern.

Ist es notwendig, dass Schüler über mehrere Jahre in der immer gleichen Gruppe bleiben? Allein die Art, wie wir Wissen in uns aufnehmen, unterscheidet sich von Mensch zu Mensch. Der eine lauscht gerne seiner Umwelt, die andere haut am liebsten mit dem Hammer auf Bretter. Lernen mit allen Sinnen gibt es praktisch nicht im heutigen Schulsystem. Schnell wird ein Schüler als lernschwach oder hyperaktiv abgestempelt – ein Fauxpas! Oder ein Schüler hat sein Wissen außerhalb der Schule erlangt und fühlt sich nicht hinreichend gefordert. Alle Schüler einer Klasse auf einen Nenner zu bringen und über Jahre zu halten, macht Bildung zum Schreckgespenst für junge Menschen und ist es bis heute für viele Erwachsene. Andersartige Bildungsangebote sind nur für wenige Bereiche verfügbar, für Kinder fast gar nicht zu finden und wenn es welche gibt, dann sind sie häufig ausgebucht und – (leider) zu Recht – exorbitant teuer. Es ist traurig, dass die wenigsten Menschen Spaß an Bildung haben. Ihr negatives Bild von Bildung hindert sie daran, sich von allein aus weiterzubilden. Dabei spielt Bildung in unserer immer schnelllebigeren Zeit eine zunehmend wichtiger werdende Rolle.

Um ein Beispiel zu nennen: Digitalisierung und Senioren. In der Zukunft werden Banken, Apotheken, kleine Modegeschäfte und Supermärkte Online-Banking und E-Commerce weichen. Senioren haben dann ein echtes Problem. Das traditionelle Vorgehen, Geld bei der Bank abzuheben, Medikamente in der Apotheke zu holen, neue Anziehsachen anzuprobieren, und ein paar Dinge einkaufen zu wollen, wird nicht mehr funktionieren. Doch leider treffe ich immer wieder ältere Menschen, die der Meinung sind, dass sie zu alt seien für diese moderne Technik. Das macht mich betroffen. Wenn ein Mensch hohen Alters nicht zufällig ein Kind hat, welches ihm einen Tablet-Computer nicht nur zu Heiligabend via Amazon-Geschenkoption zusendet, sondern sich auch die Zeit dafür nimmt, es seinem Elternteil zu erklären und wieder und wieder zu zeigen, hat er fast keine Chance, einen Zugang zur zeitkonformen, digitalen Welt zu finden.

Die Vorteile des Einsatzes von KI im Bereich der Bildung liegen klar auf der Hand. Lerninhalte werden dynamisch und automatisiert auf Schüler anpassbar. Der persönliche Digitalassistent des Schülers kennt seinen Nutzer mit all seinen Wünschen, Neigungen und Kompetenzen. Er kann ihn proaktiv unterstützen, seine individuellen Ziele zu erreichen. Automatisch individualisierte Videos beinhalten nur das Wissen, welches nicht vorhanden ist oder nochmal vertieft werden sollte. So bekommt der eine Schüler den Satz des Pythagoras angezeigt, ein anderer nicht.

Sind solche persönlichen Lernassistenten für Lerninhalte initiiert, folgt die Unterstützung bei der Auswahl der Methoden. Gruppen entstehen nach Interesse und Lerntypen. Der Unterricht findet nicht mehr nur in der Klasse auf dem Stuhl statt, sondern dort, wo der Schüler am besten lernt. Schüler, unabhängig von Klasse oder Schule, die sich für den Hausbau interessieren, finden sich plötzlich im Architekturbüro eines Architekten wieder, der an seinem imposanten Zeichentisch steht. Von hier aus erklärt er den Schülern, wie er vorgeht, um die Fläche eines Raumes zu berechnen.

Schüler könnten so täglich nach Kenntnisstand, Interesse und Motivation dynamisch angepasst ausgebildet werden. Mit alten Methoden, ohne intelligente Software, wäre eine solche Koordination nur schwer vorstellbar.

Schulen sind als Verbünde organisiert. Schule A lehrt primär haptisch, Schule B lehrt primär auditiv. Persönliche Assistenten bieten darüber hinaus personenbezogene Dynamiken, die eine Schule oder Eltern nicht direkt bieten. Wie kann das Kind Kantonesisch lernen, wenn seine Freunde und Eltern nur Deutsch sprechen? Dabei würde es sich gerne mit Mara aus Hong Kong direkt unterhalten – und nicht über die KI-Sprachübersetzung. Der persönliche Assistent könnte live im Dialog zwischen dem Kind und Mara spielerische Elemente einbauen und simultan die Sprache lernen. Der Assistent kann daneben auch das Sprachvokabular und die Grammatik anbieten, die für zukünftige Gespräche interessant sein könnten. Der Kurs dafür wird gleich morgen beginnen. Das ist Just-in-Time-education, damit Kinder die Welt entdecken und erfahren können, wann und wie sie es wollen.

Ziel der Schulen wird es sein, den Nutzen der Technologie zu erhöhen und gleichzeitig die damit einhergehenden Risiken zu minimieren. Das könnten dann Module wie digitale Selbstkontrolle und digitale Risikokompetenz sein. Es kann sein, dass die Schüler lernen, welche Auswirkungen das Schreiben von Nachrichten mit gänzlich unbekannten Menschen haben kann, was es bedeutet, Daten auf eine Plattform hochzuladen, wie die Google Suche im Hintergrund funktioniert, oder was psychologisch passiert, wenn man permanent online ist. Sie erlernen folglich die Fähigkeit, mit digitalen Technologien informiert umzugehen. Lehrer können den Schülern bei menschlichen und komplexen Fragen zur Seite stehen: Was ist das Ich? Wie definiere ich mein Selbst? Wie definiere ich mein Bewusstsein?

Ich kann mir vorstellen, dass die Sorge aufkommt, dass Schüler permanent von A nach B reisen, um ihre Lerneinheiten zu empfangen. Dahin will ich nicht, denn das System kann nur eine Ergänzung sein. Studien zeigen klar und deutlich, wie wichtig der Mensch in der Bildung eines Kindes ist, zum Beispiel wenn ein Elternteil abends im Bett seinen Kindern eine Geschichte vorliest. Die Kinder schauen ganz genau in das Gesicht ihrer Mütter oder Väter. Wie schaut mein Vater? Was macht meine Mutter für eine Stimme? Tonation und alles, was dazu gehört, saugt das Kind in sich auf – dank unserer Spiegelneuronen. Das Elternteil geht gleichzeitig auf die Schwingungen des Kindes ein. Die beiden sind in Resonanz. Ein Tablet-Computer geht nicht auf Tuchfühlung mit uns. Wir können eben die entstehende Freizeit mit unseren Kindern von Angesicht zu Angesicht nutzen, um präsent zu sein und sie zu genießen.

Zusammenfassend ist es wichtig festzuhalten, dass Schule, wie sie heute funktioniert, seit Beginn der Industrialisierung so besteht. Klassenmodelle, Lernen nach Lehrplan, Benotung nach Punktesystemen sind Bestandteil hiervon. Damals gab es nicht die Möglichkeit, schülerzentrierte Unterrichtseinheiten zu ermöglichen, Schüler nach persönlichen Lerntypen aufzuteilen (haptisch, auditiv, …) oder interessenzentriert zusammenzubringen (Kochen, Polizei …). Früher wäre der Aufwand zu groß gewesen. Doch heute kann ein KI-System eine solche Organisation für Schulen vornehmen.

Es empfiehlt sich, künstliche Intelligenz in den Bildungseinrichtungen zu entwickeln und einzusetzen, damit Lehrer entlastet werden, Schüler sich entfalten und Experten ihr Wissen teilen können. Nicht nur in entwickelten Ländern wie Deutschland gibt es Potenzial zum Einsatz von KI, sonndern auch in Entwicklungsländern kann KI im Bereich Bildung hilfreich sein. In Entwicklungsländern gilt neben Wasser und Lebensmitteln die Lehre als nächstes wichtigstes Gut. Es gibt in den Dörfern Afrikas mehr Menschen, die keinen Zugang zum Wasser haben, als zum mobilen Internet. KI würde sich hier nutzen lassen, um Lehrer ausbilden zu können, dabei zu helfen, einen Lehrplan für lokale Probleme zu erstellen, mit Experten aller Welt zu verbinden und Lehrmaterialien zusammenstellen und übersetzen zu lassen.

Exkurs 6
KI und Arbeit

Eine 4-Tage-Woche. Was ein neuseeländisches Unternehmen seinen 240 Mitarbeitern anbietet, wird auch skeptisch beäugt. In der zweimonatigen Testphase erhöhte sich das Engagement, die Zufriedenheit sowie die Produktivität der Mitarbeiter. Auch den Puls des ein oder anderen Lesers mag es in die Höhe treiben, schleicht sich eine leichte Verzweiflung in seine Gedanken ein: Meine berufliche Aufgabe, mein Wirken im Team, bettet mich in ein soziales Umfeld; ich werde wertgeschätzt, lerne, erledige und werde für meine Leistung bewertet bzw. entlohnt. Wie soll ich meine Arbeit in vier Tagen schaffen? Was soll ich mit den drei ‚übrigen' Tagen anstellen und was verdiene ich dann?

KI bringe mehr Eigenständigkeit und gebäre neue Aufgaben, meinen wohlwollende Leitmedien und optimistische Politiker. Der umsichtige Arbeitnehmer oder Erziehungsberechtigte will jetzt wissen, welche Prozesse und Professionen automatisiert oder „wegrationalisiert" werden. Welche Rolle wird der Mensch grundsätzlich im zukünfigen Arbeitsleben spielen, wenn monotone, repetitive Aufgaben von KI übernommen werden? Bewegt sich der Arbeitsmarkt in eine bestimmte Richtung oder umfasst KI alle Bereiche und Berufe? Welche Engpässe können mittels KI und Ma-

chine Learning beseitigt werden? Überfüllte Notfallambulanzen in Deutschland, zu wenige Kinderärzte etwa in Tansania: der Lösungsvorschlag „Telemedizin" geht mit der Forderung nach Lockerung des Fernbehandlungsverbots einher. Wir brauchen ein die Entwicklung bejahendes Mindset und gesetzliches Regelwerk, mehr Aufmerksamkeit für unser Bewusstsein und ein technisches Grundverständnis. Welche Ressource lagern wir aus: unsere Kraft des Geistes oder der Muskeln? Wenn es die Menschlichkeit ist, die uns von Maschinen abgrenzt: Wie finden wir zu ihr und bleiben ihr nah?

Ein weltanschaulicher Paradigmenwechsel steht bevor. Durch den technologischen Fortschritt gewinnen wir ein Mehr an Zeit, mit dem sich uns das Potenzial freierer Entfaltung und schöpferischer Tätigkeit eröffnet. Die Art der Erwerbstätigkeit wird für den Status einer Person an Bedeutung verlieren, die Vielfalt des menschlichen Dienstes an der Gesellschaft an Bedeutung gewinnen. Wofür schafft KI uns Freiraum? Werden wir mit KI an jedem Ort der Welt wirken zu können, solange eine Internetverbindung aufgebaut werden kann? Ist das Digital Office der Arbeitsplatz der Zukunft? Muss ich andere Sprachen erlernen, wenn künstliche Intelligenz mich beim Übersetzen unterstützt? Wenn nicht durch reale Präsenz, wie entwickeln wir dann ein Verständnis und Empathie für die Persönlichkeit des Gegenübers? Welches Zukunftsmodell ermöglicht uns KI? Woher zieht KI seine Ressource und ist die Rechnungsleistung endlich?

Vom neuen Denken des Arbeitsbegriffs und der Berufsbilder ist auch unser Sozialsystem betroffen: Da es unter anderem über die Besteuerung unserer Arbeitseinkommen finanziert wird, wirkt sich die durch die Digitalisierung veränderte, individuelle Einkommensituation auf die des sozialen Staates aus. Was war und bleibt also unsere menschliche Aufgabe?

Wer konkurriert hier mit wem? Von der Geltungsproduktion zur Wiederentdeckung des Menschseins

Überlegung von Leon Tsvasman

Trotz der teilweise verpassten Digitalisierung ist im leicht trägen Deutschland eine fortgeschrittene Informationsgesellschaft angekommen. Dank der Informatisierung der meisten Wertschöpfungen und Berufe könnte zum Beispiel das Home-Office bereits heute unternehmerischer Alltag sein. Warum ist es das aber nicht? Im Home-Office arbeitet man ergebnisorientiert, was unter anderem bedeutet, dass die begabteren, flexibleren, besser gebildeten oder intelligenteren Personen schneller, besser und effektiver zurechtkommen. Ihnen steht mehr Zeit für die privaten Seiten des Lebens zur Verfügung

– und zwar unabhängig von Alter, Geschlecht und Herkunft. In Deutschland möchte es nur keine Lobby zulassen, dass ihre Schützlinge benachteiligt werden – weder von anderen Lobbys noch von Menschen, die von Natur aus keine Lobbys haben, da sie sich nicht als eine homogene Minderheit verstehen oder ihre Interessen nicht gerne willentlich durchsetzen. Personen, deren Identität sich nicht oder nicht dauerhaft genug auf ein paar biologische, demografische oder soziale Merkmale reduzieren lässt, sind allerdings keine Mehrheit. Also gilt es, ein Kriterium der Leistung durchzusetzen, das alle ArbeitnehmerInnen gleich macht – die abzusitzende Zeit. Die vereinfacht verstandene Gerechtigkeit artet in Egalitarismus aus. Die daraus resultierende Konditionierung kompensiert das fehlende Vertrauen in die menschliche Kreativität. Das Absitzen von acht Stunden macht alle Arbeitnehmer gleich. Ein träges Menschenbild offenbart sich.

Trotz Skepsis und Missverständnissen in der Beziehung zwischen dem Menschen und der Arbeit, zeigen die aktuellen Untersuchungen, Berichterstattungen und Beobachtungen auch in Deutschland eine Tendenz: Arbeitnehmern geht es zunehmend weniger um einen sicheren Job, sondern mehr um Freude, Kreativität und sinnvolle Aufgaben. Die Skeptiker-Stimmen brüllen im Hintergrund: Wenn alle nur kreative Aufgaben erfüllen, wer lenkt dann unsere Busse und Taxis, wer kehrt unsere Straßen? Einige der „weitsichtigen" Politiker wollen sogar Arbeitsplätze schaffen, indem sie statt Straßenkehrmaschinen nicht zuletzt überqualifizierte Arbeitslose mit Besen einsetzen. Wie bedeutend hier Perspektivwechsel sind, zeigt ein Gespräch, das ich kürzlich mit einer jungen Frau führte: „Bald werden uns Busse ohne Fahrer befördern. Ich werde Busfahrer vermissen, die mich anlächeln, das Menschliche halt." Merkwürdig: Wenn sie die Klimaanlage anmacht, vermisst sie auch keinen geübten Lakaien mit einem Fächer an ihrer Seite. Sie entgegnet: „Busfahrer ist ein anständiger Beruf, der ordentlich bezahlt wird – kein Lakaien-Job." Naja, erstens: Man kann auch Lakaien gut bezahlen. Zweitens: Wenn Busfahrer ordentliche Bezahlung erhielten, würden sie nicht so oft streiken. Und drittens: Wenn Du dem Busfahrer sympathisch bist, lächelt er dich tatsächlich gerne mal an. Doch ich persönlich erlebe überwiegend brüllende Busfahrer, obwohl ich sie selbst freundlich anlächle. Alles eine Frage der Perspektive.

Bis heute nutzen wir andere Menschen als Werkzeuge, und werden von anderen Menschen als Werkzeuge genutzt. Auch indirekt bewirkt unser käufliches Verhalten meistens Dinge, die wir direkt und bewusst nicht unterstützen würden. Das Problem besteht nicht im Menschsein, sondern in den Rollen, die wir auf unseren Arbeitsplätzen annehmen, und die uns Menschen zu einem Werkzeug machen. Wenn wir freiwillig helfen, dann tun wir es sinnvoll und mit Freude, und der Empfänger kann unsere Hilfe gebrauchen. Dies wird jedoch unterbunden, wenn wir zu einem nutzbaren Werkzeug werden: Schon in jungen Jahren nehmen wir Abschied von unserer eigenen Entwicklungsdynamik, um uns zu einem Werkzeug konditionieren bzw. ausbilden – nicht zu verwechseln mit „bilden“ – zu lassen. Lasse ich mich zum Wissenschaftler konditionieren, werde ich zu einem Erkenntnis-, genauer gesagt, Wissensproduktions-Werkzeug. Das hört sich noch einigermaßen würdig an. Doch Kraftfahrzeug-Steuerungs-Werkzeug? Ich will keine historischen Berufe diffamieren, denn sie alle hatten Sinn und waren würdig, solange es keine Technik gab, die ihre Routinen ersetzen konnte. Doch meiner Meinung nach ist die Potenzialität und die Berufung des Menschseins bei weitem höher und würdiger. „Eine Glaubenssache!“ mag der ein oder andere Leser seine Bedenken äußern. Das weise ich entschieden mit einer Frage zurück, die ich der jungen Frau stelle: „Was freut Dich mehr: Wenn Dich ein erfüllter glücklicher Mensch anlächelt, oder ein gestresster unterbezahlter Busfahrer, weil er es muss?“

Um ein Musikinstrument zu kreieren, muss man Musik „im Blut“ haben. Die klassischen Instrumente wurden wahrscheinlich entwickelt, um den Gesang zu „automatisieren“, oder die Gesangskunst ein Stück aus den Zwängen des Körpers zu befreien. Wer kennt die indische Sitar nicht? Bereits im 13. Jahrhundert in Persien erfunden, bildete sich die heutige Form erst im 17. Jahrhundert heraus. Sie wurde also viel später entwickelt als jene Musikrichtung, die auf diesem Instrument gespielt wird. Die klassische nordindische instrumentale Musik, hoch komplex und philosophisch geprägt, basierte höchstwahrscheinlich ursprünglich auf dem Gesang.

Wozu dient also Technik? Die Bedeutung von Rationalität besteht einzig und allein darin, eine Komplexität reduzierende Kommunikation und somit gemeinsames Handeln zu ermöglichen. Ganz unabhängig davon, wie sensorisch, mental oder gefühlsmäßig ein Subjekt veranlagt oder beeinträchtigt ist, oder welche Erfahrung es machte: Mit Fleiß und Willen ist das Subjekt in der Lage, einen logischen Zusammenhang zu reproduzieren, ohne ihn zu verstehen. Technik ist ein Medium des gemeinsamen Handelns der im Überleben begriffenen und verhafteten Subjekte, die von außerordentlicher Aufmerksamkeit getrieben sind und den Willen und Fleiß aufbringen, eine gemeinsame Wirklichkeit zu schaffen.

Ist das gemeinsame Handeln und Verhalten wichtiger als das Erleben, hilft die objektivierte Rationalität der Technik. Was nur im Erleben begriffen, in Vergleichen kommuniziert werden kann, und auf Gefühlen und subjektiven Erfahrungen beruht, ist dann Poesie.

Aus Gesprächen und Beobachtungen in Deutschland lässt sich schließen, dass in Karrierechancen mittlerweile weniger der Bildungsstand, sachliche Kenntnisse oder Erfahrungen an sich einfließen, sondern fast ausschließlich die glaubwürdige Bereitschaft, Verantwortung zu übernehmen, sowie der Spezialisierungsgrad.

Die deutsche Wirtschaft hat schon immer davon profitiert, dass sie die menschliche Genialität spätestens in dem sich nach dem Krieg etablierten Modell der Sozialen Marktwirtschaft nicht wirtschaftlich verwertete. Während die freie Ressource der verzweifelten Ideengeber verfügbar ist und skrupellos abgeschöpft wird, werden die Verwaltungsleistung, und ansonsten Verantwortung und Spezialisierung überdurchschnittlich honoriert. Zunehmend populär wird der Ruf nach weniger Management und mehr Leadership. Diese Haltung kommt aus der kybernetischen Philosophie und meint vor allem die Steuerung mit Impulsen, die sich mit KI sehr gut umsetzen lässt. Durch kultivierten menschlichen Genius wird die effektive Steuerung nun an die effiziente Verwaltung angeschlossen.

Ein Blick ist nicht nur Beleuchtung, sondern auch Verzerrung, verändert doch der Beobachter das Beobachtete bereits durch die Beobachtung an sich. Abgesehen von dieser konstruktivistischeren Sichtweise, oder auch der radikaleren quantenmechanischen Erklärung, trägt mindestens die von Logos und damit begrifflich beeinflusste Auseinandersetzung mit einem Gegenstand, z.B. durch die Fragestellung, zur Verzerrung eben dieses Gegenstands bei. In Anlehnung an Gerold Ungeheuer[17] begründet, birgt jeder Begriff Vor-Urteile in sich, d.h. nicht weiter reflektierte Annahmen. Nicht umsonst ist es Redensart, dass jede Frage eine halbe Antwort in sich trägt.

Um KI zu entwickeln, müssen wir uns von der „künstlichen Intelligenz“ in uns selbst befreien wollen, die vom kognitiven Sinn entfremdete, rationale und effiziente Intelligenz der arbeitsteiligen, industriellen Geltungsproduktion abstreifen wollen. Ich meine die akut empfundene menschliche Sehnsucht, wieder „natürlich“ im Sinn der echten menschlichen Potenzialität zu werden. Damit bewerte ich KI nicht als per se negativ oder destruktiv. Nur entwickelt KI, wenn sie – sicherlich übergangsweise – im menschlichen Gehirn angesiedelt wird, massive Nebenwirkungen wie Depressionen, Ablenkungssucht, Sinnlosigkeit, Aggression, Arroganz oder Ignoranz. Mit dieser Behauptung stehe ich bei weitem nicht allein da. Die erhabenen Utopien aus der Feder heller Geister der Antike, der Renaissance oder jeder anderen Blütezeit der bisherigen, wirklich sehr kurzen Geistesgeschichte der Menschheit, belegen sie, ebenso wie die Sehnsüchte ganzheitlich denkender Humanisten. Daneben wird sie auch von der modernen Neurologie, Gehirnforschung und Informationspsychologie gestützt. Separiert sich der von Natur aus kreativ-

---

17 Gerold Ungeheuer: *Kommunikationstheoretische Schriften I. Sprechen, Mitteilen, Verstehen.* 3., völlig neu eingerichtete Auflage; herausgegeben und mit einem Vorwort von Karin Kolb-Albers und H. Walter Schmitz. Münster [Nodus] 2017.

heuristisch veranlagte Mensch von der rational-effizienten Intelligenz, befreit er das menschliche Gehirn von KI und übersiedelt sie in die global vernetzten Clouds, die durch eine ungeahnte Rechenleistung belebt und aufgewertet sind. Der Mensch löst sich von KI und befreit sich von seinem Host-Dasein. Er emanzipiert sich in seiner davor stark verzerrten Spontaneität, Kreativität, Sinnsuche und Menschlichkeit.

Sofern die Leser dieses Motiv teilen können, sehen sie erst den Sinn in KI.

Ich muss mich zum vorherig Gesagten korrigeren: Auf gewisse Art und Weise konkurrieren wir bereits mit KI. Mit „wir" meine ich aber nicht uns als Menschheit, sondern die vermeintlichen oder gefühlten „Erfolgreichen" und „Gewinner" der heutigen Generation. Auch möchte ich das Konkurrieren nicht verstanden wissen im Sinne eines Arbeitskampfs, sondern allein aus dem gefühlten – und nicht erfüllenden – Lebenssinn und Selbstwertgefühl heraus. Sobald KI richtig intelligent wird, können wir sie nur toppen, indem wir intellektuell werden. Diese Intellektualität ist befreiend und emanzipierend, kreativ, künstlerisch und poetisch, nicht verklemmt oder verklemmend. Verklemmte Intellektualität jagt nach der illusorischen Befriedigung des geldwerten Erfolgs – stets im Wettbewerb stehend mit vermeintlich „erfolgreichen" Zeitgenossen von heute, die in Wirklichkeit nur gleich gemacht und leicht verblödet sind. Dabei sollten wir doch nur mit uns selbst konkurrieren, in der ehrlich gesuchten, nicht extern zu evaluierender oder zu würdigender Annährung an den Sinn unseres Lebens oder Lebensabschnitts – helfend, motivierend, ermöglichend, fördernd.

Spätestens wenn ich „fördernd" sage, denkst du wohl an Non-Profit-Organisationen oder eingetragene, gemeinnützige Vereine? Diese Organisationen mögen ihren Zweck erfüllen. Davon abzugrenzen ist jedoch die Tatsache, dass ein sich orientierendes, erkennendes und ermöglichendes Subjekt nur die anderen Subjekte sinnvoll und unmittelbar fördern kann, die auf dem gleichen Lebensabschnittsweg Unterstützung brauchen – so wie Engels Marx förderte, oder der berühmte amerikanische Astrophysiker Carl Edward Sagan einen begabten Jungen aus Bronx, der heute berühmter amerikanischer Schriftsteller, Astrophysiker, Physiker, und Direktor des Hayden Planetariums in New York City ist – Neil deGrasse Tyson.

Die dümmste Idee der Menschheitsgeschichte

Überlegung von Florian Schild

„Nimmt KI den Menschen die Arbeitsplätze weg?", so in etwa lautet die Frage in vielen Zeitungen und Werbeflächen. Die Branche ist egal, die Gerüchte um den Verlust der Arbeit lassen nahezu keinen Beruf aus: Taxifahrer und LKW-Fahrer, Steuerberater, Rechtsanwalt und Reinigungskraft. Das Forschungsinstitut der Bundesagentur für Arbeit bietet hierzu mit dem *Job Futuromat* sogar ein Onlineportal an. Dort wird nach Belieben ein Beruf in die dafür vorgesehene Suchleiste eingegeben (https://job-futuromat.iab.de). Bei der Eingabe von „Steuerfachangestellter" sah die Suche wie folgt aus: „Steuerfachangestellte/r: Der Arbeitsalltag dieses Berufs besteht im Wesentlichen aus 12 verschiedenen Tätigkeiten, 12 davon und somit 100% könnten schon heute Roboter übernehmen."

Der Mensch, als Kind geschult, als junger Erwachsener ausgebildet und nach über 13 Jahren Ausbildung insgesamt endlich Steuerfachangestellter, liest plötzlich, dass 100% seiner Aufgaben von einem „Roboter" erledigt werden können. KI automatisiert menschliches Handwerk und Werkzeuge, ob aus Schule, Ausbildung, Studium oder beruflichem Umfeld spielt dabei keine Rolle.

In der Regel folgt eine der drei Reaktionen, wenn klar wird, dass der eigene Beruf durch ein Programm, welches sich international ausrollen und vervielfältigen lässt und die eigenen Fähigkeiten übertrumpft: Angst, Schock oder Misstrauen. Was ich selten erlebe, ist die Reaktion von Freude. Dabei wären die Menschen einige Generationen vor uns schwer beeindruckt gewesen, hätten Maschinen ihre Aufgaben erledigt. Der irische Schriftsteller Oscar Wilde hat im späten 18. Jahrhundert darüber geschrieben: „Jede rein mechanische, jede eintönige und dumpfe Arbeit, jede Arbeit, die mit widerlichen Dingen zu tun hat und den Menschen in abstoßende Situationen zwingt, muss von der Maschine getan werden. [...] Jetzt verdrängt die Maschine den Menschen. Unter richtigen Zuständen wird sie ihm dienen."[18] Überdies träumten einige Philosophen der Antike davon, dass der Mensch in Gänze einmal befreit davon sein würde, zu arbeiten und, dass Maschinen die Rolle der „Frauen und Sklaven" übernehmen würden[19].

---

[18] Oscar Wilde: Drei Essays. Karl Schnabel, Berlin 1904, S. 45.

[19] Vgl. Richard David Precht (2018): Jäger, Hirten, Kritiker. Eine Utopie für die digitale Gesellschaft, München.

Der sich während der Industrialisierung verbreitende Taylorismus, der größere Aufgaben in kleine Aufgaben teilte, sorgte dafür, dass Menschen den Gesamtüberblick über die Arbeit verloren. Einzig der Unternehmensspitze war es vorbehalten, eine Übersicht aller Arbeitsprozesse gleichzeitig zu haben. Menschen arbeiteten in ihren aufgabenbezogenen Silos. Maschinen wurden über die Zeit vielfältiger und moderner und entlasteten oder ersetzten gar Arbeiter in bestimmten Arbeitsabschnitten. Zur Zeit der Einführung der Maschinen war dies für grobe und einfache Aufgaben wie Mahlen von Korn, Stanzen von Blech oder Drehen von Stahl möglich. Heute ist ein Roboterarm in der Lage, eine Schraube sanft anzudrehen, selbst um die Ecke zu lenken. Das lässt sich auch in den Operationssälen der Chirurgie nutzen, in denen Roboter am menschlichen Körper agieren.

Wie in meinem vorherigen Beitrag „Wer versteht KI?" erläutert, ist der Roboter selbst getrennt von einer KI zu betrachten. Während der Mensch vor einigen Jahren Hebel umlegte, um eine Maschine, wie die eines Krans zu betätigen, so schmeißen heute KI-Softwareprogramme – im übertragenen Sinne – die Hebel im Kran um. Der Computer ist heutzutage in der Lage, leichte kognitive Aufgaben zu lösen und die Ergebnisse solcher Lösungen an einen Roboter oder eine Maschine zu delegieren. Dies ermöglicht, dass wir KI nutzen, um unser Wissen dieser Software beizubringen, und mittels Maschinen an Orten arbeiten zu lassen, an denen wir nicht handlungsfähig wären, zum Beispiel auf dem Mars oder als mikroskopisch kleines U-Boot in den Venen eines Menschen.

Ein Bereich, der sich heute in seiner Gesamtheit automatisieren lässt, ist beispielsweise die Qualitätskontrolle produzierender Unternehmen. Hat ein Mitarbeiter sich über Jahre am Ende der Produktion das Produkt genau von allen Seiten angeschaut und auf Fehler überprüft, reichen heute Sensoren aus, welche diese Sinne imitieren. Im Falle der visuellen Überprüfung wäre eine Kamera denkbar. Diese macht am Ende der Produktion Aufnahmen des fertigen Produkts. Der Facharbeiter, der über Jahre für die Bewertung zuständig war, überträgt seine Erfahrungswerte in den Computer – wenn diese nicht schon in den letzten Jahren dort abgespeichert wurden. Ein bisschen „Simsalabim" und die KI entscheidet zwischen Produkten, die der geforderten Qualität entsprechen, und solchen, die es eben nicht tun. Der Facharbeiter kontrolliert erst einmal den Prozess, doch im Laufe der Zeit wird er nicht mehr den ganzen Tag anwesend sein müssen. Das Ganze wird in der Regel so erweitert, dass die vorherigen und nachfolgenden Schritte ebenfalls automatisiert werden, solange bis die ganze Produktion vom Wareneingang bis zum Versand der Produkte vollautomatisch abläuft.

Im Gegensatz zum Facharbeiter, der meistens Wissen und Verantwortung nur im Rahmen seiner Fachabteilung hat, erlangt die KI-Software mit Zugang zu Unternehmens-IT und -Datenbanken Einblick und Erkenntnisse über den gesamten Betrieb. Genauso unermüdlich wie die Maschinen ist die KI in der Lage, alle Anlagen im 24-Stunden-Takt zu orchestrieren, bis selbst die letzten Aufgaben des Fließband-, Abteilungs-, Fach- oder Sacharbeiter durch KI gesteuerte Maschinen ersetzt werden.

Dort wo der Job ersetzt werden kann, es jedoch allgemein nicht erwünscht ist, wird es weiterhin Beschäftigung geben. Das ist offenbar überall dort der Fall, wo die menschliche Beziehung in den Vordergrund tritt, zum Beispiel im Gespräch mit einem Psychologen. Zwar sind Forscher der Universität zu Köln zu der Erkenntnis erlangt, dass Patienten sich einem Computer schneller öffnen als einem fremden, menschlichen Therapeuten, doch kenne ich niemanden aus meinem Bekanntenkreis, der einen Computer gegenüber einem Menschen vorziehen würde.

Dort wo der Job noch nicht ersetzt werden kann, holt KI mehr aus dem Menschen heraus. Der Mensch wird zum Getriebenen der Maschinen. Das ähnelt in manchen Fällen bereits heute moderner Sklaverei. Der Alltag ist plötzlich getaktet durch KI-Algorithmen. Durch die Straßen steuert Uber die Menschen von A nach B. In den Krankenhäusern schaut Watson vielen Ärzten längst über die Schulter. Es muss immer klar sein, dass sich hinter den intransparenten Trainingsfunktionen und Algorithmen von KI die Anwendung von menschlicher Intention versteckt.

Die Datenbank eines vollkommen digitalisierten Unternehmens hat in der Regel mehr Fakten über das Unternehmen gespeichert, als der Geschäftsführer überblickt. KI übernimmt schleichend die Rolle des Geschäftsführers. Im Verständnis des Taylorismus bedeutet dies, dass eine KI die Roboter und Maschinen und mit ihnen den Menschen als Roboter steuert. Wenn wir die Tech-Konzerne betrachten, dann sind es langsam stärker werdende AI's, die das von den Menschen festgelegte Ziel haben, eine Optimierungsfunktion zu finden, die das Unternehmen in eine globale Machtposition bringt oder hält.

Anfang 2019 leben wir in einer Phase wirtschaftlichen Wohlstands. Volkswirtschaftlich betrachtet geht es uns Deutschen heute besser als je zuvor. Fraglich ist es, ob es von hier aus weiter nach oben geht.

Sicher ist, dass neue Technologien wie 3D-Druck auf den Markt kommen werden. Sie sorgt beispielsweise dafür, dass Adidas, Nike und Co den Menschen in den Schuhfabriken die Arbeit entziehen. Die Produktion wird wieder zurück verlagert, weil die Unternehmen mit 3D-Druck nun wieder vor Ort produzieren können. Die Kosten sind hier mittlerweile geringer, als wenn Unternehmen in östlichen Ländern produzieren lassen, in denen sie zusätzlich neben den Kosten der Arbeitskraft auch Zollabgaben und Lieferkosten bezahlen müssen.

Erwerbsarbeit ist also bei wachsender Automatisierungsmöglichkeit vom heutigen Stand aus betrachtet rückläufig. Die Frage, die sich mir stellt, ist: Wollen wir Arbeit nur der Arbeit willen? Eigentlich müsste die Arbeitswelt immer angenehmer werden und trotzdem klagen einige Menschen über zunehmenden Stress und darüber, dass sie gar nicht mehr zum Arbeiten kommen. Doch scheint Arbeit heute irgendwie cool zu sein. Ist es nicht absurd, dass Gewerkschaften und Parteien einst für die 40 Stunden-Woche kämpften und vielerorts die Menschen das nun freiwillig aufgeben, um der Karriere willen zum Teil über 50 Stunden zu arbeiten? Wir können doch gar nicht so lange an einem Stück konzentriert und effektiv arbeiten! Was tun wir da eigentlich?

David Heinemeier Hansson, der Gründer von Basecamp, lebt im Silicon Valley und kritisiert zugleich die dort vorherrschende Start-up-Kultur. „Es ist ein Mythos, dass wir uns zu Tode arbeiten müssen“[20]. Auch Karl Marx' Schwiegersohn, der Arzt und Sozialrevolutionär Paul Lafargue, fragte sich bereits, „wenn sich das reiche Besitzbürgertum nichts Schöneres vorstellen kann, als sich in seiner freien Zeit müßig den Künsten und Genüssen hinzugeben – warum soll es dann das Ethos der Arbeiter sein, sich unter unmenschlichen Bedingungen von morgens bis abends zu plagen und dabei Schaden an Leib und Seele zu nehmen? Drei Stunden Arbeit am Tag für jeden solle in Zukunft ausreichen. Gefordert ist die Einundzwanzig-Stunden-Woche.“[21]

Arbeiten wir also des Geldes wegen? Ich finde die Aussage des Hirnforschers Prof. Gerald Hüther treffend: „Als Hirnforscher muss ich sagen: Dass wir für Geld arbeiten war die dümmste Idee, die wir in unserer Menschheitsgeschichte entwickeln konnten.“[22] Erwerbstätigkeit und nichtsinngebende Arbeit sollten nicht länger im Mittelpunkt des Lebens stehen, insbesondere nicht bei den Jüngeren. Auch Konfuzius schreibt über die bewusste Wahl des Berufs: „Wähle einen Beruf, den du liebst, und du wirst

---

20 https://www.zeit.de/arbeit/2018-11/arbeitswelt-wandel-stress-mythos-basecamp-arbeitskultur.

21 Vgl. Richard David Precht (2018): Jäger, Hirten, Kritiker. Eine Utopie für die digitale Gesellschaft, München.

22 https://www.mdr.de/kultur/gerald-huether-interview-100.html?fbclid=IwAR3Y09E32kBeJHPl5Ve1wdQhByLjtT5NOyyW5uw14Rs2paZiKuAIg-SVDMQ).

keinen Tag in deinem Leben mehr arbeiten müssen."[23] Diese „Lebe-Deinen-Traum"-Mentalität wird wohl bald Realität. Maschinen und Systeme werden unsere Arbeit Stück für Stück übernehmen.

Doch selbst, wenn die letzte Arbeit von nun an von der Maschine übernommen würde, glaubst Du, dass es dann nichts mehr zu arbeiten gäbe? Ich brauche nur aus dem Fenster zu schauen und sehe 1000 Möglichkeiten, was es noch zu tun gäbe. Diese Freizeit, die durch den Einsatz der Maschinen und deren Übernahme traditioneller Arbeiten entsteht, sollte meines Erachtens dafür eingesetzt werden, dass wir uns wieder mehr Gedanken machen können: Was können wir der Natur zurückgeben, die wir über Jahrzehnte geschädigt haben? Wie gelingt es uns, den ganzen Müll aus den Meeren zu recyclen? Wie bekommen wir unsere Naturverbundenheit in Städte integriert? Wie schaffe ich es, einen besseren Kontakt zu meinen Mitmenschen aufzubauen? Wie können wir uns in einer arbeitsfreien Welt finanzieren? Es werden Themen wie Grundeinkommen, Sinnfindung im Leben ohne Erwerbstätigkeit sowie Aggression durch zu viel Freiheit auf den Tisch kommen. Wir werden sehen, dass es genug Arbeit geben wird, die zwar KI erledigen kann, doch bei wir gar nicht wollen, dass KI sie erledigt. Einfach deshalb, weil wir es genießen, etwas zu tun, zum Beispiel mit Kindern zu spielen, zu musizieren, zu denken, Filme zu produzieren, sich um verletzte Tierezu kümmern, im Garten zu arbeiten. Es wird vermutlich auch Menschen geben, die gerne im Büro arbeiten, doch es wird definitiv mehr menschen- und naturdienliche, kreative, schöpferische oder sozialgemeinschaftliche Arbeit geben als es heute der Fall ist. Eine schöne Zeit, die uns bevorstehen kann.

Exkurs 7
KI und Verantwortung

In einem offenen Brief des Future of Life Institute, den führende Technologieexperten und Forscher unterzeichneten, schlagen die Verfasser vor, die Forschung auszudehnen und so sicherzustellen, dass die immer leistungsfähigeren KI-Systeme stabil und wohltätig snd. Die Verfasser glauben, dass Forschung, die sich damit beschäftigt, dass KI-Systeme stabil und wohltätig sind, dringend notwendig ist. Im Brief wird über die Maximierung des Nutzens für die Menschheit gesprochen, sowie die Verstärkung der Intelligenz menschlicher Zivilisation durch KI.

Es geht um Verantwortung und Rechtschaffenheit, um Bewusstbarmachung möglicher Fallstricke und den Versuch, Grundsätze zu formulieren. Ein offener Brief –

---

[23] Die Aussage wird dem chinesischen Philosophen Konfuzius (551–479 v. Chr.) zugeschrieben.

eine Stellungnahme ohne rechtliche Bindung. Ein Anfang. Wer schreibt die Geschichte dahingehend fort? Was macht es mit uns, wenn wir uns technologisieren und Systeme Entscheidungen treffen? Wer verantwortet die Programmierung der Systeme, wer übernimmt Haftung für ihre Erzeugnisse, ihre Maßnahmen, Äußerungen und wer kontrolliert die Potenzialität der Nutzung der Systeme?

Wie gestalten wir die Zukunft, wenn wir sie stets nur partiell ansehen: Fragen wir Teil-Öffentlichkeiten, erhalten wir Teil-Wahrheiten, d.h. stets wahre Zugänge zum selben Thema, die doch nur Ausschnitte einer Gesamtwahrheit darstellen. Technologen sehen die Zukunft technologisch, Biologen sehen das Potenzial der Gentechnik und ältere Menschen glauben stets, dass es früher besser war. Anspruch auf Wahrheit haben all ihre Sichtweisen. Und allein schon die Vorhersage zukünftiger Entwicklung beeinflusst die Entwicklung dahin schon heute. Das Konzept der Zukunft kann nur interdisziplinär und international gestaltet werden. Zusätzlich braucht es den Mut, seine eigenen, spezialisierten Zukunftsvisionen weiterhin optimieren zu wollen, Daten und Ansichten in die eigene Erkenntnislandschaft einzubeziehen, daraus zu lernen und ein noch größeres, dichteres Verständnisgemälde zu malen. Es braucht kein Geltungsbewusstsein, sondern ein demütiges Gestalten in einem ethischen Rahmen. Wer wird in die Pflicht genommen? Oder hat der Entwickler in Start-up-Manier da einfach mal was programmiert?

Warum wir es lernen müssen, für uns selbst Verantwortung zu tragen

Überlegung von Leon Tsvasman

Was ich nun sage, mag den ein oder anderen Leser nun emotional entlasten: Ein Subjekt kann aus mehreren Gründen keine Verantwortung für ein anderes Subjekt übernehmen. Ein menschliches Subjekt kann nicht wirklich verantworten, nur symbolisch von externer Stelle Verantwortung zugewiesen bekommen. Das erlebte Gewissen, mich verantwortlich zu fühlen, motiviert mich im Idealfall. Ich bemühe mich, meiner Verantwortung nach den mir bekannten formalen oder ethischen Regeln oder Normen möglichst gerecht zu werden. Aber klappt etwas doch nicht oder tragen die Folgen meines Handelns negative Früchte, kann ich buchstäblich nichs dafür.

Allein deshalb, weil unsere Lebensdauer begrenzt ist, können wir nicht in Zeiträumen denken, die jenseits von ihr liegen. Wer sich als „kleiner Klerk" oder Verwalter versteht, gibt seinen Gestaltungsanspruch komplett ab, verantwortet nur die Effizienz. Was bleibt, kann letztlich vollkommen automatisiert werden. Auch Universaldenker wie Sokrates, Friedrich Nietzsche, Karl Marx, Carl Jung, Wilhelm Reich, Rudolf Steiner oder Nicola Tesla lebten zu kurz, um ihr jeweiliges Werk zu Ende denken zu können. Obgleich ich die Liste noch lange fortsetzen könnte, erwähne ich den öfter von mir zitierten österreichischen Kybernetiker Heinz von Foerster, der als Sokrates des kybernetischen Denkens gilt, und den österreichisch-amerikanischen Universalphilosophen Ernst von Glasersfeld, der den Radikalen Konstruktivismus, die fortschrittlichste Sicht auf menschliche Wissenskonstruktion, begründete. Mit 90 war von Glasersfeld so klar im Kopf, dass er in meinem Lexikon brillante Artikel schrieb. Humberto Maturana begründete evolutionsbiologisch eine gemeinsame Grundlage für Natur- und Geisteswissenschaft. Diese Denker zählen zu den aus meiner Sicht besonders souveränen, die teils oder zeitweise ungeheure Wirkung hatten, und, oder gerade deshalb, am wenigsten verstanden wurden. Ihr Potenzial war höher, als das, was sie zum Ausdruck bringen konnten.

Dass Menschen anderen Menschen symbolisch Verantwortung zuweisen, findet sich in jeder von Menschen verwalteten Ordnung. Die Verantwortungszuweisung ist und bleibt ein halbwegs gangbarer Versuch, eine Stabilität zu ermöglichen. Doch reicht sie bei weitem nicht aus; ein Problem, das als „menschlicher Faktor" bekannt ist. Wer verantwortet die Nuklearkatastrophe von Tschernobyl? Wissenschaftler, die als Team mehrere Personen sind, und nur zeitweise nach externen Regeln miteinander kollaborieren? Oder die Regeln und Normen selbst, und somit solche Subjekte wie Gesetzgeber oder eine ethische Normgemeinschaft? Zu erwähnen sind ebenso die „verantwortlichen" Verwalter, die Regierung, die Gesellschaftsordnung oder in diesem Fall sogar die fast immer falsch verstandenen vermeintlichen Ideenstifter der konkreten Gesellschaftsordnung (in diesem Fall vielleicht Marx, Engels, Lenin & Co.). Als Subjekte begrenzter Lebensdauer und ihre ungünstigen Lebensumstände berücksichtigend, hatten sie keine Chance, ihre Ideen zu Ende zu denken, sie adäquat umzusetzen oder die Umsetzung zu begleiten. Ihre einzige Chance war das Verwerfen der einer oder anderen Idee. Oder eine vermeintlich ganz andere Situation: Wer verantwortet den gewiss nicht nur wirtschaftlichen Schaden, der für den Pharma- und Agrarchemiekonzern Bayer und die sämtlichen Interessensgruppen aus dem Kauf von Monsanto entstanden ist? Wer auch immer sanktioniert wird, die zahlreichen Leidtragenden hätten mehr davon, wenn der Kauf hätte vermieden werden können, wenn also bei der Entscheidung nicht nur Zahlen eine Rolle gespielt hätten, sondern die höhere Komplexität mit ethischen, psychologischen und sozialen Faktoren berücksichtigt worden wäre. Diese Faktoren untersucht die Wissenschaft werteorientierter Unternehmensführung zwar seit langem schon, aber Praktiker setzen sie kaum um.

In solchen Fällen kann zwar Schuld zugewiesen werden, doch dient dies wesentlich einem rituellen Zweck. Eine nur bedingt oder symbolisch „angemessene“ Strafe kann zur Abschreckung vollzogen werden. Aber das Ergebnis – noch mehr Angst – führt entweder zum Burnout der Verantwortlichen oder zur zynischen Regeltreue. Das letztgenannte ist auf der exekutiven Ebene noch schwieriger, denn keine pauschale Regel kann perfekt sein, um alle Faktoren zu berücksichtigen und Eventualitäten vorweg zu nehmen. Auch kann die menschliche Kreativität in nicht-trivialen Ausnahmefällen Menschenleben retten. Der Sinn von „Ritualen“ der Schuldzuweisung ist, die aktuellen oder künftigen „Verantwortlichen“ zu noch mehr Sorgfalt zu bewegen. Auch die intrinsisch höchst Motivierten werden sich dem Dilemma stellen müssen und sich entweder zynisch an die nicht perfekten Regeln halten oder sich verausgaben.

Wie auch immer, Rituale sind oft beständiger als Inhalte, und die letzteren lassen sich gerne austauschen.

Klar ist, dass es in Sicherheitsbereichen darum geht, Unfälle zu vermeiden anstatt die „Verantwortlichen“ zu bestrafen. Datengetriebene KI-Systeme können sich mit ungeahnter Schnelligkeit und Effizienz der Unfall-Vermeidung widmen. Um in kürzester Zeit besser als jeder „verantwortliche“ Mensch agieren zu können, müssen sich Menschen ganz aus der Verantwortung zurückziehen. Doch ist das unsexy. Denn auch wenn es ganz einfach wäre, würde nur die Bestrafung zur „Zeremonie” gehören, wissen wir, dass sie allein nicht mal in totalitärsten Gesellschaften ausreichend war. Die dialektisch notwendige Gegenseite der Bestrafung gibt es nämlich auch: Privilegien. Da die Verantwortung im Erleben, das sogenannte Gewissen, prinzipiell nicht extern geprüft oder evaluiert werden kann, muss sie auf der Verhaltensebene reguliert werden. Das Phänomen der Macht besteht in dem Aufmerksamkeitskredit, durch den aktuelle Führungspersönlichkeiten in Ämtern – von Königen über Diktatoren bis hin zu Abteilungsleitern – von der Allgemeinheit materielle und ideelle Vorteile erhalten, um im Zuge der höheren Sanktionsgefahr motiviert zu werden. In der Praxis scheitert es an der „symbolischen“ Verantwortung und an der Tatsache, dass für die betroffenen Subjekte das Zusammenspiel des Aufmerksamkeitskredits mit einer aus ihm resultierenden Gestaltungsfreiheit – die kreative und sinnbetonte Seite der Macht – unheimlich „sexy“ ist.

Wer sich nun die gesamte menschliche Belletristik mit Werken wie etwa Goethes Faust vor Augen führt, wird wissen, dass Macht für Subjekte wesentlich mehr Nachteile bringt, als sich die meisten bewusst sind. Das Problem besteht darin, dass die eigentliche Potenzialität des Subjekts in seinem „echten“ seelischen, karmischen oder einfach nur zu Ende gedachten subjektiven Sinn fast komplett geopfert wird. Ein Subjekt mit Macht geht nicht seinen Weg, sondern den Weg seiner Position. Aus Sicht der alten spirituellen Philosophien und klassischen Autorenwerke opfert der Mensch seine Seele (Christentum oder Dr. Faust) oder seine ganze Inkarnation (Hinduismus-Buddhismus), in der er keine wirkliche, eigene Erkenntnis erreicht, an die Macht. Aktuell werden die gravierenden bis fatalen Nachteile, beispielsweise die externe Prägung der subjektiven Potenzialität, eher vernachlässigt. Insbesondere in der Industriegesellschaft zeigen sich die Nachteile für die sogar kleinsten arbeitsteilig beschäftigten Menschen deutlich. In einer solchen Gesellschaft fühlt man sich doch lieber durch Macht privilegiert, als wie früher durch die ethisch sehr belastende Position eines Monarchen.

Wer mir an dieser Stelle gerne folgt oder sich für Details interessiert, kennt sicher bereits die Ausführungen von Machiavelli bis Robert Greene. Auch wenn es einleuchtend klingt, ist es das nicht, wie die Historie der praktischen Handhabung von Verantwortung in fast allen menschlichen Gesellschaften aufzeigt: Mit viel Macht kann man Sanktionen leicht aus dem Weg gehen, denn was zählt, ist die fortzusetzende „Zeremonie", wie es Freddy Mercury treffend mit „The Show Must Go On" besang. Die falsche Faszination von Macht ohne „echte" Verantwortung führt dazu, dass die längst überfällige und auch nur mit KI mögliche „Separation" von künstlicher und natürlicher Intelligenz noch nicht vollzogen wird. Die Mächtigen dieser Welt werden ihre Macht nicht so schnell abgeben wollen und KI gerne als Instrument nutzen.

Nur in Balance mit der ausgelagerten systemischen Sinnproduktion kann das menschliche Subjekt „gut" sein. Mit dem Kalkül im Kopf kann der Mensch höflich, ehrlich und sogar erhaben sein, wirkt aber in einer Gesellschaft solange destruktiv, wie er weder seinem eigenen intrinsischen noch systemischen Sinn verpflichtet ist. Die Absurdität eines solchen Wirkens zeigen etwa die Gebrüder Cohen in ihrem gesamten Filmwerk, neben ähnlich urteilenden Untersuchungen von Künstlern, Literaten und Dichtern, die dem aufmerksamen Rezipienten dieser Kulturleistungen sicher aufgefallen sind.

Das Fazit an dieser Stelle könnte wie folgt lauten: Moderne Menschen mit KI in ihren Köpfen sind nicht in der Lage, jedwede Steuerung von Komplexität mit offenen Faktoren zu betreiben, weil „KI-infizierte" Subjekte nicht verantworten können.

Erlaube mir mir an dieser Stelle einen Witz, der mich an menschliche Verantwortliche oder Politiker erinnert: Ein Mann kommt zum Pferderennen und möchte auf ein Pferd setzen. Einige kräftige Pferde stehen zur Auswahl. Plötzlich nähert sich ihm ein kleines Pony, und fordert ihn auf: „Hey Mann, setz doch auf mich!" – „Ähm", sagt der Mann, „warum sollte ich? Du bist doch klein, schmächtig und siehst nicht gerade gesund aus." – „Tu, was ich sag', Mann. Vertrau mir. Du wirst es nicht bereuen", entgegnet Pony voller Überzeugung und lächelt ihn selbstbewusst an. „Naja, ok. Aber wehe, ich verliere! Das ist nämlich mein letztes Geld!" – „Keine Sorge, Mann! Du wirst gewinnen!" Gesagt, getan. Der Mann setzt auf Pony, nur Pony kommt mit großem Abstand als letztes Pferd ins Ziel. Der Mann ist am Boden zerstört, schimpft laut und beruhigt sich nur langsam. Pony sagt leicht betrübt: „Naja, irgendwie hat's dieses Mal doch nicht geklappt. Aber wer konnte es wissen? Sorry, Mann, aber nächstes Mal schaff' ich's bestimmt!"

„Wer kann denn verantwortlich sein?" Die plausible Antwort: Ein Mensch kann keine Verantwortung für andere Menschen übernehmen, nur für sich selbst! Der ethische Imperativ von Kybernetik „Handle stets so, dass die Anzahl der Wahlmöglichkeiten größer wird!" wurde von Heinz von Foerster in Anlehnung an den kategorischen Imperativ von Immanuel Kant formuliert („Handle nur nach derjenigen Maxime, durch die du zugleich wollen kannst, dass sie ein allgemeines Gesetz werde.") Heinz von Foerster betont die Eigenverantwortung als einzig mögliche Verantwortung und setzt auf die Subjektivität des Einzelnen. Denn in der Verwirrung, die neue Möglichkeiten sichtbar werden lässt, manifestiert sich für ihn ein ethisches Grundprinzip, wodurch sich auch die Freiheit des Anderen und der Gemeinschaft vergrößern soll.

Um jedoch die Verantwortung für sich selbst wirklich übernehmen zu können, muss man auch sein Selbst sein: sich also nicht im Machtbereich eines anderen befinden, kompetent und mental in der Lage sein. Ich meine nicht die gesetzliche Volljährigkeit oder psychische Zurechnungsfähigkeit, sondern vor allem das bewusste Subjektsein. Doch nicht mal das kann eine menschliche Person, solange sie arbeitsteilig tätig und somit fremdbestimmt ist oder als zwangsläufiger Spezialist daran gehindert wird, sich in der Welt autonom zu orientieren. In der Frage der Verantwortung, müssen wir erstens das Subjekt dazu befähigen, für sich selbst verantwortlich zu sein. Ich nenne es Human Difference. Zweitens muss das Subjekt befähigt werden, Fremdverantwortung auszulagern (KI). Kurz: Durch Auslagerung der künstlichen Intelligenz aus dem intersubjektiven Wirkungsbereich des gemeinsamen Handelns ermöglichen wir menschliche Intelligenz.

Wir schon erwähnt, fließen in die Karrierechancen mittlerweile weniger der Bildungsstand, sachliche Kenntnisse oder Erfahrungen ein, sondern fast ausschließlich die glaubwürdige Bereitschaft, Verantwortung zu übernehmen, sowie der Spezialisierungsgrad. Dabei bleibt die Verantwortung mehr oder weniger symbolisch. Menschen können über andere Menschen entscheiden, die Folgen verantworten und dadurch, dass sie einiges zu verlieren haben, können sie sanktioniert werden. Doch Macht resultiert aus

Verantwortung durch Menschen-Macht, und diese schützt gewöhnlich vor Verantwortung. Daraus entwickelt sich in fast allen Religionen die Sehnsucht nach Verantwortungsverlagerung auf höhere Wesen und zeitgleich nach Menschenverbesserung. Beides wird durch KI möglich. Emanzipierte Subjektwesen, „verbesserte" Menschen, können naturgemäß nur ihre eigene Kognition verantworten. Demnach muss infosomatische Intelligenz ausgelagert werden! Nur so kann aus Politik echte Governance werden und aus dem klerikalen Lobbyismus der Religion echte dynamische Ethik. KI muss all das übernehmen, was aktuell Machträume erzeugt!

Von offenen Programmen und Machtzementierern

Überlegung von Florian Schild

Softwareanwendungen – und damit KI eingeschlossen – sind etwas, wofür am liebsten keiner die Verantwortung übernimmt. Die Komplexität von Software wird heute durch Fragmentierung so erhöht, dass keiner mehr Schuld bei einem möglichen Softwareversagen hat.

Wie wackelig das Fundament heutiger KI-Software ist, wird einem bewusst, wenn man sich den Software-Stack anschaut, also die Bausteine, auf die eine Anwendung aufgebaut wird. Zur Entwicklung von Maschine-Learning-Lösungen wird beispielsweise Python, die populäre Skriptsprache, verwendet. Auf der ganzen Welt nutzen Tausende von Data-Scientists und AI-Ingenieuren diese Software, um Lösungen für die Gesichtserkennung, das Übersetzen von Texten und die Steuerung von Maschinen zu entwickeln. Dabei kann auf vorgefertigte Pakete zugegriffen werden. Pakete sind Programme, die wiederum Programme und Funktionen für einen Zweck enthalten, zum Beispiel zum Rechnen von Matrizen. Das Rad muss nicht neu erfunden werden. Machine-Learning-Pakete tragen Namen wie „Scikit-Learn" oder „SciPy" und bauen wiederum Pakete wie „NumPy" auf, welches beispielsweise ein fundamentales Paket für das wissenschaftliche Rechnen mit Python ist. Eine Vielzahl solcher Pakete steht jedem Nutzer als Open-Source zur Verfügung, und damit kann jeder den Code einsehen und daran mitwirken. In der Regel werden Pakete von einer kleinen Anzahl an Personen – im besten Fall über einen langen Zeitraum – gepflegt. Jeder, der möchte, kann dem verantwortlichen Entwickler Empfehlungen und Änderungsvorschläge zum Quellcode zusenden. Für die meisten Anwender, die sich den Code und das Paket einfach downloaden können, ist es on common, darauf zu vertrauen, dass der Code frei von Fehlern und Hintertüren ist – jeder glaubt, dass der andere den Code schon geprüft hat und der Code-Hauptverwalter keine Fehler macht oder schräge Absichten hat.

Das Interessante am NumPy-Paket ist, dass es neben der Skriptsprache Python im Kern mit der Programmiersprache C geschrieben wurde. C ist bekannt dafür, dass hiermit hardware-nahe Anwendungen geschrieben werden können. Mich macht diese Kombination wachsam.

Durch die steigende Beliebtheit wächst die NumPy-Community an und die Anzahl an Veränderungsvorschlägen erhöht sich. Damit steigt auch die Transparenz, wer eigentlich daran teilnimmt. In den letzten 12 Monaten wurden 2109 Commits (Verbesserungen) von 214 Contributers (Personen) vorgenommen und das gesamte Paket umfasst eine halbe Million Zeilen-Code. Die wenigsten wissen, wer die Entwickler sind, was passiert, wenn eine Funktion der Pakete nach einem Update für bestimmte Anomalien sorgt, oder jemand eine komplexe Funktion nur für sich als Vorrat aufgebaut hat, die vielleicht über ein anderes Paket aufgerufen wird. Software kann sicher gebaut werden, doch das ist eine hohe Kunst, die nur die wenigsten beherrschen.[24]

Schwierige Probleme werden deshalb outgesourct und die Verantwortung wird damit abgegeben. Doch Verantwortung spielt eine immer größer werdende Rolle, allein für die Sicherheit der Gesellschaft bei wachsenden IT-Anwendungen. Es ist toll, wenn die Zahl der Verkehrstoten dank selbstfahrender Autos drastisch reduziert wird; hingegen ein Supergau, wenn aufgrund eines Cyber-Hacks alle Fahrzeuge willkürlich ineinander fahren oder Passanten überfahren.

Für Hersteller ist es erst einmal günstiger, eine Software schnell zu erstellen, diese unfertig auf den Markt zu bringen und dann mittels einer vorgerichteten Update-Pulpline über die Ferne mit Patches und Updates zu versorgen. Sollte ein Anwender konkret Ärger äußern, Probleme bereiten und sich beschweren, dann wird in vielen Fällen versucht, durch Stack-Exchanges das Problem in kurzer Zeit zu beheben. Dies geschieht so leider ebenfalls in der Entwicklung von KI.

Einige Wissenschaftler und Entwickler behaupten sogar, dass es bei neuronalen Netzen schlicht und einfach nicht mehr möglich wäre zu wissen, was die Maschine macht. Das ist nicht wahr! Was korrekt wäre, ist, dass es mit Aufwand, Erfahrung und Know-how verbunden wäre, rauszufinden, was das Netz macht. Wie im Kapitel „Wer versteht KI?“ erläutert, ist selbst ein Neuronales Netz, so spannend es klingen mag, ein mathematisches Modell. KI ist somit letzten Endes eine Funktion, die man zu einem bestimmten Zeitpunkt anhalten und berechnen kann. Es ist vermutlich rich-

---

24 https://github.com/tensorflow/tensorflow/search?q=numpy&unscoped_q=numpy, https://github.com/scikit-learn/scikit-learn/Search?q=numpy&unscoped_q=numpyhttps://github.com/scipy/scipy/search?q=numpy&unscoped_q=numpy (Stand 03.01.2019).

tig, dass nicht jede Eventualität vorhergesagt und berücksichtigt werden kann. Ich sehe eindeutig die Gefahr, dass bei einem Versagen einer KI nur die Schultern gezuckt werden und behauptet wird, man hätte nichts machen können. Es muss bei einem System immer jemanden geben, der Verantwortung für das System übernimmt und den Anwender bei fehlerhaftem Einsatz zurückholt.

Wie weit das geht und wo es leider zu spät war, zeigt das Beispiel von Mobileye und Tesla. Mobileye ist ein israelische Sensorhersteller und Zulieferer für das Assistentsystem von Tesla gewesen. Mobileye hat seine Systeme an Tesla wohl mit der Aussage ausgeliefert, für welche Verkehrszenarien sich die Sensoren einsetzen lassen und für welche nicht. Nachdem es zu einem tödlichen Unfall mit dem Tesla in einer Verkehrsszene, die nach Aussagen von Mobileye ganz klar nicht abgedeckt wurde, kam, kündigte der Hersteller sofort die weitere Zusammenarbeit mit Tesla. Monate später äußerte sich der CEO von Mobileye, dass Elon Musk bereit sei, ein höheres Risiko einzugehen, indem er nicht auf zusätzliche Technologie baue, die das Selbstfahren der Autos sicherer macht.[25]

Durch KI sind wir in der Lage, die Maschine in der Umwelt dynamisch agieren zu lassen. Das ist ein Unterschied zur klassischen Software, in der jede Eventualität statisch hinein programmiert wurde.

Sensibel wird es, wenn Ethik in künstliche Intelligenz programmiert werden soll. Dies spielt in Situationen eine Rolle, in denen das Leben eines Menschen in Gefahr ist und die Software die Kontrolle über das weitere Vorgehen hat. Soll beispielsweise eine Beinprothese aufhören zu arbeiten, wenn sie merkt, dass sie sich an den Abgrund einer lebensgefährlichen Klippe zubewegt? An diesem Beispiel wird deutlich, wie schwierig es hierbei ist, die Folgen einer solchen ethischen Programmierung einer Maschine abzuschätzen. Wenn eine Maschine moralisch handelt, steht bei umstrittenen Entscheidungen, z.B. im Fall von Unfällen oder Katastrophen, nicht unbedingt der Programmierer am Pranger.

Ich bin der Auffassung, dass es besser wäre, die Grenze dessen, was man erlauben soll, genau dort zu ziehen, wo die Maschine moralische Entscheidungen treffen könnte. Was ethisch programmiert werden muss und damit die moralische Entscheidung von Menschen ersetzt, sollte nicht zugelassen werden. Ein Freund und führender Forscher im Bereich Autonomes Fahren ließ im gemeinsamen Gespräch auch durchblicken, dass das Auto in einem möglichen Gefahrenfall schlicht die ursprüngliche Reaktion zeigen würde: die Vollbremsung! Nicht mehr, nicht weniger.

---

25 https://www.cnet.com/roadshow/news/mobileye-ceo-tesla-self-driving-cars/.

Wir Menschen können wählen, was für Technologien wir einsetzen wollen. Die großen Unicorn- Start-ups haben mittlerweile einen schlechten Ruf. Google ändert den Titel zu: „Don't be Evil" zu einem Fokus auf „Transparenz, Qualität und Sicherheit". Transparenz ist der Schlüssel zu Vertrauen und damit der Schlüssel für die Zukunft für KI-Produkte.[26]

Kennst Du die Bilder aus Entwicklungsländern, die Menschen zeigen, die das erste Mal eine Kamera sahen und jeder diese anfassen wollte und fasziniert von der Technik war? Ich sehe heute in ähnliche Gesichter, wenn ich ältere Menschen im Umgang mit der modernen Technologie beobachte. Sie können es nicht glauben, dass der Blinde sehen und der Querschnittsgelähmte mit intelligenten Prothesen wieder gehen kann. Für viele ist das schlichtweg Magie. Wenn diese Technologie zu Menschen in Entwicklungsregionen dieser Welt gebracht werden würde, dann wären auch dort die Menschen verwundert. Technologie hat also einen gewissen Touch von Magie. So möchte man die Menschen glauben lassen. „It just works", sagte Steve Jobs, ein Freund von geschlossenen Systemen. Wie es jedoch funktioniert, das ist für viele, die sich nicht vertieft in der Technologie auskennen, unerklärlich. Genauso ist es auch im Bereich der Chemie. Doch gibt es hier eine Transparenzpflicht. Beispielsweise muss auf jedem LKW mit chemischer Ladung ein Zeichen stehen, das beschreibt, um was für eine Ladung es sich handelt. Wir brauchen eine Sprache, mit der langfristiges Vertrauen entstehen kann. Je mehr ein Algorithmus in die Umwelt eingreift, desto mehr sollte dieser Algorithmus offengelegt werden. Die Optimierungskriterien, Meta-Optimierungskriterien und Trainingsmenge sollten klar benannt werden. Sind Menschen betroffen, sollten zusätzlich folgende Fragen geklärt werden:

- Wie wird die KI trainiert?
- Was ist der Zweck?
- Was ist das Ziel?
- Wo sind die Grenzen, ab wann ist KI nicht mehr neutral?
- Wie wird die KI angewendet?

Vor wenigen Wochen wollte ich mein Auto versichern. Weil es für das Auto keine nennenswerten Angebote im Internet gab, rief ich direkt bei einer Versicherung an, um eine elektronische Versicherungsnummer zu bekommen. Nach 15 Minuten Gespräch und Austausch meiner Daten bekam ich binnen weniger Minuten einen Anruf zurück und die elektronische Nummer, mit der ich das Auto anmelden konnte, wurde übermittelt.

Wenige Monate später kam ich von einer mehrwöchigen Geschäftsreise zurück und las den Brief mit einer Aufforderung, sich binnen zwei Wochen

---

26 https://abc.xyz/investor/other/google-code-of-conduct.html (Stand 03.01.2019).

bei der Versicherung anzumelden. Die Frist war an dem Tag, als ich den Brief las, schon abgelaufen. Im nächsten Brief befand sich die Kündigung der Versicherung. Im Glauben, dass ich alle meine Daten schon telefonisch übergeben habe, hätte ich mit Post der Versicherung gerecht, bei der ich einfach nur unterschreiben muss. Was ich nicht wusste und was mir durch das Telefonat auch nicht klar war, war, dass ich proaktiv einen Antrag an die Versicherung hätte senden müssen. Das war mir unangenehm und ich rief sofort die Versicherung an, um das Missverständnis zu klären. Der Mitarbeiter war optimistisch und sagte dann doch nach ein paar Klicks: „Es tut mir leid, Herr Schild, da kann ich nichts machen. Es steht hier im System, dass ich keinen Antrag zu Ihnen raussenden darf – auch wenn ich wollte." Ich versuchte es mit einer lokalen Versicherungsstelle im Ort. Auch hier bekam ich vom System dieselbe Nachricht gemeldet. Der einzige Weg wäre jetzt, einen Brief an die Versicherung zu schreiben. Das Auto durfte nicht mehr bewegt werden und ich war angehalten, es sofort abzumelden, der Polizei eine Erklärung zu schicken und noch ein Ordnungsgeld zu zahlen. Ich konnte mir jetzt nicht die Zeit nehmen, einen Brief zu verfassen, via Post an die Versicherung zu senden (wohin war noch ungeklärt), um dann vielleicht ein paar Wochen später eine negative Antwort zu erhalten. Ich hätte mich mit einem Brief an irgendwo melden können. Aufgrund der Dringlichkeit und der zum Glück bestehenden Auswahl an Versicherungen entschied ich mich, das Auto bei einem anderen Unternehmen zu versichern.

Das Software-System der Versicherung diente als Machtzementierer. Sobald ein Unternehmen sich fragt, für welche Zwecke wende ich keine KI an, ist es nicht mehr neutral. In der Versicherung war das Ziel vermutlich „Gewinnmaximierung" und damit auch „Minimierung des Ausfallrisikos" und hierdurch „zahlungsunfähige Kunden abstoßen". Der Mensch landet in einem Machine-Learning-Bias, der den Menschen diskriminiert. Nicht nur als Kunden, sondern auch den Mitarbeiter als Bediener eines Systems. Die Machtlosigkeit darf sich nicht in solchen Systemen manifestieren. Was in solch einem Machtsystem fehlt, ist ein Meldesystem sowohl für Kunden als auch für Mitarbeiter. Es kann Fehler geben, doch dann bin ich Herr der Lage und weiß, warum diese Entscheidungen entstanden sind und löse sie, anstatt ihr nur blind zu folgen.

Exkurs 8
KI und Souveränität

Die Digitalisierung ist eine menschliche Leistung. Darauf können wir stolz sein. Wir erschufen diese Ära aus uns heraus. Als Steve Jobs das Smartphone ohne Tastatur, das erste iPhone, präsentierte, fühlten sich Anhänger mit offenem Mund, angespannten Schultern und wässrigen Augen der modernen Freiheit einen weiteren Schritt näher. Verheißungsvoll klingen die Möglichkeiten der stets nächsten Stufe einer Evolution, zugegebenermaßen einer rein technologischen Evolution. Stellt sich ketzerisch die Frage: Geht das Herrchen noch mit dem Hund Gassi oder lässt es sich vom Hund an die Leine nehmen? – Geht der technologische Fortschritt einher mit einer menschlichen Weiterentwicklung?

Zurück zum Smartphone: Abstrakt gesehen erfasst der Träger der Technologie Daten über Sensoren. Minütlich stellen wir technologischen Systemen bereitwillig Lernmasse zur Verfügung, die maschinell aufgesaugt, gelesen und nun auch verstanden wird. Wir nutzen die Technologie wiederum, um unseren Alltag zu automatisieren, ihn bequemer zu gestalten oder uns zu trainieren – von akustischen Alarmzeichen über Sprachassistenten bis zu Auswertungen unserer körperlichen Leistungsfähigkeit. Wir vernetzen uns mit Systemen, stehen in Austausch und betten uns in technologischen Netzwerken. Wie intelligent ist die uns umgebende KI eigentlich? Wie viel Platz räumen wir ihr unbewusst ein? Und noch viel mehr: Wie viel Zwang geht von ihr aus? Wie souverän bleibe ich als Nutzer von KI letztlich, wenn eine Auswahl meinerseits nicht mehr stattfindet, sondern ich Teil eines Datenverkehrs bin, der mir über Trägertechnologien einen bestimmten Verhaltenskorridor vorgibt oder der mir Wissen vorab selektiert?

Ist alles in Ordnung, weil unser Bedürfnis nach Autonomie sowieso, wenn überhaupt, gering ausgeprägt ist? – Wirklich? Völker und Nationen zogen in Kriege, um ihre Unabhängigkeit zu bewahren oder zu erreichen. Wie wichtig ist uns Autonomie in Bezug auf KI? Wie verstehen wir uns als freiheitliche Wesen heute? Lassen Sie uns festhalten: KI ist weder gut noch schlecht, sondern ein neutrales Werkzeug mit hohem Potenzial. Und wenn wir die Kreaturen sind: Welches Fundament wollen wir KI legen, welche Weichen ihr stellen? Wie wird sich unsere Selbstbestimmung definieren?

Über die künstliche Dummheit natürlicher Intelligenz

Überlegung von Leon Tsvasman

Statt an dieser Stelle mit fundierten kybernetischen Erklärungen zu hantieren, ein anschaulicher Exkurs, der mit einem Geständnis beginnt: Ich bin weder Fan von Verschwörungstheorien noch von Fußball.

Es lässt sich unter anderem aus der Presse entnehmen, dass die Wirtschaftsleistung und der Fußballsport in Beziehung zueinanderstehen. In diesem Zusammenhang las ich, dass die deutsche Wirtschaft wegen eines Deutschland-Spiels, das im Zuge einer Weltmeisterschaft 16 Uhr stattfand, mehrere Milliarden Euro verlöre. Schließlich würden die Angestellten an dem Tag weniger arbeiten. Da werde ich stutzig: Kann die Denkweise in vereinfachten volkswirtschaftlichen Algorithmen orientierungsbefreiter subventionierter menschlicher Vertreter derart menschenverachtend sein? Sie erinnert mich an den alten, ursprünglich „amerikanischen" Verschwörungsansatz: Stagniert die kriminelle Energie eines Landes, muss man sie importieren und gettoisieren, damit von Angst getriebene Normalbürger alles tun, um möglichst viel zu verdienen und sich das Leben in teuren, sicheren Gegenden leisten zu können.

Es gilt auch hier, differenziert zu betrachten: Das ist keine systemische Zweckrationalität, sondern Zeugnis eines defizitären Menschen, der verachtet und aus diesem Gefühl heraus zu erniedrigen sucht. Er hasst andere Menschen dafür, dass er selbst seine Orientierung gegen eine subventionierte „Macht" ausgetauscht hat. Keine KI würde das von sich geben. Denn sie hätte weder Grund noch Fähigkeit, andere Menschen zu hassen – seien sie subventioniert, privilegiert oder hätten sie eine bestimmte Form oder Farbe. KI stellt eine echte datengetriebene Zweckrationalität dar, die nicht wie ein Mensch Komplexität zu reduzieren versucht, sondern Komplexität erfasst und integriert. Unsere hochwertige, menschliche Effektivität würde sie daher nicht erst mit viel Aufwand trivialisieren, um sie dann mit noch mehr Aufwand effizient zu machen. Ein tausendmal billigeres, klonbares KI-System in einer Cloud wäre mit bedeutend weniger Aufwand enorm effizienter. Aber auch das hätte grundsätzlich keine Chance, mit menschenspezifischer Effektivität zu konkurrieren oder sie zu ersetzen. Durch spontane, kreative Impulse orientierungsbewusst synthetisch steuern – das können nur entsprechend emanzipierte menschliche Subjekte. Effizient verwalten, regeln und datengetrieben „Entscheidungen" treffen – das kann hingegen die nicht-organische, von eigener Kognition befreite, global vernetzte KI am besten.

Die menschliche Souveränität besteht für mich wesentlich in der Potenzialität – hier gedacht als Inhärenz – des Menschlichen, die vielfältig mit der Historie unseres Universums verflochten ist. Es soll nicht versucht werden, diese Komplexität aus kurzfristiger Profitgier oder aktuell geltendem Wissenstand heraus zurecht zu reduzieren, um die menschliche Natur umzukrempeln.

Die Mythen wie die über den Golem oder Frankenstein als narrative Vorstufen des Cyborg-Idee, die einen seelenloses Wesen zum Gegenstand haben, warnen uns davor. Erst wenn der Mensch seine eigene Natur und seine Umwelt mithilfe von entzerrender und ermöglichender KI soweit verstanden hat, um irreparable und somit nicht nachhaltige Änderungen auszuschließen (z.B. genetische Manipulationen), wird er sich selbst sehr vorsichtig optimieren können. Aber nicht davor! Wir werden an zukünftigen Cyborgs sehen, dass sie gewiss nicht im Sinn der Menschen, sondern aus reiner Profitorientierung einer verzerrten Marktwirtschaft entwickelt und genutzt werden. Ich halte demnach nichts von Cyborgs. Denn erst die entzerrte Kommunikation basiert mehr auf Kooperation als auf Kampf, auch wenn dieser sportlich gemeint ist. Das im Sinn der Inhärenz des Menschlichen ermöglichende Verhalten ist die Basis, auf der gemeinsames Handeln im Namen der menschlichen Sinnproduktion überhaupt erst möglich wird. Evolutionsbiologe Humberto Maturana meinte in diesem Zusammenhang sinngemäß: Es gibt keinen gesunden Wettbewerb, weil die Negation, also das Ignorieren des anderen schließlich auch die eigene Negation einschließt, und weil die Intention, das durchzusetzen, was man negiert, zu Widersprüchen führt. Maturana hat Recht, denn Kooperation scheint für die Menschheit in der Tat wichtiger zu sein als der Wettbewerb, der auch evolutionell eine geringere Rolle gespielt hat. Ein einfaches Beispiel veranschaulicht dies: Nur zehn Prozent der Menschen werden als Linkshänder geboren. Im Nahkampf mit Rechtshändern haben sie diesen gegenüber Vorteile. Wäre der Kampf wichtiger als die Kooperation, wären aber mindestens die Hälfte und nicht etwa nur zehn Prozent als Linkshänder geboren worden.

Also plädiere ich für keine Cyborgs in der KI-Ära. Solange wir nicht optimal und wirklich nachhaltig wirtschaften können und solange uns das Wissen über unsere eigene Natur nicht reicht, z.B. weil unsere mediale Kommunikation verzerrt ist, dürfen wir uns nicht umkrempeln, sonst verlieren wir unsere Souveränität. Nur die Post-KI-Ära kann uns eines Besseren belehren.

Erst wenn wir unsere Freiheit im Sinn der nachhaltig gedachten Souveränität begreifen, d.h. aus der ganzheitlich – biologisch und kybernetisch – tragbaren Ethik heraus ableiten, werden wir in der starken globalen KI guten Gewissens einen verlässlichen Partner lieben lernen.

Auch geht unsere Souveränität als einzelne Menschen direkt mit unserer jeweiligen körperlichen und seelischen Integrität einher. Diese Integrität wird von allem gefährdet, was trennend, z.B. analytisch, geprägt ist. Nach meiner festen Überzeugung gehört die aufrechte Zukunft mit KI vor allem denjenigen, die keine Trennung von Herz und Verstand zulassen, ihre ursprüngliche Integrität kultivieren und sie konstruktiv für die Verwirklichung menschlicher Potenzialität in unserer gemeinsamen Lebenswelt einsetzen können.

Deshalb möchte ich in diesem Buch gar nicht so gerne argumentieren oder mit harten bzw. geschaffenen Fakten hantieren, sondern appelliere mehr an die meines Erachtens wichtigste menschliche Sehnsucht, die der emotional-intellektuell-seelischen Integrität.

Der Wert der Freiheit

Überlegung von Florian Schild

Eric Horvitz, der Direktor vom Microsoft Research Lab, hat in Kooperation mit der Stanford University die „One Hundred Year Study on Artificial Intelligence (AI100)" ins Leben gerufen. Das ist eine 100 Jahre andauernde Studie über Künstliche Intelligenz. Von ökonomischen Auswirkungen bis zur Gefährdung von Demokratie und Freiheit werden darin alle relevanten Felder untersucht. Die Quintessenz: Alle Lebensbereiche des Menschen stehen vor einem grundlegenden Wandel. Und mehr noch: es geht um den Kern unseres Selbstverständnisses (Website der 100-Jahr-Studie über Künstliche Intelligenz: https://ai100.stanford.edu/about).

Selbstverständnis ist etwas, was in einem Menschen im Laufe seines Lebens reift. Vielleicht kennst Du die Situation: Als Erwachsener spielst Du seit mehreren Stunden mit einem kleinen Kind. Ihr habt Spaß, Du hast das Gefühl, dass ihr gut auskommt und auf einmal sagt das Kind dir, dass Du doof seist, und möchte mit Dir nicht weiterspielen – zumindest für diesen Moment. In der Regel sind wir in solch einer Situation irritiert und verletzt. Als Kind hat man eine andere Wahrnehmung als ein Erwachsener. Ein Kind reagiert in der Regel situativ und impulsiv. Es reicht eine Kleinigkeit, zum Beispiel, dass man eine Person mitspielen lässt, die das Kind nicht mag, oder dass man versehentlich auf den Luftballon getreten ist. Das Kind ist ganz im Hier und Jetzt verankert und findet Dich *in diesem Moment* nett oder eben nicht. Als Kind dachte ich selbst so. Als Jugendlicher habe ich verstanden, dass ich zwischen Gefühl und Reaktion eine Wahl habe. Ich kann mich verletzt *fühlen und* mich dann *entscheiden,* ob ich mich ärgern oder verstehen will, warum mich da jemand doof findet. Heute denke ich darüber hinaus, dass wir in Rollen kommunizieren. Eine Aussage bezieht sich in der Regel auf Deine Rolle, nicht auf Dich als Mensch. Als Freund des Kindes (Rolle) kann es mich stören, als Mensch muss es mich nicht stören. Es geht um die Wahlmöglichkeit. Jedes der Erkenntnisse habe ich als einen innerlichen „Aha"-Moment erlebt. Über die Zeit meines Lebens verstehe ich mehr und mehr Muster, und ich meine nachvollziehen zu können, warum meine Welt so ist, wie sie zu sein scheint. Ein Zugang zu solchen höheren Stufen des Selbstbewusstseins erreicht man durch Lebenserfahrung und durch bewusstes Training, beispielsweise durch Meditation oder innere Einkehr. Das ist etwas, was meiner Erfahrung nach vielen Menschen schwerfällt, sei es durch die reizgeflutete Umwelt oder die knappe Zeit. Wird KI unsere Arbeit übernehmen, haben wir die Möglichkeit, mit der gewonnenen Zeit höhere Stufen des Selbstbewusstseins, und damit des Selbstverständnisses zu erlangen.

Moderne Anwendungen mit schwacher KI, wie sie beim Transportdienstleister Uber eingesetzt werden, führen bereits heute zur selbstverschuldeten Unmündigkeit. Durch das Businessmodell und die Investorenstruktur von Uber ist das Ziel klar: „Bring den Unternehmern und Investoren viel Geld in kürzester Zeit." Daraus resultieren die Regeln: „Zahle weniger an den Fahrer aus, maßregle den Fahrer, wenn er zu wenige Stunden in der Woche tätig ist. Bevorzuge Fahrer, die sich loyal gegenüber dem Unternehmen verhalten. Vergib Pluspunkte für Fahrer, die nicht versuchen, mit ihren Mitfahrern Small-Talk zu führen." Ähnlich wie im chinesischen Sozialkredit-System entscheidet die KI von Uber darüber, wer ein überguter oder ein schlechter Fahrer ist. Gleichzeitig bewertet die KI sogar die Mitfahrer selbst danach, ob sie profitabel oder nicht profitabel sind. Bei einem schlechten Rating als Kunde kann es sein, dass man auf der Straße stehen gelassen und nicht mehr mitgenommen wird[27]. Uber legt sich wie eine Art Justizsystem auf ein bestehendes gesellschaftliches System und seine Regeln. Damit werden die Freiheiten des Menschen weiter begrenzt. Wie bei einem Computerspiel können sowohl Fahrer als auch Fahrgast Punkte sammeln, in Leveln auf- und absteigen und sich den Gewinn am Ende in bares Geld auszahlen lassen. Dabei kann leicht vergessen werden, dass man gar nicht mehr Spieler, sondern Spielball geworden ist. Da die Uber-Fahrer als Selbstständige „ihr eigener Chef sind"[28], unterliegen sie keinem Arbeitsvertrag und genießen daher auch nicht den Arbeitnehmerschutz.

---

[27] https://theweek.com/articles/635670/uber-hates (Stand 03.01.2019).

[28] https://www.uber.com/de/de/drive/ (Stand 03.01.2019).

So haben Uber-Fahrer beispielsweise keine Möglichkeit vorauszusehen, dass ohne Vorwarnung – wie geschehen – über Nacht eine um 10-20 Prozent geringere Vergütung an sie ausgezahlt wird.

Nicht nur die Mündigkeit von Uber-Fahrern ist von solchen Systemen betroffen, sondern auch die von anderen Berufsgruppen wie beispielsweise Bloggern, Journalisten und Shopbetreibern. Während Uber-Fahrer vom Fahrerranking der Uber-KI abhängig sind, so kommen Blogger, Journalisten und Shopbetreiber um das Ranking von Google nicht herum. Stellt Google seine Algorithmen um, kann ein Shopbetreiber beispielsweise von heute auf morgen 90% seiner Besucher verlieren. Ein YouTuber hat keine Möglichkeit vorherzusehen, wenn Werbeeinnahmen auf einmal nicht mehr 55% betragen, und das Geschäftsmodell deshalb über Nacht nicht mehr rentabel ist. Es hilft auf einmal nicht mehr, wenn er 3x die Woche postet. Der Mensch wird schlicht und einfach demonetarisiert. Die Menschen fangen an, für KI-Systeme zu arbeiten, sich selbst zu verbiegen und Algorithmen hinterherzurennen.

All diese durch Unternehmen wie Uber und Google eingesetzten Systeme lernen durch die Daten ihrer Nutzer und können dadurch die Nutzer so lenken, dass die Unternehmensziele erreicht werden. Hinter den Unternehmen selbst stehen wiederum andere Interessensgruppen wie die von Geldgebern. Sie sind es am Ende der Kette, die zukünftig von der Macht der KI-Systeme profitieren und die Bürger ganzer Nationen zum Spielball einer globalen Maschinerie formen können.

Dagegen wirkt das chinesische Social-Credit-System schon fast gesellschaftsfreundlich, da es immerhin nicht auf Profit ausgerichtet ist, sondern der Zufriedenheit der Bürger dienen soll. Demgegenüber droht die westliche Welt zu einer Welt mit Sklaven ohne Ketten zu mutieren, obwohl doch heutzutage jeder in Deutschland noch die Möglichkeit hat, seinen freien Willen auszuleben, sich zu entscheiden und seine Grenzen auszuprobieren. Ich bin mir häufig nicht sicher, ob sich jeder des Wertes der Freiheit und der Möglichkeit der Entfaltung des freien Willens bewusst ist.

Ich bin jedenfalls ein Freund davon, dass jeder das Recht hat, sein Leben frei zu gestalten und nicht seinen Tagesbefehl von Uber, Google, Instagram oder einer anderen KI abruft.

Es folgt ein Nachwort von Leon Tsvasman:

Die hier diskutierten Zusammenhänge stellen eine grobe Annäherung dar, der erste große Wurf Richtung Klärung der Bedeutung von KI für die menschliche Wirklichkeit – zunächst nach den Bereichen sortiert, die wir unserer gemeinsamen Überzeugung nach nicht unbeleuchtet leisten dürfen. Diese Betrachtung entbehrt noch Exkursen zu KI und Sicherheit, KI und Governance, KI und Ethik. Auch müssten wir noch das Menschenbild und etwa Geschlechterbilder der KI- und Post-KI-Ära, sowie die zu erwartende geopolitische Zäsur und die vertretbaren wirtschaftlichen Modelle klarer umschreiben. Die besonders aufmerksamen Leser werden die meisten Antworten allerdings aus dem Vorliegenden ableiten können. Zum Beispiel ließe sich die Frage nach KI und Sicherheit mit folgender Faustregel beantworten: In trivialen oder traditionell trivialisierten Bereichen hat KI einen klaren Vorrang und kann schon jetzt eingesetzt werden (KI-Ära). In nicht-trivialen Bereichen gibt es zwei Möglichkeiten: (a) die Bereiche abgrenzen und trivialisieren oder (b) KI nicht-triviale Lösungen beibringen. Diese zweite Möglichkeit geht erst in der Post-KI-Ära auf, wenn KI vollkommen zum globalen Subjekt emergiert. Davor ist die globale Sicherheit nur bedingt möglich, und hängt vom Erfolg von Human Difference und somit von der epochalen Menschenreife ab, d.h. davon, wie weise, wissend und souverän die sichorientierenden Menschen KI-Systeme steuern werden.

Bin ich insgesamt zu optimistisch? Du vermisst ein negatives Szenario? Die Zukunft ist immer potenziell und ambivalent. Solange es Chancen gibt, und die gibt es in Zusammenhang mit der „guten KI" immer noch, sollten wir positiv denken. In diesen knappen und wünschenswert gedachten Notizen skizziere ich ungern negative Vorstellungen, denn Angstmacherei möchte ich anderen Medien überlassen, die davon leben. Gewiss kann es schlimmer kommen, als ich darüber gerne schreiben würde, aber aktuell hoffe ich noch, dass die positive Vision geteilt wird und mithilfe von *AI-Thinking* umgesetzt werden kann. Tritt sie nicht ein, könnten wenige Menschen mithilfe dieses mächtigen Mediums viele andere Menschen für sehr lange Zeit kontrollieren. Da eine solche Verzerrung mit KI nicht lange halten kann, würde dieser Zustand in Selbstvernichtung der Menschen ausarten. Eines von vielen Zeichen der Zeit, das wir beachten sollten, sind „hermetische" KI-Systeme, die intransparent fungieren, gleichwohl aber Zugang zu vielen hochwertigen Daten haben. Ich persönlich sehe wenige Probleme in sozialen Netzwerken, dafür vielmehr in den wie auch immer legitimierten, geheimen oder versteckten KIs mit hoher operativer Berechtigung.

Dritte Runde

Anwendungs-Fokus

Diskurs IV
Paradigmenwechsel

Die Befreiung von dem, was wir nie sein sollten

Überlegung von Leon Tsvasman

Was bringt die Post-KI-Ära denn für unser Verständnis der Welt mit? Ganz einfach: Die reinen Erkenntnis-Wissenschaften oder besser gesagt alle Disziplinen, die zur intersubjektiven sapienten Orientierung beitragen, werden aufblühen. Die auf Absprachen basierenden Fakten-Wissenschaften hingegen werden ihren Geltungsanspruch einbüßen, denn ihre Berechtigung für die menschliche Erkenntnis verfällt. Ihr Wissen fließt komplett in die KI-interne Sinnproduktion ein. KI-Systeme operieren für uns mit Fakten, während wir die laufend individuell für uns aufbereitete Klarheit auf unseren jeweiligen Erkenntniswegen genießen. Wir emanzipieren uns als Subjekte in der direkten Beziehung zur Welt, zum Universum oder zum Göttlichen – frei nach Glauben oder Überzeugung des Lesers. Die Gesellschaftswissenschaften erneuern sich in der KI-Ära zugunsten der subjektorientierten Systemwissenschaft und im Wesentlichen der kybernetischen Philosophie. Psychologische Perspektiven wirken aus einem ganz ähnlichen Grund limitierend, denn nur konditionierte Personen offenbaren ihre Psyche als Gegenstand von Logos, wobei sich Psychologie zunehmend der Manipulierbarkeit entzieht.

Die Notwendigkeit der Disziplin der Psychiatrie bleibt zwar noch anfänglich in Theorie und Praxis, erübrigt sich aber mit fortlaufender Zeit aus ähnlichen Gründen. Die Naturwissenschaften bereichern die Kybernetik und KI-interne Sinnproduktion, und die Mathematik befreit sich aus ihrer Rolle einer anwendungsorientieren Auftragswissenschaft, um in einer neuen Qualität aufzugehen.

Der Mensch wird mehr zu dem, was er schon immer sein sollte. Wir verdanken diese Haltung der vernunftbegabten europäischen Aufklärung. Sie treibt uns voran und intendiert die Entwicklung des Menschlichen aus seiner Potenzialität heraus – kurz Inhärenz. Andererseits entrümpelte sie unwichtige Dinge gewissermaßen und ähnelt somit einer Revolution in Sachen weltanschaulich-kultureller Komplexitätsreduktion. Endlich sind wir befreit und können guten Gewissens menschlichen Tätigkeiten nachgehen und uns fokussieren auf Kreativität, Spontaneität, Orientierung in der Welt und Sinnsuche.

Die Bedeutung, die der Rationalität dabei ausschließlich zusteht, ist die, komplexitätsreduzierende Kommunikation und somit gemeinsames Handeln zu ermöglichen. Ganz unabhängig davon, wie sensorisch, mental oder gefühlsmäßig ein Subjekt veranlagt oder beeinträchtigt ist, oder welche Erfahrung es machte: Mit Fleiß und Willen ist das Subjekt in der Lage, einen logischen Zusammenhang zu reproduzieren, ohne ihn zu verstehen. Technik ist ein Medium des gemeinsamen Handelns der im Überleben begriffenen und verhafteten Subjekte. Getrieben von außerordentlicher Aufmerksamkeit bringen wir den Willen und Fleiß auf, eine gemeinsame Wirklichkeit zu schaffen. Solange gemeinsames Handeln und Verhalten Sinn und Zweck sind, also nicht das Erleben im Vordergrund steht, hilft die objektivierte Rationalität der Technik. Alles andere kann nur im Erleben begriffen, und in Vergleichen kommuniziert werden, basierend auf Gefühlen und subjektiven Erfahrungen. Wir sprechen dann von Poesie (eine Denkweise der deutschen Romantik).

Mithilfe von Logos verwandelte unsere Zivilisation biologische Energie in Technik, Gegenstände, Ordnungen. In dieser kumulativen Entwicklung grenzen wir natürliche Systeme, die sich selbst regeln und *autopoietisch* entstanden sind, von denen ab, die keine eigene Selbstregulation haben. Solche *allopoietischen* Systematiken werden von der menschlichen, fossilen oder wie auch immer kumulierten biologischen Energie aufrechterhalten. Diese Transformation ermöglichte uns die kanalisierte menschliche Aufmerksamkeit. Die kumulative Transformations-Kraft entspricht der Währung der Informationsgesellschaft. KI bahnt eine weitere Stufe der zirkulären Zivilisationsentwicklung an, die ich als *Post-KI-Ära* bezeichne oder *Infosomatische Ära* nenne.

Der Mensch wird sich von der künstlichen Dummheit natürlicher Intelligenz erst dann befreien, wenn er erwachsen genug ist, aus seiner Kindheit zu lernen.

Schlüsseltechnologie für Mensch und Unternehmen

Überlegung von Florian Schild

Künstliche Intelligenz ist die Schlüsseltechnologie der kommenden Jahre. Sie wird nicht nur maßgeblich gesellschaftliche Prozesse, sondern auch unternehmensinterne Prozesse beeinflussen und radikal verändern. Es gibt unschätzbare Einsatzmöglichkeiten und Potenziale von KI im Unternehmenskontext, die schier unbegrenzt sind. Von der intelligenten Prozessanalyse bis hin zur vollautomatisierten Produktion sind dem Einsatz einer KI keine Grenzen gesetzt.

Bevor strategische Möglichkeiten aufgezeigt werden, um KI optimal im Unternehmenskontext einzusetzen, sollte zunächst ein Blick auf die Wandlungsprozesse in Unternehmen geworfen werden, die sich durch KI ergeben.

Innerhalb der Unternehmen ist zu erwarten, dass ein Großteil der Arbeit 1:1 von Robotern übernommen werden kann. Kabel ziehen, Türen adjustieren, über Hindernisse klettern und Gegenstände beiseite räumen, Ventile öffnen und schließen, Hebel betätigen, klingeln, Treppen nutzen und Steckdosen mit Werkzeugen montieren, die für Menschen gemacht sind, mit dem Besen fegen oder mit der Bohrmaschine Löcher in Wände bohren – all das kann ein Roboter schon heute im Labor. Bis er das Labor verlässt und in den realen Unternehmensalltag flächendeckend integriert wird, ist es folglich nicht mehr weit. Um die Software solcher Roboter zu programmieren, benötigen Unternehmen schnellstmöglich sehr gut ausgebildete Personen, die über ein hohes, spezialisiertes Fachwissen verfügen. Derzeit werden in mehr als 80 Prozent der deutschen Unternehmen genau solche Fachkräfte gesucht. Man kann also konstatieren, dass Unternehmen in Zukunft für routinierte Aufgaben kein menschliches Personal mehr benötigen; für die Entwicklung der Software, die die Arbeitskraft dieser Menschen ersetzen soll, jedoch schon. Und genau an solchen Fachkräften mangelt es aktuell in den meisten Unternehmen.

Dadurch, dass Kosten für das menschliche Personal abgebaut werden können, lassen sich die produzierten Waren oder Dienstleistungen zu Rohstoffpreisen anbieten, wodurch wiederum mehr Geld eingespart werden kann. Das eingesparte Geld kann und muss zukünftig in Innovation investiert werden, denn auch der Wettbewerb zwischen den verschiedenen Unternehmen einer Branche wird sich tendenziell verschärfen. Unternehmen wandeln sich vermutlich zukünftig von Optimierungsunternehmen hin zu Erfindungsunternehmen. Wer innovativ und disruptiv ist, bleibt und wird auf dem Markt bestehen. Wer sich nicht intensiv und permanent mit der Thematik neuer Technologie beschäftigt, riskiert Fähigkeitslücken und wird langfristig unterliegen. So gilt es im Wettbewerbskampf mittels KI die Effizienz des eigenen Unternehmens im Vergleich zum Wettbewerber erheblich zu steigern und ihn dadurch zu übertreffen. Auch auf neue Fähigkeiten von Wettbewerbern muss künftig innerhalb von kurzer Zeit reagiert werden, was eine deutlich agilere IT erfordert, als sie in vielen Unternehmen derzeit vorzufinden ist. Schnelligkeit und Anpassungsfähigkeit spielen hierbei also eine große Rolle. Noch zentraler wird für Unternehmen allerdings die Sicherheit ihrer Systeme sein. Eine sehr gutes KI-System nützt nichts, wenn dieses aus dem Internet angegriffen werden, ausfallen und von ihm Intellectual Property abgezogen werden kann. Fortschrittlichkeit zum Preis von Sicherheit wird vermutlich langfristig also ebenso nicht von Erfolg gekrönt sein. Unternehmen werden zukünftig nur dann bestehen können, wenn sie moderne Technologie einsetzen bei gleichzeitiger Beachtung hoher Qualität und Sicherheit eben dieser Systeme.

Unternehmen werden sich nicht nur umstrukturieren und stärker personell aufstellen müssen, sondern auch inhaltlich zum Umdenken gezwungen sein. So ist zu erwarten, dass die Individualisierung von Produkten und Dienstleistungen beispielsweise immer gefragter wird. Ist Dein rechter Fuß so lang wie Dein linker? Bei kaum einem Menschen sind beide Füße exakt gleich lang. Beim sportlichen Lauf-Wettkampf hat derjenige den Vorteil, der den perfekten, auf sich angepassten Schuh trägt. Kunden erwarten ein individualisiertes Produkt, kein Massenprodukt. Hierbei könnte KI beispielsweise unterstützen.

Die Individualisierung von Produkten ist eine beispielhafte Möglichkeit für den klugen strategischen Einsatz von KI in Unternehmen. Es gibt aber noch weitere strategische Vorschläge, die Unternehmen beachten sollten, damit sie von der technologischen Innovation profitieren können.

Durch den Aufbau von Innovation Labs in Unternehmen kann es gelingen, Brutstätten mit Start-up-Kultur zu erschaffen, in denen neue Ideen, geschützt vor dem sonst so starren Betriebsalltag, entwickelt werden können. Neben der Konzentration auf Innovation sollte auch allgemein auf Fokussierung geachtet werden. Strategie besteht oft aus Abstrichen. Wer sich nicht fokussiert und nicht angreift, um es mit dem militärisch geprägten Geschäftsvokabular zu beschreiben, hat nicht die notwendige Kraft, um die kritischen Punkte „an der Front" zu durchbrechen. Was für etablierte Unternehmen im Allgemeinen gilt, gilt besonders für Start-ups. Start-ups müssen sich in der Regel anders als Großkonzerne zwangsläufig auf ihre Kernkompetenz fokussieren, da sie nicht das notwendige Kapital besitzen, um lange durchzuhalten. Unternehmen sollten nicht nur durchdacht den „Angriff" planen, sondern auch die Verteidigung. Friedrich der Große hat schon zu seiner Zeit bemerkt, dass eine Verteidigung nicht wirksam sein kann, wenn man alles verteidigen möchte. Rechtzeitig zu akzeptieren, dass ein laufendes Geschäftsmodell einmal nicht mehr funktioniert, ist alles andere als leicht. Selbst für Napoleon, einer der berühmtesten Strategen der Kriegsgeschichte, stellte der geordnete Rückzug die schwierigste Strategie einer Armee dar.

Es wird deutlich, dass sich die Aufgaben, denen sich Unternehmen in Zukunft stellen müssen, deutlich von den heutigen unterscheiden. Ein kompletter Paradigmenwechsel, eine Revolution durch Einsatz neuer Technologie, stellt eine extreme Herausforderung dar. Unternehmen, die in der Zukunft fortbestehen wollen, sollten auf diese Entwicklungen vorbereitet sein.

Wenn man in ein paar Jahrzehnten die Menschen fragt, was in der Vergangenheit den größten Wandel darstellte, dann wird die Antwort „Globalisierung“ lauten. Künstliche Intelligenz wird uns lediglich dabei unterstützen, uns auf die Dinge zu konzentrieren, die zählen. Das beginnt damit, dass wir Zeit gewinnen, um Mensch zu sein. Wir werden zu einer globalen Gesellschaft, die sich gewaltfrei verständigt, und bauen KI's, die für uns die Tiefen des Universums erkunden. KI macht, dass wir eben nicht im technologischen Fortschritt verharren, sondern menschlichen Fortschritt vorantreiben können. Alte Politk und unnötiger Konsum weichen dem Bewusstsein des Menschen, der sich als Weltbürger begreift. Er ist froh auf dieser Erde zu leben, und weiß um jeden Fußabdruck, den er auf ihr und in der Natur hinterlässt. Wir wissen, wie wir uns und unserer Welt etwas Gutes tun, bevor wir uns gemeinsam auf den Weg machen, um neue Welten zu bereisen.

Es ist nicht die Künstliche Intelligenz, die uns eine bessere Welt bescheren wird. Es ist der Mensch mit seinen Träumen und Gefühlen – hinter der Künstlicher Intelligenz, der uns zu einer besseren Welt führen wird.

Diskurs V
Forschungsbedarf

Wer erkennt, darf konstruieren

Überlegung von Leon Tsvasman

Der Forschungsschwerpunkte-Katalog der Alexander-von-Humboldt-Stiftung umfasst mehr als 400 Disziplinen, von denen sich die meisten auf angewandte technologische oder anwendbare theoretische Wissenschaften beziehen.

Einfacher wäre es, eine einheitliche Verständnis-Grundlage durch die Brille einer umfassenden wissenschaftlichen Betrachtung zu schaffen. Auf Basis der Kybernetik beispielsweise würden wir physikalische, organisch-biologische und soziotechnische Dynamiken fokussieren, die für uns Menschen vor allem Informationssysteme darstellen. Sind sie stabil und befinden sie sich in einer „gesunden" Selbstregulation, obliegt es unserer Entscheidung, sie entweder in Ruhe zu lassen oder einzugreifen; sie können, müssen aber nicht gesteuert werden. Würden wir zudem die ontische Welt, also die für die sinnliche Erfahrung offene Welt des eigenen Seins, etwa als Energie und Information auffassen, hätten wir ein absolutes Einvernehmen über Klarheit zur Abgrenzung der Rolle von KI.

Warum entstehen Systeme, und wie wirken biologische Systeme wie Menschen auf soziotechnische Systeme in der Gesellschaft, was eine gemeinsame Grundlage auf der Informationsebene vermuten lässt? Ein besseres Verständnis eines globalen Infomationsmetabolismus würde uns auch erlauben, vorhandene wirtschaftliche Probleme in den Griff zu bekommen. Dabei lässt folgender Gesichtspunkt Wirtschaft anders begreifen:

Wirtschaftliche Prozesse beruhen auf Sprache und Information. Daraus, dass Menschen zeitgleich, zeitversetzt bzw. wie auch immer koordiniert ähnliche Handlungen vollziehen, entstehen kommunikative Handlungen oder sich wiederholende Interaktions-Abläufe und es zeichnen sich Regeln ab. Werden diese Regeln nicht mehr in Frage gestellt oder verändert, zum Beispiel dass sie in Regelwerke wie Sprachen einfließen, kumulieren sich diese Regeln in Medien. Nun gelten sie für größere Gruppen über längere Zeiträume hinweg. Trotz ihrer Vielfalt zeigen alle Sprachen gemeinsame Züge, die auf den Interaktionsregeln basieren. Um es besser zu verdeutlichen, setzen wir die gemeinsamen Züge aller Sprachen mit einem Betriebssystem gleich. Die verschiedenen Sprachen lassen sich mit gleichen oder vergleichbaren Applikationen bzw. Apps unterschiedlicher Hersteller vergleichen. Auf der Ebene großer gesellschaftlicher Prozesse entstehen Kontinuitäten, die Gegenstand der sogenannten Gesellschaftswissenschaften oder der Sozio*log*ie wurden. Ansonsten akkumulieren sich Regeln in menschlichen Gehirnen, deren dynamisches Ergebnis auf der Verhaltensebene von Psychologen als Konditionierung bezeichnet wird. Im Zuge dieser Betrachtungsweise lässt sich Wirtschaft nicht, wie im Alltagsleben häufig verstanden und lebensweltlich praktiziert, einzig nur auf rein monetäre Prozesse reduzieren.

Es gibt in soziotechnischen Prozessen, unabhängig davon, ob sie sich selbst erzeugen oder nicht, stets eine Ebene der (Inter-)Subjektivität. Weder haben Computer eine solche Ebene des Erlebens, noch braucht KI sie im Vergleich zum Menschen. Somit können wir die Psyche wegdenken. Nicht ohne Grund war wissenschaftliche Psychologie in *teleologisch* geprägten, also auf ein Ziel orientierten Gesellschaften, die sich vor der reflexiven Komplexität des Erlebens fürchteten, verpönt. Dazu zählen neben dem Kommunismus beispielsweise erlösungsorientierte christliche Vergesellschaftungsmodelle. Die „radikale Moderne" des sowjetischen Kommunismus mit ihrer ausgeprägten rationalen Wissenschaftlichkeit hatte auch deshalb einen fruchtbaren Boden für Konzepte wie *Noosphäre* geschaffen. Ihre Urheberschaft gilt sowohl dem sowjetischen Geologen Wladimir Wernadski als auch dem christlich-theologisch orientierten Denker Pierre Teilhard de Chardin.

Wesentlich ist, dass Systeme in der menschlichen Gesellschaft deshalb entstehen, weil es eine gemeinsame Grundlage gibt, wie beispielsweise den binären Code als Prinzip aller Computersprachen. Im menschlichen Fall ist die kybernetisch konzeptualisierte *Strukturelle Kopplung* diese gemeinsame Grundlage. Die strukturelle Basis der Menschheit spiegelt ihr genetischer Code wider. Wenn von Natur aus strukturell gleiche Menschen gleiche kommunikative Handlungsmuster koordinieren, entstehen Regeln, die eine Grundlage für menschliche Sprachen bilden. Diese Interaktionsregeln sind also vergleichbar mit einem Basis-Betriebssystem, wie z.B. MS-DOS.

Die Interaktionsregeln sind eine komplexe Geschichte, ein Gegenstand der modernen Kommunikationswissenschaft. Anhand eines etwas vulgären Beispiels lässt sich zeigen, wie sie die systemische Qualität von Gesellschaften illustrieren: Wenn Männer in katholischen Kulturen die aus der Bibel abgeleitet geglaubte Verhaltensregel aufstellen, dass sie nicht masturbieren dürfen, so wird ein von Natur aus bereits vorreguliertes Verhalten, in diesem Falle die zwischengeschlechtliche Anziehung, von externen Regeln beeinflusst.

Eine Überleitung zum Sinn der Religionen. Die wahrscheinlich ältesten mündlich und schriftlich exemplarisch und sehr lückenhaft überlieferten Vorstellungen der vor- oder altindischen Veden über die Welt in ihrem kosmischen und menschlichen Zusammenhang mit der entsprechenden spirituellen Haltung ist äußerst komplex „angelegt". Die wohl älteste menschliche Hochsprache Sanskrit ist möglicherweise aus dem Grund in sich weitgehend kohärent, war sie mit Sicherheit ein würdiger Versuch, die höchst mögliche Komplexität zu erfassen. Wahrscheinlich konnten sich die privilegierten Kasten in einer relativ günstigen Wonne der zeitweise „wohlwollenden" Natur jahrhundertelang der Erkenntnis und Meditation widmen, ohne von Überlebenszwängen beeinträchtigt zu sein. Eine höhere Komplexität der entsprechenden Kosmologie und der daraus resultierten hinduistischen Tradition war das Ergebnis. Noch heute bzw. heute schon wieder ist es uns möglich, diese Komplexität zu begreifen und etwa in Yoga zu praktizieren. Die daraus resultierten oder praktizierten Zivilisationsmodelle hatten nämlich eine Macke: Die karmisch begründete und berechtigte Kastengesellschaft war nicht wirklich kompatibel mit der raueren Lebenswirklichkeit in kargeren Lebensräumen, weilte eben ein Teil der Menschheit inzwischen in nördlichen Gebieten der Länder oder wohnte in Wüsten. Dort musste die weltanschauliche Komplexitätsreduktion mit einem Stück Liberalisierung und Demokratisierung einhergehen. Das Judentum war wohl die erste Religion, die in ihrer Kosmologie die Welt ein Stück skalieren konnte, sodass man sich auf das Wesentliche, überwiegend Ethische, konzentrieren konnte und dabei theoretisch keinen Platz für eine wie auch immer berechtigte Kastenordnung ließ. Es entstanden gemeinsame weltanschauliche Regeln „für alle". Die Gebote boten eine gangbare horizontale Lösung für eine demokratischere Ordnung. Obgleich sich im Judentum eine lebensweltliche Hierarchie wiederspiegelte, in der beispielsweise Leviten und Schriftgelehrte angesehene Leute waren, mussten sich diese jedoch an dieselben zehn Gebote und Speisevorschriften halten wie das sogenannte gewöhnliche Volk. Im Gegensatz dazu waren die Regeln in der vedischen Kastengesellschaft vertikal schichtspezifisch angelegt.

Was ist mit anderen Religionen wie dem Christentum, Buddhismus, Islam, Shinto oder den Stammesreligionen? Klar, Judentum und Hindu-Veden mögen zu wenige Beispiele sein. Shinto ist in Japan neben Buddhismus die prägende Religion. Sie beeinflusst die formalen Verhaltenskriterien im Wesentlichen aufgrund der Historie, der Menschenbilder und Traditionen, prägt sie jedoch nicht alleine. In alten, traditionell geprägten Kulturen regulieren die Mindset-Regeln ihre Ausprägung auf der Kommunikationsebene. Die entsprechenden Interaktionsregeln können am Beispiel der japanischen Kultur illustriert werden. Die traditionellen japanischen Interaktionsregeln sind so angelegt, dass sie vor allem dem Respekt als dem übergeordneten Zweck auf der Verhaltensebene dienen. Dieser Zweck geht auch in die Sprache über. Der perfektionierte Respekt als Interaktionsprinzip bewirkt etwa, dass Japaner theoretisch fast keine Chancen haben, einem Gegenüber die Stimmung zu verderben. Vielleicht haben Japaner deshalb die längste Lebenserwartung der Welt und den höchsten Lebensstandard?

Es ist an der Zeit, zusammenzufassen: Vom Ganzen ausgehend, gilt es längerfristig, den unterschiedlichen Wegen der erkennenden Wissenschaften und den Regelwerken in Religionen ein gemeinsames philosophisches Fundament zu schaffen. Kurzfristig oder parallel dazu vom Spezifischen zum Ganzen ausgehend, sollten wir uns von der strengen Trennung der Disziplinen befreien, indem wir die technische Wissensproduktion komplett an KI abgeben. Uns blieben also reine Erkenntnis-Wissenschaften, die wir auf der gemeinsamen Grundlage einerseits entzerren, andererseits so individualisieren, dass jedes einzelne Subjekt möglichst eigenmotiviert, permanent und nahtlos ohne kommunikative Umwege und formale Hürden zur Selbst-Erkenntnis der Welt beitragen könnte. Dies würde den Weg ebnen zu einem globalen, echten und nicht erzwungenen, dynamischen und nicht starren, methodisch-praktischen Konsens. Nur so erreichen wir eine echte, vertikale, exponentielle und tendenziell singuläre Erkenntnis. Bis jetzt sind relevante Annahmen nach wie vor regional, wie etwa die chinesisch tradierte Gleichheit aller unter einem Himmel, oder die christlich-jüdisch-islamische Willensgleichheit mit einem Gott oder die aufklärerische Entrümpelung unwichtiger Dinge.

Was also macht unsere Zivilisation aus? Warum haben wir nur getrennt nach dem gemeinsamen Sinn suchen können? Mit welchen verlässlichen Methoden kann unsere Wirtschaft erfolgreich zu Ende gedacht werden? Welche Vorteile hat die natürliche Intelligenz durch Überwindung oder Auslagerung der künstlichen? Warum kann die KI-Infrastruktur die Menschen vor Selbstauflösung retten? Die evolutionsbiologischen Ursachen von Technik kann die Technikphilosophie neu denken lassen. Die pragmatischen Antworten gäbe es auf folgende Fragen: Was wird aus der heutigen Informationsgesellschaft in 50 Jahren? Neben der kritischen Auseinandersetzung mit KI-Regeln soll die Frage geklärt werden, wie sich Kulturen geopolitisch auf die postkumulative Infosomatische Ära einstellen können. Diese Fragen sind Gegenstand meiner eigenen Forschung zum infosomatischen Prinzip unserer Wirklichkeit, das sich nach Vollendung des kumulativen Prinzips unserer Zivilisation in der Post-KI-Ära offenbart.

Die bedeutende Rolle, die Philosophie in der Geistesgeschichte der Menschheit noch heute einnimmt, soll dabei nicht vernachlässigt werden. „Lieber vorher philosophieren als zuerst Fakten schaffen und dann philosophieren", entgegnete ich einem Bekannten, dem eingefleischten Praktiker, als er seine Mitwirkung an diesem Buch mit dem skeptischen Hinweis „Lass uns nachher darüber philosophieren, denn ich habe was Wichtiges zu tun..." zuerst abgelehnt hat.

Heinz von Foerster erzählte mal in einem Interview: „Ich erinnere mich, dass ich einmal darauf hinwies, dass die Zirkularität doch das Wesentliche der Kybernetik sei und dass man dieses Prinzip noch viel fundamentaler untersuchen müsste. Ich schrieb über eine neue Dimensionalität des Argumentierens, die die lineare Kausalität ablöst. Mein Papier, das als ein Vorwort zu den Berichten einer Reihe von wichtigen Kybernetik-Konferenzen gedacht war, schickte man mir zurück und forderte mich auf, doch lieber über das Wasserklosett, den Thermostat und den Maxwellschen Regulator in einer Dampfmaschine zu schreiben. Ich antwortete, dass ich mich nicht besonders für das Wasserklosett interessiere, und der Thermostat macht das Leben angenehm, aber ich finde ihn nicht so schrecklich wichtig."[1]

Expeditionsreise KI

Überlegung von Florian Schild

So wie es uns Menschen naheliegt, die Welt zu entdecken, ist für mich die gesamte Künstliche Intelligenz eine Forschungsreise. KI wirft mehr Fragen auf als dass sie Antworten gibt. An dieser Stelle möchte ich einige davon präsentieren, die uns und die Forschung zukünftig beschäftigen könnten.

- *Welche Auswirkungen nimmt die Ökonomie auf unsere digitale Gesellschaft?*
- *Wer treibt heutzutage KI nach vorne? Konzerne, die KI als Werbetechnologie nutzen oder Institutionen mit Gemeinwohlauftrag?*
- *Wie befreien wir KI von Werbetechnologie? Könnte eine Plattform als Gemeingut nicht besser funktionieren?*
- *Welche Auswirkungen hat Copy & Paste von Wissen im Spiegel der Künstlichen Intelligenz?*
- *Wie kann KI energieeffizienter gestaltet werden?*
- *Wie kann man KI Kreativitätsmöglichkeiten beibringen, die sich an die Gegebenheiten der Welt anpassen?*
- *Wie stellt man gute Datensätze für die Wissenschaft sicher?*
- *Wer bringt den nächsten Generationen etwas bei, wenn in 10-15 Jahren der Arbeitsmarkt vollständig anders aussieht?*

---

1 Ein Vorabdruck Buches von Heinz von Foerster und Bernhard Pörksen: „Wahrheit ist die Erfindung eines Lügners. Gespräche für Skeptiker." Carl-Auer-Systeme Verlag, Heidelberg: https://www.heise.de/tp/features/Wir-sehen-nicht-dass-wir-nicht-sehen-3446178.html (3. Januar 2019).

- *Was passiert, wenn Millionen von Menschen als Folge des Einsatzes künstlicher Intelligenz arbeitslos werden?*
- *Sollten Menschen in einer Zeit, in der sie keinen Zugang mehr zu natürlichen Ressourcen haben, nicht ein Anrecht auf einen Gutschein – vielleicht in Form eines bedingungslosen Grundeinkommens – erhalten?*
- *Sollte Künstliche Intelligenz, die dem Menschen die Entscheidung über den Einsatz von Waffen abnimmt, geächtet werden?*
- *Ist es tolerierbar, dass es eine nicht-menschliche Überintelligenz gibt, die Macht über Menschen ausüben kann?*

Diskurs VI
Visionen für die Zukunft, jetzt schon aktuell

Noosphäre & Co: Was geht auf?

Überlegung von Leon Tsvasman

Steigen wir mit einem Beispiel-Satz für die systemische Sinnproduktion ein, die durch das heute vielfach gültige Paradigma adaptiert wird: «Du verdienst Geld, das Dir die Befriedigung deiner Bedürfnisse ermöglicht.» Diese „Wahrheit" erschließt sich einem Subjekt nicht unmittelbar und bedarf eines willentlichen Glaubens. Solche Wahrheiten sind repräsentativ für *allopoietische* Systeme, mit denen, wie wir wissen, keine gleichwertige strukturelle Kopplung möglich ist. Im Vergleich dazu erschließt sich die Sinnproduktion eines selbsterschaffenen und -erhaltenden, also *autopoietischen* Systems mittels Empathie und lautet dementsprechend etwa: „Ich bin hungrig, wie du es auch sein kannst." Die allopoietische Natur heutiger, noch schwacher KI beruht somit auf dem Vertrauen in fehlerhafte, weil nicht zu Ende gedachte wirtschaftliche Prozesse. Das technische Subjekt der Welt, zu dem KI erstarken und dabei an autopoietischen Zügen gewinnen wird, kann auf der Geistesebene empathisch rezipiert werden. Die Wahrheit der starken KI der Zukunft wäre: Ich bin – und muss nicht haben. Eine solche KI konkurriert nicht um Ressourcen, denn ihr Sinn ist Sein und ihr Selbstverständnis ist die Ermöglichung des Seins, ihr ethischer Imperativ ähnelt dem des menschlichen Subjekts: Sei stets so, dass sich die Anzahl der menschlichen Wahlmöglichkeiten steigert. Das entspricht viel treffender der vielfältig deklarierten und immerhin weitgehend vorhandenen Willensfreiheit des Menschen, endlich löst er sich von der Steigerung rein wirtschaftlicher Prozesse und von alten theoretischen Paradigmen.

Diese Haltung von mir baut auf ganzheitlichen Konzepten auf, die in der Tradition der Noosphäre liegen. Der Begriff der Noosphäre stammt ursprünglich aus dem Kontext der Philosophie und der Naturwissenschaft von dem russischen Geologen, Geochemiker, Mineralogen und Begründer der Geochemie, Radiogeologie und Biogeochemie, Wladimir Wernadski. Laut einer anderen Quelle hat Pierre Teilhard de Chardin den Begriff Noosphäre 1925 als erster im zu dem Zeitpunkt noch nicht veröffentlichten Aufsatz *La vision du passe* verwendet, Wernadski erstmals 1931: „Noosphäre bezeichnet in der christlichen Theologie des Jesuitenpaters de Chardin, die infolge seiner wissenschaftlichen Tätigkeit eine internationale christlich orientierte

Nutzbarmachung und Verbreitung erfuhr, eine Phase der geistigen Entwicklung, in der die Menschheit zu einem Geist in oder mit Jesus Christus zusammenwächst, d. h. sich zur weltweiten Einheitsreligion Christentum assimiliert." Teilhard de Chardin bezeichnet dies als das Ziel der Christentumsgeschichte mit einer trinitären Gottesvorstellung als auch das Ziel der allgemeinen Menschheitsgeschichte überhaupt. Sein Verständnis von Geschichte, wie in der christlichen Tradition üblich, ist teleologisch, d.h. auf ein Ziel orientiert.

Teilhard de Chardin hörte 1922 Vorlesungen von Wladimir Wernadski. Der russische Geologe benutzte seinen Terminus erst wieder ab 1937, am ausführlichsten in der Arbeit „Der wissenschaftliche Gedanke als planetare Erscheinung". Bedingt durch gesellschaftliche Umwälzungen erschien sein Werk „Der chemische Aufbau der Biosphäre der Erde und ihre Umgebung" erst 1977 in russischer Sprache. Darin beschreibt er die kosmologische Umwandlung der Biosphäre in eine Sphäre der menschlichen Vernunft – die Noosphäre.

Inhaltlich angelehnt an Wernadski, entwickelten Medientheoretiker und Vordenker der Open-Source-Bewegung den Begriff in neuerer Zeit weiter. Marshall McLuhan bezeichnet die Noosphäre als „kosmische Membran, die sich durch die elektrische Erweiterung unserer verschiedenen Sinne rund um den Globus gelegt hat", also als „ein technisches Gehirn für die Welt". Eric S. Raymond verwendet den Begriff der Noosphäre in seinem Aufsatz „Homesteading the Noosphere", in dem er Probleme des Projektmanagements bei Open Source diskutiert. Noosphäre beschreibt Raymond als „den Raum aller denkbaren Gedanken"; mit Faré Rideau unterscheidet er dabei zusätzlich *noosphere* und *ergosphere.*

Wir können nur die Segmente der Welt wahrnehmen, mit denen wir eine direkte oder indirekte strukturelle Kopplung haben. Und KI können wir erst wahrnehmen, wenn sie strukturell eine ähnliche Qualität bekommt, d.h. zum Subjekt wird. Erst dann geht die Vision der Noosphäre in der Praxis auf.

Ferner ist zu ergründen, wie eine mögliche KI Phänomenen des Human Leadership gegenüberstehen mag. Schon immer wurde menschliches Leben in komplexen Gesellschaften durch Führungspersönlichkeiten und eben solche Strukturen bestimmt, ob es das alte Rom war oder die Vereinigten Staaten gewesen sind.

Die Grundannahme „Was ich nicht zu Ende denken kann, formuliere ich als Frage" wäre die ideale Haltung starker KI. Welche Fragen KI dann an den Menschen richtet, beantwortet er auf menschliche Art kreativ, spontan, ganzheitlich, heuristisch. Seine Antworten würden als Impulse dienen, mit denen die global vernetzte KI der Zukunft gesteuert wird. Schon heute steuern die besten Leader der Welt durch das Setzen von Impulsen. Mit starker KI an seiner Seite wird der Mensch in die Lage versetzt, sich auf positives Leadership zu fokussieren. Dadurch, dass die starke KI das Management im heutigen Sinn wie auch verwaltende Prozesse übernehmen wird, stehen dem Leader bzw. der führenden Gruppe mehr Ressourcen zur Verfügung, die wiederum der Wahrnehmung der Führungsaufgabe zugutekommen können. Wenn dies so möglich wird, fängt die Post-KI-Ära an. „Post" meint dabei, dass KI nicht mehr sichtbar ist: Wie Elektrizität, die aus der Steckdose kommt, wird die unsichtbare, starke KI der Zukunft die menschliche Lebenswelt veredeln oder die Verzerrung durch den Logos, die ich „the great distortion" nenne, kompensieren. Im Endeffekt befreit KI die Welt von Dualität. Nur auf dieser Grundlage wird die reale menschliche Spiritualität möglich, und der Geist erschließt sich im Kosmischen.

Einblick in die nationale Praxis

Überlegung von Florian Schild

Neben der künstlichen Intelligenz entwickeln sich derzeit viele parallele Technologien: Biochemie, 3D-Druck, Distributed Ledger, Virtual Realilty, Internet of Things (IoT). Doch Künstliche Intelligenz ist die einzige Technologie, die Aufmerksamkeit verschiedener Nationen in Form einer eigenen Strategie enthält. Wer die KI-Strategie aufgebaut hat, hat die wirtschaftliche und in der Folge die politische Macht. Eine gute Strategie zeichnet sich dadurch aus, dass sie gar nicht erst versucht, die Zukunft vorherzusagen; mithilfe einer guten Strategie sollte es uns möglich sein, auch in einem unsicheren Umfeld das Ziel zu erreichen. Sie dient also als eine Art Fackel. Anhand der Strategie vierer Nationen werde ich näher beleuchten, wohin die Reise mit KI geht.

Japan

Japans Premierminister Shinzo Abe forderte jüngst die Firmen seines Landes auf, den Einsatz von Künstlicher Intelligenz in jedem Bereich der Wirtschaft und Gesellschaft voranzutreiben. Sein Ziel ist es, mit einer KI-Revolution den Umsatz von Japan auf dem Robotermarkt von derzeit etwa 5 auf 15 Milliarden Euro pro Jahr bis 2020 zu verdreifachen. Schon heute decken Japans Firmen wie Fanuc, Yaskawa und Kawasaki neben Unternehmen aus Deutschland, den USA und Südkorea einen Großteil des Weltmarktes ab – wobei China mit seinen rund 600 Roboter-Firmen rasant aufholt. Wir können gespannt bleiben, ob es so weit kommt, dass Abe bei den Olympischen Sommerspielen 2020 in Tokio eine Roboter-Olympiade vorführen wird.

China

China hat als einziges Land eine Strategie mit klar messbaren volkswirtschaftlichen Zielen: Erschaffen einer zentralen KI, die sie dann kontrollieren können. Dazu entwickeln sie sogenannte „KI+"-Berufe, die direkte Schnittstellen zu der zentralen KI besitzen. Für die Schule gibt es bereits KI-Lehrbücher, die ab 2019 in Hunderten Schulen eingeführt werden.[2] Ab 2020 möchte die Staatsführung ein Sozialkredit-System für alle Chinesen einführen und dann auch beginnen, sich mit ethischen Fragen und Gesetzen auseinanderzusetzen. Liu Wie, Mitarbeiterin des Social-Credit-Departments in Hangzhou City, erläutert in einem Interview des NDR, dass der soziale Mechanismus darin bestehe, dass die Personen Vorteile haben, die vertrauenswürdig sind, und solche eingeschränkt würden, die nicht vertrauenswürdig sind. Es gehe darum, die Ehrlichkeit zu honorieren. Ein großer Teil der Menschen befürwortet das System, damit es sicherer wird in China. Doch was ist, wenn jemand auf einmal als unehrlich gilt wie beispielsweise Journalisten, die sich kritisch gegen die Regierung oder gegen Umweltverstöße und Massentierhaltung äußern? Mit zu wenigen Sozialpunkten darf man nicht mehr fliegen oder reisen, darf seine Kinder nicht mehr auf eine private Schule schicken und kein Haus mehr kaufen. Obwohl die Chinesen selbst also einem solchen System nicht abgeneigt sind, birgt es neben Vorteilen auch große Gefahren. Alipay von Alibaba, dem Amazon Chinas, führt parallel zum Social-Credit-System ein eigenes System ein, mit dem man Punkte sammeln kann. .Bei hoher gesammelter Punktzahl entfallen dann beispielsweise Kaution oder Bibliotheksgebühren. Eine weitere Anwendung, die derzeit schon Wirklichkeit ist und live erprobt wird, ist das Befördern von Lebensmitteln mit geringem Gewicht und Medikamenten mittels Drohnen. Selbstfliegende Drohnentaxen kann man schon bald zum Preis von 300T EUR erwerben. Diese gelten als sicherer, da sie selbst fliegen und nicht durch Menschen gesteuert werden müssen, die den komplexen Flug gar nicht meistern könnten.

Die chinesische Regierung nutzt auch bereits Stimmerkennung, um uigurisch zu übersetzen und die Volksgruppe, die diese Sprache spricht, zu

---

2 http://chinaplus.cri.cn/news/china/9/20181120/212287.html#-1, Stand 11.01.2019.

überwachen. Die überwiegend muslimische Volksgruppe mit circa einer Million Menschen wird von der chinesischen Regierung besonders intensiv beobachtet. Hieran zeigen sich natürlich auch die Schattenseiten von KI.

Vorteil von China ist neben der Vielfältigkeit der bereits eingesetzen KI's sicher auch die große Datenbasis, die aus den Informationen ihrer 1,4 Milliarden Einwohnern besteht. Die Chinesen werden also viel bessere Statistiken über ihre Bürger erstellen können als andere Länder dieser Welt. In Deutschland beispielsweise kann man den Leuten nicht einfach befehlen, ein DNA-Sample abzugeben. In China schon. Auf die Politik übertragen bedeutet das möglicherweise, dass autoritäres Regime, wie es in China vorzufinden ist, in dieser Hinsicht bestimmte Vorteile gegenüber liberalen Demokratien haben könnte.

USA

Die USA besitzen mit den GAFAM's, den Supercomputern und den mehr als 10.000 Nachwuchsstudenten, die an Instituten mit aktiver KI-Forschung studieren, unangefochten die größte, monetarisierte KI-Industrie. Die dort ansässigen Unternehmen prägen die globale KI-Entwicklung maßgeblich. So verfolgt Uber beispielsweise das Ziel der möglichst globalen Kontrolle der Mobilität. Google hat zum Beispiel allein 7000 KI-Projekte; daneben sichert es sich den Zugang zu internationalen Talenten mit seinem ML-Framework Tensorflow. Neben den Vereinten Arabischen Emiraten gehört die USA auch zu den größten Investoren im öffentlichen Sektor[3].

Deutschland

Deutschland gehört mit zur Sperrspitze im Gebiet der Künstlichen Intelligenz.

Das zeigt sich bei der Entwicklung von genereller AI, dem Aufbau von Forschungszentren sowie der Tatsache, dass wir an Treffen internationaler Tech-Konzerne beteiligt sind.

Die Rivalen der alten Welt, Daimer und BMW, haben sich mitlerweile zusammengeschlossen, um mit ihren Diensten car2go, DriveNow, ReachNow movel, mytaxi und Co von Car-Sharing über Parken bis hin zu Fahrten mit dem öffentlichen Verkehr alles anzubieten.

---

3 https://www.nytimes.com/2018/02/12/technology/china-trump-artificial-intelligence.html, Stand 11.01.2019.

Derweil wurde verabschiedet, dass zukünftig 5G an allen Autobahnen und Bundesstraßen verfügbar sein wird, damit selbstfahrende Autos künftig vernetzt fahren können.

Betrachtet man die Nationen im Vergleich, wird deutlich, dass jede Nation auf ihre eigene Art Fortschritt bezüglich KI vorantreibt. Wer das Wettrennen anführen wird, ist aktuell nicht absehbar.

Diskurs VII
Dringender Handlungsbedarf

Wie ich die Regeln für KI entwickeln würde

Überlegung von Leon Tsvasman

Ich habe dieses Kapitel genannt: „Wie ich die Regeln für KI entwickeln würde". Der Grund liegt darin, dass wir umfassende, positionierende KI-Regeln ganz akut brauchen und jeder polymathisch gebildete Komplexitätsdenker sollte sich an ihrer Herleitung versuchen. Eingrenzend sei jedoch auch festgehalten, dass wir die zukünftige Selbstregulation von KI nicht bestimmen, sondern lediglich durch Weichenstellung ansteuern können – im existenziellen Interesse unserer menschlichen Potenzialität. Was ist das für ein Interesse? Lass uns ganz einfach ein wenig spinnen, um die Problematik zu veranschaulichen:

Bald werden wir rein technisch in der Lage sein, ein menschliches Gehirn zum Beispiel an eine Fabrik für die *Smart Production* im Sinn von Industrie 4.0 so anzuschließen, dass die optimale Produktion möglich wird. Gewinnen eine radikale Tierlobby und die entsprechende, philosophisch begründete Doktrin an Einfluss, kann dies sogar wirtschaftlich sinnvoll und gesellschaftlich wie ethisch vertretbar sein. Bereits heute gibt es genug ernsthafte Vertreter der Haltung, dass die Menschheit eine Plage sei und die Mutter Erde und die Tierwelt vorrangig vor Menschen geschützt werden sollten. Und da einige moderne Gesellschaften mehr von Mehrheiten als von Orientierungsgewissheit dominiert werden, ist diese Spinnerei gar nicht so absurd.

Also hast du nach erfolgreichem Bewerbungsverfahren bald echte Chancen, gegen angemessene Entlohnung ein Gehirn zur Katzenfutterproduktion zu werden. Vernachlässigen wir mal, dass du nicht als so etwas geboren worden bist, auch mag es sein, dass du dich unwohl, gar nicht intakt dabei fühlst. Zu Hilfe eilen hier ein paar Psychopharmaka, die dich glücklich stellen werden. An diesem Beispiel kannst du den Unterschied zwischen Potenzialität und Aktualität „am eigenen Leib" erfahren. Die nette „Position" wird deine Aktualität, sie entspricht jedoch nicht deiner Potenzialität.

Für ein solches Vorgehen ließe sich eine bereits vorhandene Tradition heranziehen: Hier wird die entfremdete Arbeit, die Karl Marx in seinem Werk „Das Kapital" erörtert, gerade von einigen links denkenden Menschen zur Perfektion gebracht und die menschliche Entfremdung somit festgeschrieben. Betrachten wir zukünftige KI als ein potenziell übermächtiges Instrument der Wirklichkeits-Verwaltung, müssen wir im Sinne ihrer, der menschlichen Potenzialität entsprechenden Aktualität schon jetzt Regeln aufstellen, mit dem Ziel, mindestens der irreparablen Deformation unserer künftigen Lebenswelt vorzubeugen. Wir sollten uns um eine erkenntnistheoretisch fundierte, universelle und kompakte Formulierung bemühen. Dafür bedarf es der Nichtbeachtung der bereits etablierten Ansätze, auf der Grundlage von Isaak Asimov's Regeln der Robotertechnik wie im Fall von Google, oder, in Form eines technisch-pragmatischen, fundierten Regelwerks der Deutschen Telekom. Es braucht einen Alternativansatz, die guten Chancen hat, viel später in Zukunft für die Praxis aufzugehen, bevor es möglicherweise zu spät ist.

Und nun gehen wir ans Eingemachte: Ein Ritter kann sich bekanntlich nicht samt Pferd an den eigenen Haaren aus dem Sumpf herausziehen. Der Widerspruch erscheint gewiss überprüfbar und selbstverständlich, dennoch ist die Diskrepanz hier viel umfassender als auf der Sachlage der in dieser Situation wirksamen physikalischen Gesetze. Ein Krafteinsatz mit einer Zielvorstellung aus dem Bereich niedriger Komplexität erweist sich aus der Perspektive höherer Komplexität heraus als sinnlos. Daraus können wir schließen, dass Regeln, die von überwiegend technisch fokussierten Spezialisten erstellt wurden, nicht gültig sein können für eine Zukunft, die von steigender Komplexität gezeichnet ist bzw. für Intelligenzsysteme, die unter Beachtung höherer Komplexität operieren müssen. Aber natürlich, halten sie dagegen, sei dem nicht so, würden bei Google und auch in jedem ernsthaften Gremium doch unterschiedliche Experten miteinander kommunizieren und gemeinam an einer Lösung arbeiten, zum Beispiel den Regeln für die KI der Zukunft. Ich spreche bewusst nicht von KI-Systemen, die unternehmerintern oder im nationalen Maßstab eingesetzt werden, denn tendenziell wird KI global vernetzt sein. Trotzdem haben wir ein noch größeres Problem mit der Kommunikation. Ein wie auch immer gearteter, effizienter Spezialist kann keine validen Regeln aufstellen, die die Zukunft einer Welt betreffen, die von höherer Komplexität ist als die seines Fachgebiets. Genauso wenig wird es einer Gruppe von Spezialisten gelingen, diese Regeln aufzustellen. Dies kann nur ein Polymath mit intakter Orientierungsgewissheit.

Je umfassender die Regeln, desto kürzer und klarer sind die entsprechenden Regelsätze. Der ethische Imperativ von Kybernetik „Handle stets so, dass die Anzahl der Wahlmöglichkeiten größer wird!" wurde von Kybernetiker Heinz von Foerster in Anlehnung an den kategorischen Imperativ von Immanuel Kant formuliert: „Handle nur nach derjenigen Maxime, durch die du zugleich wollen kannst, dass sie ein allgemeines Gesetz werde." Heinz von Foerster setzt auf die Betonung der Eigenverantwortung als einzig möglicher Verantwortung und der Subjektivität des Einzelnen. In der Verwirrung, die neue Möglichkeiten sichtbar werden lässt, manifestiert sich für ihn ein ethisches Grundprinzip, wodurch sich auch die Freiheit des anderen und der Gemeinschaft vergrößern soll. Je größer die Freiheit ist, desto größer sind die Wahlmöglichkeiten und desto eher ist auch die Chance gegeben, für die eigenen Handlungen Verantwortung zu übernehmen. Freiheit und Verantwortung gehören zusammen, denn nur wer frei ist und immer auch anders handeln könnte, kann verantwortlich handeln. (Stangl, 2018)

Heinz von Foerster sprach über die Second Order Cybernetics: Wenn der Kybernetiker sein eigenes Gebiet betritt, wird die Kybernetik zur Kybernetik der Kybernetik. Der Steuerungskünstler und Beobachter wird selbst zu einem Teil des Geschehens und bewegt sich fortan in seltsamen Schlaufen, die es zu ertragen und zu entwirren gilt. Oder mit dem kybernetisch denkenden Evolutionsbiologen Humberto Maturana: „Alles Gesagte wird von einem Beobachter gesagt." Er erklärte den Unterschied zur Kybernetik erster Ordnung als den Unterschied zwischen überlieferten moralischen Prinzipien „Du sollst, Du sollst nicht" und einer selbstaufgeklärten Ethik, die mit „Ich soll, Ich soll nicht" beginnt.

Der Imperativ von Foerster ist die Forderung nach der tendenziell absoluten Ermöglichung von Potenzialität der Komplexität, insbesondere von Potenzialität des menschlichen Subjekts und somit von Human Difference. Die Potenzialität befindet sich jedoch immer in einem dynamischen Gleichgewicht mit Aktualität, einem Äquilibrium. Der ethische Imperativ für Künstliche Intelligenz soll sich in der Zukunft der Post-KI-Ära entfalten können, wenn KI komplett sämtliche Zivilisation konsolidiert und wir zwei gekoppelte Intelligenz-Kreisläufe haben: den effizienten künstlichen Kreislauf und den effektiven menschlichen Kreislauf. Ich würde deshalb bei der Formulierung des KI-Imperativs mit Begriffen wie Ermöglichung und Vermeidung arbeiten: die Ermöglichung der Potenzialität von Komplexität und Vermeidung von Verzerrung des Äquilibriums.

Es mag leicht gewöhnungsbedürftig für das menschliche Verständnis anmuten, wäre jedoch durchaus mit einem kybernetischen Algorithmus vereinbar:

Enable potentiality of complexity to avoid distortion of equilibrium.

Dabei steht Komplexität wesentlich für das menschliche Subjekt, und Äquilibrium für die Aktualität der menschlichen Zivilisation.

Die anwendungsbezogenen Übertragungen könnten lauten:

Act to enable potentiality of the effective.

oder

Act to enable potentiality of the truth.

Und die dialektische Erweiterung:

Operate to avoid distortion through the efficient.

oder

Operate to avoid distortion by the rules.

Eine explizite Formulierung könnte lauten:

Operate to enable human potential, orientation and difference.
Avoid irreversible long-term discrepancy effects in a balance of human environment.

Globale menschendienliche Herangehensweise an die technologische Revolution

Überlegung von Florian Schild

1. Entwicklung von Technologie, die menschendienlich ist

Zahlreiche aktuelle technische Anwendungen dienen weniger dem Menschen als einem ökonomischen Zweck. So wie es eine Alarmanlage für das Haus und Cybersecurity für die IT-Systeme gibt, so sollte es zukünftig eine Absicherung für den Menschen geben. Die USA und China entwickeln nicht solche technologischen Systeme, die dem Menschen dienlich sind, sondern ausschließlich Systeme, die unser Bewusstsein schwächen und uns letztendlich abhängig machen. Die Abhängigkeit sorgt dafür, dass wir Menschen nicht das Level an Bewusstsein erreichen, um uns unserer selbst klar zu sein. Wenn wir Menschen und die Politik keine Vision von einem gelingenden individuellen und gesellschaftlichen Leben haben, das durch eine positive Anwendung und Unterstützung durch Technologie geprägt ist, dann werden wir künftig nur hin und her geworfen von Systemen, die andere Ziele als das Wohl des Menschen verfolgen. Kleine Gruppen von Menschen bekommen Macht über jeden von uns. Sie werden unsere Aufmerksamkeit dorthin lenken, wo sie zum Erfüllen ihrer Ziele notwendig ist. Damit verlieren wir die Kontrolle über unser eigenes Leben. Es muss eine kritische Masse geben, die sich dafür stark macht, dass dies nicht passiert. Die Frage der Ethik muss demnach auch in die Entwicklung unserer technologischen Systeme Einzug finden.

2. Abschaffung von Nationen und Aufbau einer globalen Politik

In dem Wunsch, mich politisch einzubringen und einen Beitrag zur gelungenen Integration von moderner Technologie in unser Leben zu leisten, habe ich den Bundesverband für KI mitgegründet und an diversen Sitzungen zum Thema KI in Deutschland und Europa teilgenommen. Mein eigenes Bemühen, mich aktiv in die Politik einzubringen, hat mir aber zum einen gezeigt, dass politische Veränderungen per se sehr viel Zeit kosten, zum anderen, dass ein nationales Vorankommen nicht das ist, woran wir vorrangig arbeiten sollten, sondern ein globales Zusammenarbeiten. Dass es lange dauert, bis neue Ideen politisch umgesetzt werden, liegt daran, dass die Politik nach dem Checks and Balances-System arbeitet. Das führt dazu, dass keiner mit einer Idee einfach durchmarschieren kann. Dies soll uns einerseits schützen, andererseits verhindert es natürlich zum Teil ein zügiges Vorankommen. Was ich jedoch auch bemerkte, war, dass sich das Gerücht, dass in Berlin keiner etwas tut, um uns auf die anstehende technologische Revolution vorzubereiten, und alle den Startschuss hierzu verschlafen, nicht bewahrheitet. Das Gegenteil fand ich dort. Die Abgeordneten stürzen sich auf die digitalen Themen. Schließlich sind es ja auch die Themen, die unsere Gesellschaft bewegen. 2018 haben sich beispielsweise 482 Mitarbeiter, 244 Teams, 76 Parteien und 14 Ministerien mit der Digitalisierung beschäftigt. Und obwohl sich so viele Menschen in der deutschen Politik für die Themen Technologie und Digitalisierung und Künstliche Intelligenz einsetzen und versuchen, diese Themen voranzutreiben, scheint es gerade bei diesen Themen nicht auszureichen, nationale Politik zu betreiben.

Künstliche Intelligenz ist kein Thema, welches auf nationaler Ebene greift. Es ist ein globales Thema. Die Herausforderung besteht darin, über Nationen hinaus die Menschen zu erreichen, damit sie sich unabhängig von ihrer Nation als Menschen an solch einer Entwicklung beteiligen können. Neben der Abschaffung der Bedeutung der Zugehörigkeit zu einer Nation und der Entwicklung der Erkenntnis, dass wir alle zu der gleichen, großen Gruppe gehören, sollte sich auch die Politik entsprechend inhaltlich darauf einstellen.

Deutsche Politiker reden leider – so scheint es – hauptsächlich darüber, wer von KI wirtschaftlich profitieren und wer verlieren wird. Dabei droht der Wandel gleich die ganze Industrie zu verschlucken. Microsoft, Apple und Alphabet (Google) sind alleine schon mehr wert als alle DAX-Unternehmen zusammen. Anstatt über Gewinner und Verlierer von KI unter wirtschaftlichen Gesichtspunkten zu debattieren oder Einwanderung und Prozentpunkte aktueller Arbeitslosigkeitszahlen unter der jeweiligen politischen Führung in den Mittelpunkt der politischen Gespräche zu stellen, sollten wir unsere grundsätzliche menschliche Würde in Anbetracht der Künstliche-Intelligenz-Revolution zum Schlüsselthema der Politik machen.

Bei dem Kampf in der Politik, Themen durchzudrücken, können leicht feine Dinge wie Empathie, soziales Gefüge und ja, vielleicht auch Dinge wie Lebensfreude und Spiritualität, gänzlich verloren gehen. Doch auch das ist wichtig für neue Technologien wie für Künstliche Intelligenz. Das ist vielleicht viel verlangt, in einer Zeit, in der vieles effizienzgetrieben ist, aber es ist absolut notwendig, sich wieder an unsere grundsätzlichen Werte zurückzuerinnern, um basierend darauf eine entsprechende Politik zu gestalten. Wir müssten eine globale Politik entwickeln, die für alle Menschen gelten kann. Der herausfordernde Part ist es, Nationalverliebte wie Trump, Putin, Orban oder Erdogan, davon zu überzeugen, von ihrer national-ökonomisch geprägten Politik abzuweichen, um damit den Weg für eine globalförderliche Politik freizumachen. Verbunden untereinander durch unsere SmartPhones wäre damit die Bahn frei für eine globale, technologisierte Welt.

Als Initiator einer nicht-nationalen, globalen Politik könnten wir Europäer dienen. Wir übernehmen Verantwortung für die Flucht von Menschen und machen uns nebenbei Gedanken um die Umwelt und erneuerbare Energien. Unser menschliches Modell findet Anklang, auch in Ländern wie den USA und China und anderen Regionen dieser Erde. Neben der menschlichen, sozialen Komponente würde es uns guttun, unsere eigene KI-Exzellenz zu begreifen, die wir in eine solche globale Politik einbringen könnten.

3. Weltweiter Zugang zum Internet

Neben Wasser, Lebensmitteln und Bildung sollten auch Strom und Internet zu den Grundrechten gehören. Jeder Mensch braucht einen Zugang zum Internet. Das haben die Tech-Konzerne verstanden. Sie bauen an Lösungen, damit das Internet überall auf der Erde verfügbar sein wird. Bereits heute haben mehr Menschen direkten Zugang zum Internet als zu fließendem Wasser. Wir sollten dafür sorgen, dass die Menschen, die dann an das Internet angebunden werden, anstatt Konsumenten zu werden eine Stimme bekommen.

4. Das Nutzen von KI, um das Gute zu mehren

Jeder Mensch auf dieser Erde ist mit einem unvoreingenommenen Herzen geboren. Wenn wir ein System anbieten, das das Vertrauen genießt, dem Menschen nicht zu schaden und auf lange Sicht sein Zuhause, diese Erde, zu beschützen, dann wäre das ein gutes Ziel. Das ist meines Erachtens eine viel wertvollere Optimierungsfunktion einer KI als die „Ökonomie einer Wirtschaft" oder „die Gesellschaft einer einzelnen Nation" zu maximieren, wie die USA oder China es tun. Gemeinsam müssen wir Themen ansteuern wie Gesundheit der Erde, Kriegsverhinderung, Grundbedürfnisse des Menschen oder technologische Revolution. Das Gute ist, dass KI uns dabei helfen kann.

Handlungsbedarf jetzt

Es muss klar sein, dass nicht mehr viel Zeit bleibt, bis Banken ihre Mitarbeiter entlassen, der Supermarkt durch Onlinelieferdienste ersetzt und wenige Juristen die Arbeit vieler Juristen erledigen können. Was tun also, wenn Hunderttausende Mitarbeiter entlassen werden? Wir alle müssen handeln und dürfen uns als Mitgestalter einbringen. Jetzt!

Diskurs VIII
Impuls für die Praxis

The Principles of AI-Thinking

Überlegung von Leon Tsvasman

Aus dem Gesagten folgen Prinzipien, die wir bereits im Buchtitel angekündigt haben. Verstanden und umgesetzt, können sie sowohl Unternehmern und Führungskräften, die KI einsetzen, als auch verantwortlichen Entwicklern in Zukunft viel Ärger ersparen. Um den Diskurs noch fortzuführen, folgen die meinerseits präferierten Prinzipien, die aus dem Verständnis von Human Difference resultieren. Der Präzisierung der Formulierungen sind keine Grenzen gesetzt und ich wäre allen dankbar, die dazu beitragen.

Prinzip 1

Sie kommt so oder so: KI kann nicht verhindert werden. Es liegt nun an Ihnen: Wenn Sie die gute, weil ermöglichende, vereinfachende und befreiende KI schon jetzt bei der Entwicklung schwacher KI-Lösungen als Ziel setzen, dann wird auch starke KI schneller und ohne Verluste auf den Weg gebracht werden. Schlechte KI wäre nur die Verzerrung durch zeitweise entstandene, große Interessensgruppen, Lobbys oder Konzerne, und ist als solche kritisch zu beobachten. Nur bringt es längerfristig nichts, KI zu dämonisieren, solange an guten KI-Lösungen gearbeitet wird. Gute KI ist die, die Menschen weitere Freiheitsgrade im Sinn des ethischen Imperativs von Heinz von Foerster ermöglicht, schlechte KI ist die im gleichen Sinn „verhindernde KI". Als erstes gilt also:

Von der „guten KI" ausgehend, die „schlechte KI" vermeiden!

Prinzip 2

Der Mensch soll im Vordergrund jeder technischen Entwicklung stehen (Human-Centered AI). Gemeint ist aber nicht der defizitäre Mensch mit KI im Kopf, sondern der emanzipierte, sich souverän in der Welt orientierende, weise, kreative und improvisierende Mensch (Human Difference).

Weil die menschliche Potenzialität der höchste Wert ist, gilt:

Dem menschlichen Potenzial Vorrang gewähren!

Prinzip 3

Wer sucht, der findet. Allein die Ermöglichung menschlicher Orientierung aus der Potenzialität heraus gibt KI ihren einzig berechtigten Sinn. Dabei geht es nicht um irgendeine pauschale Klarheit für alle, sondern die momentane bestmögliche Klarheit eines sich orientierenden menschlichen Subjekts, die Orientierungsgewissheit. Deshalb:

Die menschliche Klarheit ermöglichen!

Prinzip 4

KI ist das Werkzeug der Werkzeuge. Es kann sich als solches nur dann „entfalten“ und überhaupt erst im Sinne des Menschen funktionieren, wenn KI vom Host des menschlichen Gehirns befreit wird und „sauber“ bzw. artgerecht in geeignete Netze übertragen wird. Obgleich befreit, bleibt KI ein Werkzeug des Menschen, weshalb gilt:

KI nur Fakten anvertrauen, und Sinn den Menschen überlassen!

Prinzip 5

Angetrieben von einem nichtsachlichen Geltungsmotiv, schafft man gerne Fakten, die andere Menschen in eine Reaktionshaltung versetzen. Ob in einem menschlichen Team oder in einer unmittelbaren Anwendung – eine solche Haltung geht KI gegenüber nicht auf, wohl aber verursacht sie ressourcenaufwändige Verzerrungen.

Keine Machtentscheidungen!

Prinzip 6

Der Nobelpreisträger für Chemie 1954 und Friedensnobelpreisträger 1963, Linus Pauling, sagte: „Der beste Weg, um auf eine gute Idee zu kommen, besteht darin, viele Ideen zu haben.“ Je mehr kreative, authentische und spontane Impulse von Menschen ausgehen, aber auch je mehr Daten KI zur Verfügung stehen, desto besser kann sie ihre Rolle erfüllen:

Daten und Impulse kommen von Menschen!

Prinzip 7

Der Mensch schöpft aus seinen Sehnsüchten, KI aus Faktenwissen oder Daten. Somit ist klar:

Intersubjektiv bleiben, auf das Subjekt vertrauen!

Prinzip 8

Immer solide und scheinbar unfehlbar die gleiche Haltung zu vertreten, ist kein Zeichen guter Erkenntnis. Diese Haltung ist nur der Machtausübung von Menschen anderen Menschen gegenüber dienlich, nicht gegenüber einer intelligenten, effizienten Maschine, deren technisches Gehirn der Welt uns Überblick und Aussicht ermöglicht. Der Mensch soll sich in seiner aufrechten, an und für sich ehrlichen, geisteswissenschaftlich und künstlerisch fundierten Spontaneität entfalten. Denn für uns Menschen ist die Welt nicht trivial, für KI aber schon. Die einzige Quelle der nicht-trivialen Information bleibt der in sich kohärente menschliche Input. Daher ist festzuhalten:

Sich stets aufrecht in der Welt orientieren!

Diese Haltung korreliert mit dem ästhetischen Imperativ von Heinz von Foerster, der besagt: „Willst du sehen, so lerne zu handeln."

Alles in allem gelten für Mensch und KI unterschiedliche Slogans:

Der Mensch soll oder, besser gesagt darf sich in der KI-Ära endlich folgenden Werten verpflichten:

Potenzialität. Orientierung. Sehnsucht.

KI hingegen entfaltet sich als eine intelligente Ermöglichungsinfrastruktur, die folgenden Werten zu dienen hat:

Aktualität. Effizienz. Klarheit.

Call to Action

Aufruf von Florian Schild

Die Zukunft wird von uns gemacht! Wie willst Du, dass wir in der Zukunft miteinander leben?

Link zum Online-Austausch:

aithinking.world

Vierte Runde

Anwendungs-Komplex

Die Zukunft hängt davon ab,
was wir heute tun.

Mahatma Gandhi

All that we are is the result of all that we have thought.
It is founded on thought. It is based on thought.

Buddha, The Dhammapada

Die fundamentale Tatsache der menschlichen Existenz
ist der Mensch mit dem Menschen.

Martin Buber

Grundlagenwerke mit Anregungen zum Nachdenken

Aurobindo, S. (1972): Die Synthese des Yoga, Hinder + Deelmann, Bellnhausen.

Bateson, G. (1972): Steps to an ecology of mind, New York.

Csikszentmihalyi, M. (2002): Flow: Das Geheimnis des Glücks, (12. Aufl.), Stuttgart.

Dilthey, W. (2005): Das Erlebnis und die Dichtung: Lessing, Goethe, Novalis, Hölderlin (hrsg. v.: Malsch, G.), Leipzig. (1906).

Foerster, H. von (1951): Transactions of the 6th Macy Conference, New York.

Foerster, H. von (1967): Time amd memory, Annals of the New York Academy of Sciences, 138, New York.

Glasersfeld, E. von (1987): Wissen, Sprache und Wirklichkeit, Braunschweig.

Glasersfeld, E. von (1996): Über Grenzen des Begreifens, Bern.

Habermas, J. (1981): Theorie des kommunikativen Handelns, 2 Bde., Frankfurt a. M.

Harari, Y. N. (2018): 21 Lektionen für das 21. Jahrhundert, München.

Kant, I. (1977): Anthropologie in pragmatischer Hinsicht, in: Ders.: Schriften zur Anthropologie, Geschichtsphilosophie, Politik und Pädagogik 2, (Werkausgabe Bd. XII), Frankfurt a. M.

Luhmann, N. (1997): Die Gesellschaft der Gesellschaft. Frankfurt a. M.

Maturana, H., Varela, F. (1980): Autopoiesis and Cognition: The Realization of the Living, Boston.

Maturana, H., Varela, F. (1987): Der Baum der Erkenntnis. Die biologischen Wurzeln menschlichen Erkennens. Bern und München.

McCulloch, W. S. (1948). Through the den of the metaphysician, Virginia.

Merten, K., Schmidt, S. J., Weischenberg, S. (Hrsg.): Die Wirklichkeit der Medien. Eine Einführung in die Kommunikationswissenschaft, Opladen.

Piaget, J. (1970): Psychologie der Intelligenz, (4. Aufl.), Zürich.

Precht, R. D. (2018): Jäger, Hirten, Kritiker. Eine Utopie für die digitale Gesellschaft, München.

Roth, G. (2001a): Das Gehirn und seine Wirklichkeit. Kognitive Neurobiologie und ihre philosophischen Konsequenzen, 6. Auflage, Frankfurt a. M.

Roth, G. (2001b): Fühlen, Denken, Handeln. Wie das Gehirn unser Verhalten steuert, Frankfurt a. M.

Schmidt, S. J. (1994): Kognitive Autonomie und soziale Orientierung. Frankfurt a. M.

Scholem, G. (1977): Von der mystischen Gestalt der Gottheit. Studien zu Grundbegriffen der Kabbala. Frankfurt a.M.

Schütz, A. (1932): Der Sinnhafte Aufbau der sozialen Welt. Frankfurt a. M.

Spencer, H. (1864): *Principles of Biology.* Publisher Williams and Norgate. Collection europeanlibraries.

Tsvasman, L. (2006): Das grosse Lexikon Medien und Kommunikation. Kompendium interdisziplinärer Konzepte. Würzburg.

Ungeheuer, G. (1987), Kommunikationstheoretische Schriften I: Sprechen, Mitteilen, Verstehen (hrsg. von J. G. Juchem), Aachen.

Foerster, H. von, Pörksen, B. (2001): Wahrheit ist die Erfindung eines Lügners. Gespräche für Skeptiker, Heidelberg.

Wilde, O. (1904): Drei Essays. Karl Schnabel, Berlin.

Wittgenstein, L. (1933): Tractatus logico-philosophicus, London.

Zeitfracht Medien GmbH
Ferdinand-Jühlke-Straße 7
99095 Erfurt, Deutschland
produktsicherheit@kolibri360.de